NEGATIVE ENTROPY
네트로피 2.0

한지훈 지음

머리말

"인간은 무질서하지만 마음먹기에
따라서 질서정연한 삶을 살 수 있다."

필자는 이와 같은 생각을 바탕으로 두고 이 책을 썼다.

인간은 외부환경에 의해 완벽한 행복감을 맛볼 수 없다는 사실이 검증된 바 있다. 진정으로 행복해지기 위해서는 무엇보다 스스로의 내면을 바라보고 질서를 부여해야 하는 것이다.

이 책의 주제는 "네트로피(netropy) 질서"다. 인간은 자신의 의지 여부에 따라 마음을 조절할 수 있으며 마음속에 질서를 부여할 수 있다. 무척 생소한 말이지만 필자는 이 '네트로피'라는 용어를 기반으로 마음의 질서를 회복하는 위대한 행동에 대해 역설하고자 한다.

네트로피 이론은 지난 2010년도 은행나무 출판사를 통해 출간한 저서 "최고의 나를 만나는 공부혁명 - 네트로피"에서 집중적으로 설명한 바 있다. 허나 이때 언급한 네트로피는 그 초점이 학습과 공부에만 집중되어 있어, 책이 출간된 이후 매 강연 때마다 수많은 독자로부터 네트로피 이론을 공부에만 국한하지 말고 생활 전반에 걸쳐서 활용할 수 있는 매뉴얼을 만들어 달라는 부탁을 받게 되었다. 이에 필자는 2008년부터 강연에 활용했던 네트로피 자료들을 모아서 다시 다듬기로 결심, 재집필을 시작했다.

똑같은 노력을 해도 성공하는 사람과 실패하는 사람이 존재한다. 필자는 이 책을 통해 그 원인을 네트로피 법칙에 따라 설명할 것이다. 네트로피, 즉 마음의 질서가 없다면 수많은 책을 읽고 노력하더라도 누구도 쉽게 성공할 수 없다. 하지만 네트로피만 인식할 수 있다면 성공이 성큼 자신의 곁으로 다가온다는 것을 느낄 수 있을 것이다.

독자들이 이 책을 통해 상당한 변화를 거칠 것이라 자부한다. 읽다 보면 자신도 모르게 네트로피라는 단어를 머리에 떠올리게 될 것이며, 기분 좋은 강박증을 느끼게 될 것이다.

이와 같은 네트로피 질서를 잡는 단계는 총 5단계로 설명할 수 있다.

① 본인이 무질서하지만 무질서를 자각하지 못하는 단계
② 본인 스스로 무질서를 인식하는 단계
③ 본인 스스로 무질서를 인식하고 극복하려는 단계
④ 질서 잡힌 네트로피의 시간을 늘려나가는 단계
⑤ 본인 스스로 네트로피 질서를 인식하며 무질서를 제어할 수 있는 상태

이 책은 크게 총 5장으로 구성되었다. 전반부 1장과 2장은 주로 네트로피 질서를 잡기 위한 준비 과정을 그렸으며, 네트로피를 위한 기본 이론지식과 마음가짐을 습득할 수 있다. 나머지 3장과 4장은 네트로피 실천 편으로 네트로피 질서가 일상생활에서 요구되는 사례들을 상황별로 분석하여 구성했다. 후반부의 부록에서는 자신의 무질서 정도를 체크할 수 있는 자가진단 표와 네트로피 요점들을 간략하게 간추렸다.

이번 네트로피2.0의 모든 내용들은 다음 카페나 인터넷 토론광장, 포럼 등을 통해 수많은 검증을 거친 이후에 다듬어지고 더욱 정교하게 발전, 보완된 것이다. 전편의 딱딱함을 덜어내고, 보다 읽기 쉽고 일상에서 흔히 느끼는 일들을 중심으로 이야기를 전개시켰다. 이 책을 접한 독자들은 보다 명확하게 네트로피 질서를 인식하게 될 것이며, 글 속에서 자신을 발견하고 변화의 힘을 느끼게 될 것이라 믿는다. 아울러 엔트로피와 네트로피에 대한 일반적인 용어정의는 미하이 칙센트의 저서 몰입(flow)에서 인용했음을 밝힌다.

끝으로 네트로피2.0을 세상에 나오도록 도와주신 행복에너지 출판사와 끝까지 나를 이해하고 믿어준 모든 가족, 동료, 선후배들에게 따뜻한 감사의 마음을 전한다.

머리말

프롤로그

제 1장 엔트로피와 네트로피
엔트로피란 무엇인가? ● 20
네트로피는 질서다 ● 22
엔트로피 상태의 사람들 ● 25

제 2장 네트로피 = 마음의 질서
언제까지 그런 엔트로피 속에서 살 것인가 ● 34
엔트로피를 제어하지 못하면 성공은 없다 ● 39
엔트로피 감정을 제어하는 방법 ● 43
엔트로피적 실패 – 작은 고민에 흔들리는가? ● 46
열심히 해도 잘 안 되는 이유는 당신이 엔트로피 상태이기 때문이다 ● 51

한계상황이라는 두려움을 극복하라 ● 56

네트로피를 만나는 길 – 하루 16시간 즐길 수 있는 무언가를 찾아라 ● 59

지금 하는 일이 노동처럼 느껴진다면 그 방식부터 바꿔라 ● 64

네트로피를 통해 노동자 마인드에서 벗어나자 ● 67

네트로피로 일하라 ● 71

네트로피 형 인간의 3단계 법칙 ● 75

엔트로피 고통은 반드시 끝이 있다 ● 80

엔트로피 감정의 조절 – 새로운 나를 만나라 ● 83

필요 이상의 감정이입을 경계하라 ● 87

불확실한 미래에 대처하는 네트로피적 미래설계 ● 90

네트로피 상태를 유지하는 두 가지 법칙 ● 93

엔트로피를 밀어내고 네트로피를 끌어당기는 자석이 되라 ● 97

엔트로피를 버려야 내가 산다 ● 99

자신을 믿고 실행에 임하라 ● 105

제 3장 엔트로피의 제어, 네트로피 진입을 위한 위대한 노력

두려워 말고 운명을 바꿀 위대한 네트로피적 변화에 도전하라 ● 110

그럼에도 불구하고 우리가 공부해야 하는 이유 ● 115

스스로 낙인을 찍지 말라 ● 119

잘못된 선택을 더 이상 이어가지 말라 ● 124

엔트로피 상태에서 벗어나는 방법 ● 127

부정하고 싶은 간지러움을 참아야 한다 ● 130

부정적 언어사용이 운명을 망가지게 한다 ● 133

'난 할 수 없다.'라고 생각될 때 명심해야 할 두 가지 ● 136

생의 열정을 포기하지 말자 ● 140

성공할 수 없는 사람을 알아보는 방법 ● 143

엔트로피는 정신적 자살행위 ● 147

끝을 생각하고 행동하는 네트로피형 인간 ● 151

엔트로피로 인한 고민을 벗어나 건강하게 사는 두 가지 방법 ● 153

제 4장 내 안의 무질서를 죽이기 - 그래도 계속 가라

엔트로피에 빠진 나를 구하라 ● 160

무기력한 삶에서 탈출하기 ● 165

우울증에서 탈출하기 ● 170

인생 최고의 행복 처방전 – 감사하기 ● 175

유쾌한 사람이 이긴다 ● 178

근엄하고 권위적이면 이미 진 것이다 ● 181

힘들수록 고립된 삶을 살아서는 안 된다 ● 183

나약함을 벗어나는 방법 ● 186

눈치 보는 습관을 버리자 ● 190

쫄지 않으면 반드시 기회가 온다 ● 192

오늘 단 하루를 살 것처럼 치열하게 ● 197

성공을 가져오는 네트로피 에너지를 받아들여라 ● 200

진정한 성공을 위해 새로운 도전을 준비하자 ● 203

성공쿠폰을 획득하는 방법 ● 206

거대조직에서 살아남는 방법 ● 211

잃어버린 꿈을 되찾아라. 그 꿈에서 모든 것이 시작된다 ● 215

가족 무기력 증상 극복하기 ● 219

감동 호르몬 생성시키자 ● 223

최고의 '나'와 만나라 ● 226

자신의 의식을 지배하라 ● 229
최고의 나를 만나는 하루 트레이닝 3가지 ● 233

부록

엔트로피 수치 자가 평가표 ● 238
위대한 네트로피 학습법 ● 241
엔트로피를 인식했을 때 도움이 되는 명상 훈련법 ● 244
네트로피 상태로 가는 POINT ● 248

프롤로그

　직장인 철수 씨는 오늘도 분주하다. 그는 아침부터 사소한 문제로 아내와 말다툼을 했다. 그의 정신은 지금 온통 엉망진창이다. 아내와의 싸움에서 상한 기분을 털어버리지 못한 그는 오직 아내를 미워하는 마음으로 세상을 바라본다.

　철수 씨는 그 상태로 차를 몰고 직장에 출근한다. 그러다 순간의 실수로 가벼운 접촉사고를 내고 만다. 아내와의 다툼, 그 무질서한 자극을 계속해서 머릿속에 두고 운전을 하다가 그만 사고를 친 것이다. 그 순간 철수 씨의 모든 정신은 아내와의 싸움이 아닌 가벼운 접촉사고로 옮겨간다. 이제 모든 생각은 그가 일으킨 접촉사고로 쏠린다.

　철수 씨는 자동차 접촉사고를 간신히 처리하고서 다시 직장으로 향한다. 직장 상사는 철수 씨에게 늦은 이유에 대한 해명을 요구하며 고래고래 소리를 지른다. 직장인 철수 씨의 모든 에너지는 이제 상관의 화난 목소리에 옮겨간다.

엔트로피=무질서

직장인 철수 씨는 지금 삶의 무질서를 경험하고 있다. 그는 자신이 왜 작은 사건들 속에서 무질서하게 살아가고 있는지 이해하지 못한다. 엔트로피라는 무서운 무질서 에너지는 당신을 끊임없이 눈앞에 발생하는 모든 사건 앞에 굴복시킨다. 마치 도미노처럼 한 개의 사건이 끝나면 연속적으로 당신 앞에 불편한 사건들이 놓여질 것이다.

엔트로피는 무질서다. 그것을 자각하지 못하면 우리의 몸과 마음 그리고 정신세계는 엔트로피 무질서상태에서 서서히 죽어간다. 직장인 철수 씨는 하루 종일 작은 사건들 속에서 자신의 삶의 의미를 잃어버리고 하루하루를 보낸다. 그리고 저녁이 되어 집에 돌아가 정말 아무것도 할 수 없는 무기력증에 시달린다. 철수 씨는 그저 모든 삶이 애초부터 이렇게 구성되어 있다고 생각할 뿐이다. 그는 자신이 엔트로피 바이러스에 감염되었다는 사실을 전혀 인식하지 못한다.

인간은 자각하지 못하면 엔트로피 무질서를 벗어날 수 없다. 엔트로피 상태의 사람들은 무조건적으로 가장 처음 겪는 사소한 사건에 반응한다. 그리고 진짜 나를 잃어버린 그 상태로 그저 작은 사건들 속에서 세상을 보게 된다. 철수 씨는 아내와 싸우는 순간에는 아내를 통해 세상을 바라보았고, 접촉사고가 난 순간 접촉사고를 통해 세상을 바라보았다. 작은 사건들이 철수 씨를 통째로 삼켜버렸고, 그는 그 사건들로 인해 완전한 무질서를 실천한 것이다. 작은 사건 속에 빠지는 동안 진짜 '철수'는 사라지고 오직 사건 속에 무질서하게 표류하는 '철수'만

남게 된다.

현실의 노예가 되어서 무질서하게 삶을 살아가는 철수 씨는 말 그대로 롤러코스터와 같은 성격을 외부로 표현하게 된다. 쉽게 화내고, 쉽게 지치며, 쉽게 심심해하는 기분 나쁜 현상들이 바깥으로 나타난다.

무질서한 직장인인 철수 씨에게 휴식은 곧 잠을 자는 것뿐이다. 무조건 아무것도 하지 않고 쉬고 싶다는 마음이 결국 무질서 수치를 올린다. 일요일 오후 하루 종일 잠을 자다가 일어난 직장인 철수 씨는 불현듯 심심함을 느낀다.

심심함

이 감정은 가장 경계해야 할 감정이다. 백신이 깔리지 않은 컴퓨터를 생각해보자. 백신이 없다면 바이러스는 손쉽게 침투해 온다. 인간의 정신세계를 교란시키는 가장 무서운 바이러스는 바로 엔트로피다. 그 무질서 바이러스가 가장 행복하게 활동할 수 있는 정신 상태가 바로 심심함이다.

직장인 철수 씨에게 일요일 오후는 텔레비전 채널선택의 자유를 누릴 수 있는 유일한 시간이다. 그는 리모컨을 이용해서 1번부터 70번까지 의미 없는 채널 돌리기를 반복한다. 그는 심심하다.

심심함을 느끼는 그때가, 곧 무질서 바이러스의 공격이 시작되는 순간임을 그는 인식하지 못한다. 이제 그의 머릿속에선 심심함과 함께 공허함과 무료함이 동시에 느껴지기 시작한다. 그의 머릿속에서 최근에 있었던 사소한 사건이 떠오르기 시작한다. 엔트로피 무질서 바이러스는 무조건 최근의 작은 사건 속에 집착하게 만든다.

철수 씨의 머릿속에 일주일 전 친구에게 꿔줬던 돈 5만 원이 불현듯 떠오른다. 그리고 친구가 그것을 갚지 않는 이유를 분석하면서 그의 머릿속에는 그 돈을 받을 수 있는 여러 가지 시나리오들이 떠오르기 시작한다. 그의 마음속에는 의심, 걱정, 원망과 나만 고생하고 있다는 생각 등이 뒤섞여 요동친다. 돈 5만 원을 꿔줬던 사소한 사건으로 인해 철수 씨는 무의미한 고통을 떠안고 자신이 원래 해야 할 일을 잃고 그저 무질서하게 시간을 보낸다.

공허감

엔트로피 무질서에 한번 감염되면 무슨 일을 해도 이 기분 나쁜 느낌을 지울 수 없게 된다. 이제 그 무질서와 타협하면서 끊임없이 직장인 철수 씨는 부정어를 남발하기 시작한다. 부정적인 말과 행동은 엔트로피 무질서 바이러스를 끌어모은다. 한번 모인 무질서 바이러스는 그를 더욱 불쾌한 작은 사건 속으로 밀어 넣는다.

철수 씨는 이제 더욱 강한 수위로 직장상사에 대한 뒷담화를 입에 올리고 직장 동료와 편 가르기를 통해 엔트로피 무질서 수치를 올려나간다. 그는 서서히 아무것도 하기 싫고 감정의 기복만 커져가는 메가 엔트로피 상태로 진입해간다.

직장인 철수 씨에게 휴가란 엔트로피 무질서를 극대화하는 시간일 뿐이다. 무질서라는 바이러스 에너지는 철수 씨의 건강하고 긍정적 에너지를 분산시킨다. 그리고 오직 작은 사건 속에서 무질서를 키워 나가게 한다. 엔트로피 무질서 바이러스에 감염된 직장인 철수 씨가 추구하는 것은 오직 돈과 일신의 편안함뿐이다.

철수 씨의 휴가는 곧 절정의 무질서를 만나는 시간이다. 철수 씨는 가장 저렴한 비용으로 가장 편안한 휴가를 보내기를 원한다. 오랜 시간 엔트로피 바이러스에 시달려온 철수 씨는 대체로 무기력하다. 그래서 늘 미래에 대한 걱정뿐이다. 그런 그에게 휴가는 도피처가 된다. 그는 아내와 가족의 대화에 늘 신경질적이거나 무응답으로 일관한다. 엔트로피 바이러스는 주변 가족과 친한 사람들을 부정하게 만든다.

그는 현재 자신을 둘러싸고 있는 환경을 원망한다. 가장 먼저 아내를 사랑하지 않는다. 엔트로피 무질서 바이러스는 무질서하기 때문에 보다 자극적인 것 혹은 보다 화려한 것에 즉각 반응하도록 유도한다. 결혼 10년 차에 접어든 직장인 철수 씨의 아내는 뚱뚱하다. 그래서 그는 아내로부터 강렬한 여성미를 느끼지 못한다. 그가 지금 간절히 원하는 것은 자신의 무질서를 한 방에 해결해줄 강렬한 욕망이 충족되는 것이다. 그는 지금 야한 여자를 꿈꾼다. 그리고 찬란하고 화려한 한 방의 돈벌이를 꿈꾼다. 엔트로피 무질서 바이러스는 가족을 부정하게 만든다. 그리고 지금 처해 있는 환경이 허접하다고 느끼게 만든다. 나만 고생하고 있다는 느낌을 만들어내고 극단적 화와 심심함 그리고 쾌락을 표현하도록 조종한다.

철수 씨는 휴가를 그저 동물적 휴식만으로 때운다. 가족과의 관계는 의무적이다. 휴가지에 와도 하루 종일 잠을 자고 싶을 뿐이다. 그것이 휴가라고 생각한다. 휴가가 끝나갈 때쯤 철수 씨는 심각한 절망감을 느낀다. 또 직장을 나가야 한다는 공허감은 휴가 마지막 날 밤을 우울하게 만든다.

현재 철수 씨는 엔트로피 무질서 바이러스에 완벽하게 감염된 상태다. 엔트로피 바이러스에 감염되면 체계적으로 머리를 쓰는 일을 멀리하게 되고, 자신과 무질서 정도가 비슷한 사람과 함께하고 싶어한다. 때마침 철수 씨의 직장 내에 만만한 동료가 있다. 그는 그 동료와 엔트로피 무질서 수치가 비슷하기 때문에 매우 잘 통한다. 그와 만나면 마음껏 직장에 대한 뒷담화를 하고 일탈에 관한 이야기 그리고 자신에 대한 무용담을 이야기한다. 하지만 그러면 그럴수록 철수 씨의 마음속 공허감은 커져만 간다. 엔트로피 상태에 빠지면 머리 쓰는 일과 창조적 일을 극도로 싫어하게 된다. 언제부턴가 철수 씨는 회사 내에서 어려운 일이 부여되면 피할 방법부터 떠올리고 있다.

엔트로피 바이러스는 사람을 가볍고 단순하게 만든다. 그저 배고프면 맛있는 것에 반응하게 만들고, 머리 안 쓰고 단순하게 돈 많이 버는 일확천금의 사례에 맹목적으로 매달리게 한다. 단순한 생각과 단순한 생활의 반복은 결국 엔트로피가 만들어놓은 덫일 뿐이다. 엔트로피 상태에서 나타나는 모든 행동규칙은 결국 "내 입에 밥 한 숟갈 더 넣기"라는 가벼움일 뿐이다.

직장인 철수 씨가 가장 두려워하는 순간은 집중하는 시간이다. 어떤 일을 집중해서 처리해야 하는 순간이 다가오면 곧바로 불편함을 느끼고 답답해한다. 이 모든 증상은 결국 철수 씨의 본성이 아니다. 그가 엔트로피 바이러스에 감염되었기 때문에 조종당하고 있는 현상인 것이다.

당신은 엔트로피 바이러스에 감염되어 본적이 있는가?

인간은 아무것도 하고 있지 않은 상태에서는 자연스럽게 엔트로피 무질서 상태로 빠져들게 된다. 정말 두려운 것은 이러한 엔트로피적 생활방식이 인간에게 공포, 불안, 긴장 등 부정적인 감정 상태를 제공하게 된다는 점이다. 인간은 누구나 질서를 잡고 싶어 한다. 하지만 엔트로피 상태에서는 질서를 잡는 일이 쉽지 않다. 그저 의미 없는 행동만을 되풀이할 뿐이다. 엔트로피 행위의 결말은 즉흥적 쾌락 추구, 게으름, 나태라는 결과를 불러들인다.

진정한 삶을 살고 싶다면 지금 현재 당신이 엔트로피 상태라는 것을 인지해야 한다. 자신의 상태가 엔트로피라는 것을 인식하게 되는 순간부터 인간은 네트로피 상태로 진입하게 되기 때문이다. 네트로피는 자기 제어가 우선시 되는 상태, 즉 긍정적 질서가 잡혀있는 상태를 의미한다. 네트로피적 질서상태에서 행위의 결과는 늘 긍정적 진리탐구를 향한다. 당신이 원하는 멋진 삶은 네트로피 상태에서 성취될 수 있다. 하지만 본인의 엔트로피 상태를 인지하고, 네트로피 상태로 자신을 다듬는 일은 혼자 깨우치기 어렵다. 때문에 세상 인구의 80%는 이 느물느물한 엔트로피 바이러스의 늪 속에서 헤어 나오지 못하고 가난한 노동자로 죽어가는 것이다.

이제 엔트로피 바이러스를 극복하고 네트로피 질서를 잡는 법에 대해 이야기해보자. 이 책은 세상 인구의 20% 안에 들어가기 위한 위대한 방법을 제시할 것이다. 우리 가슴속에는 이미 최고의 '나'가 존재한다. 당신은 이 책을 읽으면서 오직 그 최고의 나를 만나는 네트로피를 발견하기만 하면 된다.

앞서 이 책을 접한 수많은 독자들은 네트로피의 위대한 질서를 경험했다. 이제 당신의 차례다. 가슴 뜨겁게 네트로피(질서)를 만나볼 순간이 왔다.

네트로피로 가기 위한 위대한 질문 3가지

✚ 당신은 3초 뒤(가난, 테러, 질병 등으로) 죽어가는 인간 앞에 당당한 고민을 하고 있는가?

✚ 당신은 천억 원을 준다고 해도 바꿀 수 없는 가치있는 일(공부)을 하고 있는가?

✚ 10초 뒤 당신은 당신 행동에 대해 책임질 수 있는가?

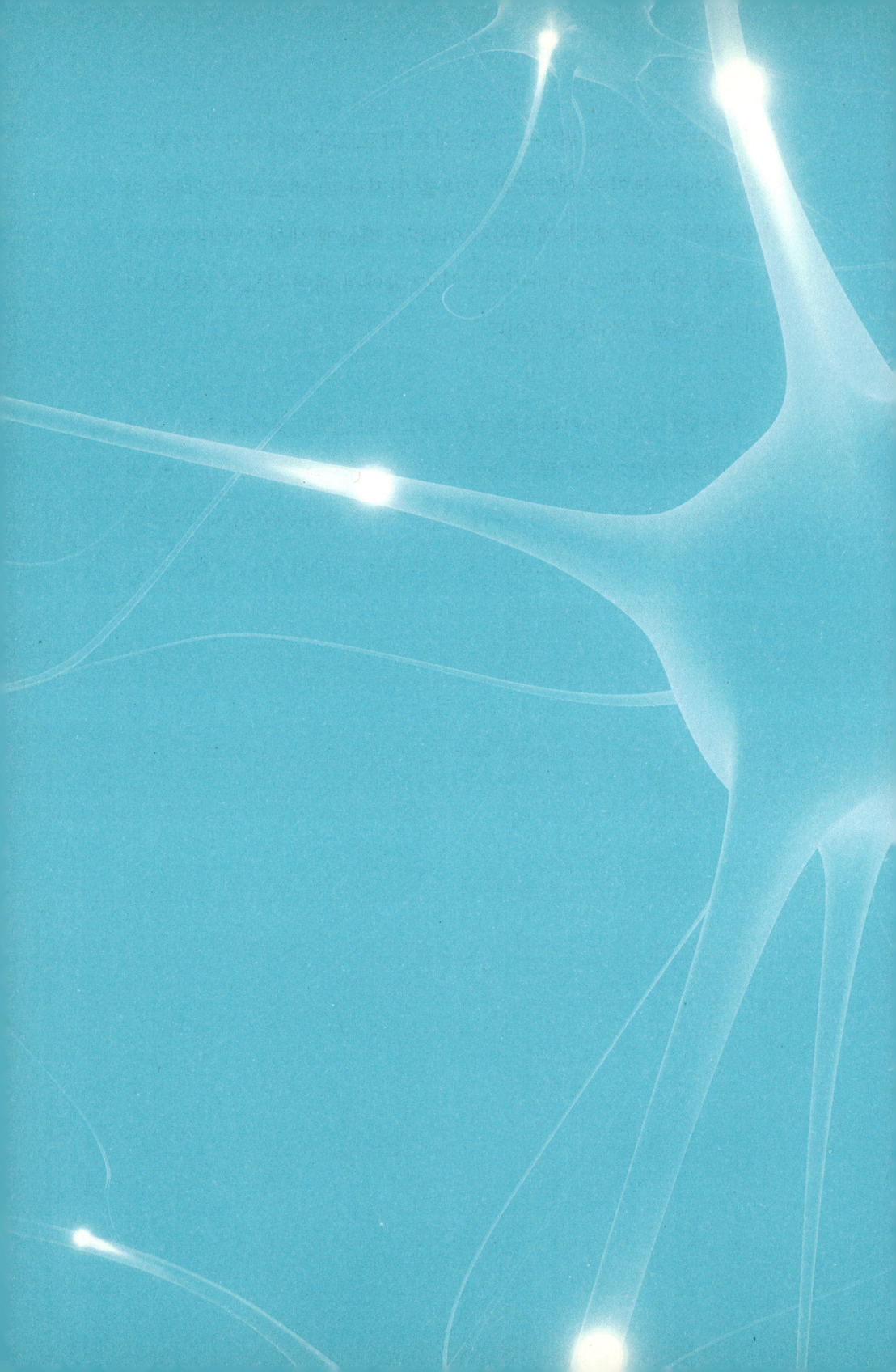

제 1 장

엔트로피와 네트로피

엔트로피란 무엇인가?

'엔트로피(Entropy)'란 본래 과학에서 사용되는 전문용어이다. 독일의 물리학자 클라우지우스(Clausius, 1822~1888)는 엔트로피란 무질서 상태라는 개념을 제시했다. "모든 자연계의 물질은 시간이 흐르거나 외부적 작용이 없으면 보다 무질서한 상태로 빠져들어 간다." 이것이 엔트로피의 기본개념이다. 즉, 무질서 상태를 지속하려는 무형의 힘 혹은 그 체계를 뜻한다.

인간은 본래 무질서한 동물이다. 인간의 뇌는 자연 상태에서는 엔트로피, 항상 무질서 상태를 지속한다. 편안하게 쉬고 있거나 아무것도 하고 있지 않은 상태에서는 이러한 엔트로피가 더욱 증가하며, 결국 무질서의 극단까지 치닫게 된다.

이러한 무질서한 인간의 뇌 구조를 극복하는 유일한 방법은 오로지 물리적 노력에 달려있다. 물리적 노력을 극대화하면 우리의 뇌는 점차 질서 상태로 돌아간다. 하지만 물리적 노력이 멈추는 순간 다시 우리의 뇌는 무질서 상태로 되돌아가고 만다. 그러므로 끊임없이 외부적 물리적 노력을 멈춘다면 우리 뇌는 언제나 무질서 상태인 엔트로피를 경험하게 된다.

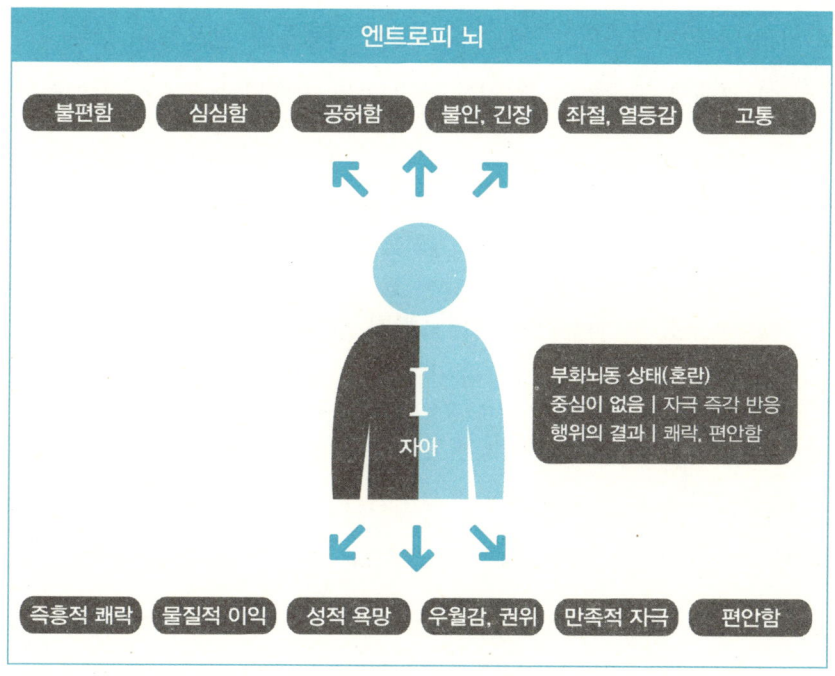

네트로피는 질서다

'네트로피(netropy)'란 네거티브 엔트로피(negative entropy)를 줄여서 나타내는 말이다. 결국 네트로피란 엔트로피의 반대 개념, 즉 질서가 잡혀 있는 상태라고 할 수 있다.

물리학자 슈레딩거는 '생명이란 엔트로피를 먹고 사는 존재'라고 말했다. 물이 위에서 아래로 떨어지듯이, 너무나 자연스럽게 인간은 엔트로피 상태를 지향한다. 그래서 대부분의 사람들은 엔트로피 상태에서 살다가 그대로 죽어간다. 하지만 자신의 뇌 상태가 무질서한 상태라는 것을 인식하고 이를 고치려는 물리적 행위(노력)를 행하는 소수자는 그 시대의 리더가 되고 인류사를 이끌어가는 위대한 인물이 된다.

기본적으로 인간의 뇌는 엔트로피적 무질서 상태라고 미하이 칙센트미하이는 규정한다. 일반인들은 이 상태를 벗어나고 싶어 하지만 정확하게 자신의 뇌가 무엇이 문제인지 파악하지 못하기 때문에 그저 엔트로피 상태에 머물다 늙어가고 죽어간다. 하지만 궁극적으로 인간이 동경하는 삶은 네트로피 질서상태에 있다. 그래서 우리는 네트로피, 즉 질서가 잡힌 상태의 사람이 되거나 그러한 상태가 되길 희망한다. 그 누구도 무질서하고 무절제한 사람을 존경하지 않는다. 누구나 청렴하고 소신과 강단이 있으며 삶에 있어 일관성이 있는 사람을 존경한다. 은연중에 우리는 네트로피적 사고를 하는 질서 잡힌 사람을 존경하게 되고, 하물며 이사를 할 때 집을 고를 때도 엔트로피적인 집보다는 네트로피적인 질서 상태에 있는 집(환경)을 가지고 싶어 한다. 이러한 행동양식을 가리켜 슈레딩거는 생물의 존재 본능이라고 말했다.

질서를 원하면서 무질서함을 유지하는 이러한 모순된 사람들의 행태가 계속되는 것은 그들이 자신의 현 상태가 무질서한지 질서가 잡혔는지 인식하지 못하고 살아가기 때문이다. 앞서 말했다시피, 우리 인간의 뇌는 자연 상태에서 엔트로피 상태를 그대로 유지하려는 성질이 있다. 이 상태를 방치할 경우 엔트로피 상태는 극단적으로 깊어지고 만다.

우리가 살아가는 자연계는 엔트로피 상태를 정상적인 상태로 인식한다. 흔히 엔트로피적인 사고를 하는 상태에서는 즉흥적이고 순간적인 쾌락만을 추구하게 된다. 하는 일에 우선순위가 없기 때문에 당장 눈앞의 욕구부터 해결하기 급급하다. 예를 들어, 배가 고프면 그냥 밥을 먹는다. 혹은 심심하다면 그냥 게임을 한다. 바로 이것이 엔트로피적인 사고의 현주소이다. 질서가 없이 그저 급한 것, 본능적으로 지금 당장 아쉬운 것만 해결하고는 현실의 고민에 갇혀 끊임없이 불필요한 고민만을 반복하며 엔트로피 무질서를 늘려간다.

엔트로피적인 사고 상태에서는 자신의 상황을 인식하지 못한다. 현재 자신의 뇌가 엔트로피적인 사고 속에 있음을 인식하는 것. 이 책의 존재 이유는 바로 이 지점에 있다. 메시지는 간단하고 명료하다. 머릿속은 무질서 상태이며 그러한 무질서 상태에서의 모든 사고체계는 모두 즉흥적이고 무의미하며 죽음을 망각한 무질서의 연장임을 인식하라는 것이다. 그리고 그 모든 것을 잡아줄 수 있는, 즉 의미 있는 것을 찾아 진정으로 노력하라는 것이다.

엔트로피를 인식하는 순간 인간은 그 상태를 극복하려고 작은 노력이나마 시작할 것이고, 그 상태를 벗어나고자 하는 일반적인 노력은 곧 질서를 부여하려는 의지가 될 것이다.

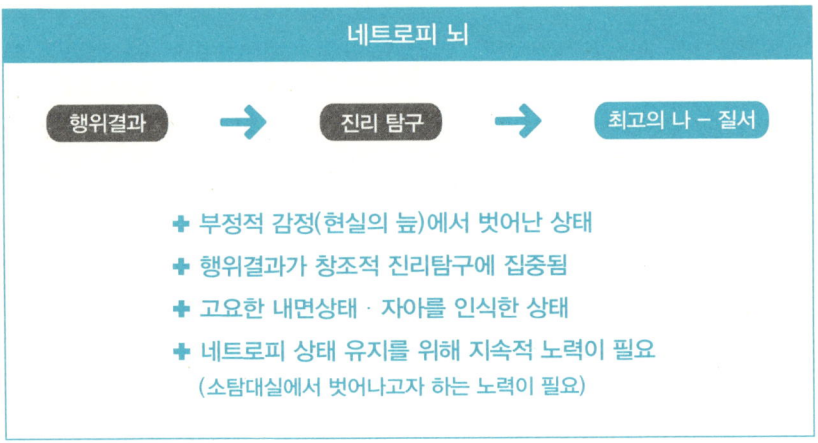

엔트로피 상태의 사람들

1) 무질서한 인간관계

엔트로피(무질서) 정도가 높은 사람일수록 혼란스럽고 즉흥적인 친구관계를 유지한다. 그러나 무질서한 친구관계를 유지하는 사람들은 좋은 친구와 나쁜 친구의 개념을 자신의 기분에 따라 구분한다. 그렇기 때문에 서로 무질서 정도가 비슷한 친구를 사귀거나 애인을 만나게 된다. 우리가 흔히 말하는 '끼리끼리 만난다'라는 이야기는 이와 같은 현상과 연결된다.

무질서 정도가 심한 사람들은 그것을 해결하기 위해 누군가를 필요로 한다. 그리고 빨리, 즉흥적으로, 별다른 노력 없이 엔트로피 상태를 벗어나고자 한다. 그들은 인간관계에 있어 보다 자극적인 것을 찾는다. 그래서 대화 주제도 좀 더 자극적이고 폭력적인 성향이 짙고, 연인 간의 스킨십 또한 자극적이어야 한다.

담배와 술 또한 마찬가지다. 친구를 만나면 우선 담배를 피우거나 술을 마시면서 일시적으로 엔트로피 상태에서 벗어나고자 한다. 돈을 걸고 하는 각종 내기, 컴퓨터 게임, 집단 따돌림, 음란물 중독 등도 엔트로피 정도를 일시에 해결하고자 하는 욕구(인간은 무질서하지만 그 상태를 간절히 벗어나고 싶어 한다.)에서 비롯되는 것이다.

일반적으로 이러한 행위가 엔트로피 상태를 줄일 수 있을 것으로 착각하지만 이것은 결국 더 큰 엔트로피를 부른다. 더 큰 자극을 찾게 되는 것이다. 우리는 이러한 상태를 '중독'이라고 부른다.

2) 무너지는 가족관계

　엔트로피 상태가 높을수록 텔레비전과 게임에 중독되기 쉽고, 포기도 쉽게 하며, 화를 잘 내는 등 감정의 기복이 심하고 즉흥적이다. 그리고 이러한 엔트로피적 가족환경의 무질서 정도는 텔레비전, 인터넷 등을 통해 더욱 심화된다.

　엔트로피 정도가 심한 가족의 예를 들어보자. 아버지는 매일 돈을 벌어오는 고생에 대한 보상을 가족에서 받고 싶어 한다. 무질서 정도가 높은 아버지일수록 쉽게 화내고, 자신만을 생각하며, 권위적이다. 또한 말수가 적으며 매사에 피곤해한다. 어머니는 매사에 부정적인 말만을 되풀이한다. 이것은 무질서 상태를 벗어나고 싶다는 처절한 몸부림이지만 결국 가족 전체를 더욱더 큰 무질서 상태로 빠뜨리고 만다.

　이러한 엔트로피적 환경 속에 자라는 자녀는 청소년기에 심한 갈등을 경험한다. 성격의 기복이 심하고 자아상실감이 커 무질서 상태에서 무질서한 꿈을 꾸게 된다. 무질서한 상태에서의 미래 희망은 매일매일 다르게 나타난다. 그리고 이것이 자신의 꿈이라고 착각한다. 만약 지금 텔레비전에 나오는 연예인이 멋있다고 느껴지면 이 아이는 막연하게 TV 스타를 동경하게 된다. 하지만, 결국 며칠 못 가서 이 꿈들은 또 다른 자극에 의해 변형(무질서 상태에서는 오직 첫 번째 들어오는 자극에 반응할 뿐이다.)되고 만다.

　무질서한 집안에서 나타나는 행동들은 결국 상호 간 감정의 극한

대립 또는 동물적 화해의 연속에서 이루어진다. 아버지는 돈 벌기 힘들다고 짜증을 내고, 어머니는 아버지에게 아들, 딸들의 비행을 고자질하고, 아이들은 무질서 상태를 극복하기 위해서 또다시 거짓말과 분노와 짜증을 연속적으로 분출한다.

결국, 이러한 무질서 상태의 연속은 집안 전체를 극단의 무질서 상태에 빠지게 만든다. 이런 경우 일반적으로 행위자 본인들은 무질서 상태를 인식하지 못하므로 자신의 행위가 매우 정당하다고 느끼게 된다. 돈을 열심히 벌어온 아버지 입장에서는 무질서의 극단으로 가고 있는 우리 가정의 문제점을 인식하지 못하고 모든 원인을 아내와 자식에게 돌린다. 그리고 틈만 나면 자녀와 부인에게 사회생활이 힘들다고 이야기하며 무질서 상태를 일시적으로 해결하려 든다. 이 말의 진짜 의미는 아버지의 사회생활 역시 무질서 상태에서 벗어나지 못하고 있다는 사실을 인정하는 것이다. 엄마와 자녀 역시 무질서 상태의 지속적 악화의 원인이 본인에게 있지 않다고 발뺌한다. 결국 가족 무질서 상태가 극대화될수록 불신과 불안감은 증폭되고, 대화는 끊어지며, 여러 가지 신체적이고 정신적 병리적 현상(의심, 불안, 짜증, 고민 등)들이 복합적으로 나타나기 시작한다.

3) 이해할 수 없는 심리적 불안감

엔트로피 상태가 높으면 높을수록 자기 자신을 빨리 엔트로피 상태에서 벗어나게 하고 싶어 조급해진다. 자신이 늘 고통받고 있다고 여기며 마음이 불안하다. 정도와 상태에 따라 달리 나타날 수는 있지만 대부분 엔트로피적 고민에 휩싸여서 불행한 하루하루를 보내게 된다. 그렇기 때문에 보다 자극적이고 즉흥적인 행위 속에 자신을 몰아넣고 싶어 한다.

그래서 일이나 공부 따위는 지겹고, 두려운 것으로 인식한다. 그리고 말초신경을 자극시키는 그 무엇인가를 찾아 헤맨다. 멋진 이성을 만나기 위해 노력하고, 더 멋진 차 혹은 유명한 메이커의 옷을 사기를 원한다. 이렇게 소비하다 보면 분명히 나의 엔트로피 상태가 진정될 것이라 믿는 것이다. 결국 엔트로피 무질서 상태가 극한에 있는 사람일수록 자신이 열등하고 불우하다고 느낀다.

그리고 소수의 몇몇 사람들과 교제를 유지하면서 겉으로 보았을 때 멋진 이성이 아니면 만날 이유가 없다고 생각한다. 다른 가치관이나 생각들에 대해 고려할 필요성을 못 느낀다. 오로지 현재의 엔트로피적 사고를 해결해 줄 그 무언가를, 말초적인 정신세계를 해결해 줄 그 무언가를 갈망한다. 먹는 것, 입는 것, 소유하는 것이 최고의 가치가 되어 간다. 그리고 그것을 잃어버리거나, 소유하지 못하면 불같이 화를 내거나 걱정을 한다. 이 모든 행위는 엔트로피 상태를 벗어나기 위한 엔트로피적 해결 방안이다. 즉 이러한 행동은 인간을 더욱 극단의 엔트로피적 상태로 끌어들인다.

엔트로피적 사고에 휩싸인 사람들은 쉽게 분노하고 쉽게 좌절한다. 엔트로피 무질서 상태에 빠지면 롤러코스터를 탄 것처럼 슬픔/심심함/기쁨이 연속적으로 표현되기 시작한다. 문제를 해결하기보다는 회피하기에 급급하다. 이 모든 것을 해결하는 데 가장 훌륭한 치료 약은 집중이지만 엔트로피적 사고를 하는 사람들은 이것을 회피한다. 이유는 당연하다. 그들은 네트로피 상태를 충분히 경험해 보지 못했기 때문에 집중하는 것 자체를 지겨운 것, 귀찮은 것, 하찮은 것으로 취급한다.

결국 엔트로피적 사고의 극단에 있는 사람일수록 책 읽기를 싫어하고, 이성적 대화를 회피하며 복잡한 이성적 문제를 싫어한다. 그러므로 어려운 문제에 부딪히면 다른 길을 택하려고 한다. 결국 나는 충분히 무엇이든 할 수 있는 잠재능력을 갖추고 있지만 내 엔트로피적 사고체계(마인드)가 나를 병들게 하는 것이다.

우리의 뇌는 어려운 문제를 만나면 버럭 화를 내거나, 회피하려고 하고 두려움을 느끼게 만들어 엔트로피적 발상이 생기도록 명령한다. 그리고 좋은 기회를 스스로 포기하고 난 뒤에 '난 운이 없는 사람이다' 혹은 '나는 아무 가치도 없는 머리 나쁜 사람이다'라고 자신을 더욱 심한 엔트로피 상태로 빠뜨린다.

엔트로피적 사고를 하는 사람의 또 다른 특징은 교우관계에서도 확인해 볼 수 있다. 피상적인 만남만을 가지고 있으므로 다양한 부류의 사람과 만나지 못한다. 나보다 배울 것이 많은 사람과의 만남은 껄끄럽고 복잡하기 때문에 피하고, 어려운 친척과의 만남은 예절이라는 집중이 필요하므로 회피한다.

엔트로피적 사고를 하는 사람들의 일반적인 만남은 또래에 국한된다. 만났던 친구를 만나고 또 만난다. 아무 의미 없는 만남을 지속하며 결국 무질서한 대화를 연결해 나간다. 성적 욕망, 혹은 편법, 불법적 이야기들이 오고 가는 동안 결국 두 사람은 더욱 엔트로피적 사고로 깊이 **빠져** 들어간다. 엔트로피적 사고와 만남이 반복되다 보면 결국 자신 주변이 가치 없게 여겨지는 순간에까지 도달하게 된다.(Mega-Entropy) 내 주변에 있는 모든 사람들이 무지하고 가치 없게 여겨지기 시작한다. 부모와 형제 심지어 친구도 마찬가지다. 결국 텔레비전이나 만화에 나오는 허상을 좇아 엔트로피적 방황을 시작한다.

이러한 정신적 상태는 결국 우울증 혹은, 열등감, 조울증과 같은 병리적 형태로 나타나게 된다. 또한 신체 이상을 가져온다. 척추측만증, 난독증, 신경성 대장증상, 폭력적 행위 등이 해당된다. 결국 엔트로피적 사고 속에 있는 사람들은 늘 전화나 메신저를 기다리거나 혹은 그 속에서 헤어 나오지 못한다. 어떻게 해서든 지금이 엔트로피적 시간을 벗어나고 싶지만, 그것이 맘대로 되지 않기 때문에 괴로워하고 또 괴로워한다.

엔트로피 (무질서)상태에서 나타나는 자각 증상

- 돈만을 위해서 일하게 되며 과시적 목적을 염두에 두고 노력(공부, 운동)하게 된다.
- 심심함 – 매우 바쁨 현상이 반복되어 나타난다.
- 두려움, 긴장, 열등감/우월감, 매우 즐거운 상태가 자주 반복된다.
- 짜증, 화가 자주 발생되며 일에 대한 두려움, 게으름이 증가된다.
- 잔고민이 증가하며, 모든 일에 부정적 생각을 먼저 하게 된다.
- 자신 주변의 친구, 부모, 환경이 최악이라고 생각하며, 부정하게 된다. (책읽기와 난해한 일을 하기를 싫어함 혹은 의무로 생각함)
- 세상을 왜곡해서 바라보며, 현재의 극단적 감정 상태에 따라 세상을 달리 해석한다.
- 항상 먹고 사는 것이 힘들다고 생각하며 꿈은 가진 자들이 꾸는 사치라고 생각한다.
- 항상 자신이 소속된 집단을 허접하다고 생각하며, 준거 집단을 꿈꾸지만 노력하지 않고 좌절만 한다.
- 항상 나만 고생하고 있다는 느낌을 받게 되고 주변 환경을 탓하게 된다.
- 에너지 분산으로 인해 항상 무기력하게 생활한다. (항상 피곤하고, 자주 아프다.)

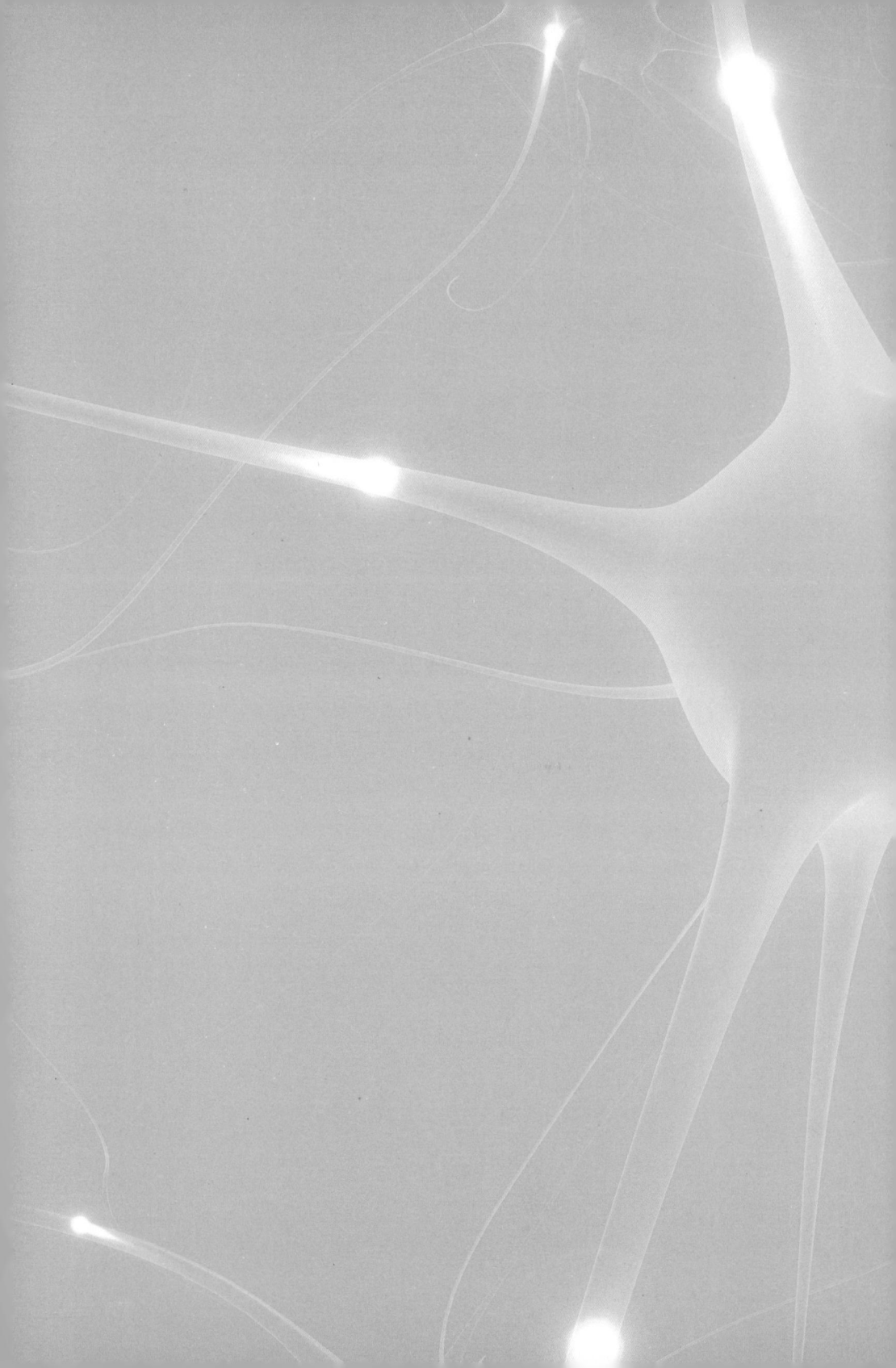

제 2 장

네트로피 = 마음의 질서

언제까지 그런 엔트로피 속에서 살 것인가

자신의 현재 위치를 객관적으로 생각해 본 적이 있는가?

당신은 무엇 때문에 세상에 태어났는가? 그리고 무엇 때문에 살아가는가? 의문을 가져보라 근본적인 의문을 가지고 자신에게 본질적 질문을 해보라. 세상은 바쁘게 돌아간다. 그리고 거리의 온갖 광고물들은 당신의 지갑을 호시탐탐 노리고 있다. 당신이 추구하는 삶의 궁극적 목표는 무엇인가. 부자인가. 그리고 명예인가. 안락한 삶인가.

모든 사람들은 지금보다 나은 삶을 원한다. 그래서 지금보다 조금 더 나아지기 위해 오늘을 담보로 열심히 일하고 준비한다. 실패한 사람에게 현재는 언제나 보다 살기 좋은 미래를 위해 담보 잡힌 인내의 시간일 뿐이다. 지금 당신이 괴롭게 공부나 일만 하고 있다면 당신은 미래에도 역시 괴롭게 일과 공부만 하고 있을 것이다. 미래를 위해 바보처럼 현재를 희생하지 말라. 아무리 현실을 포기하고 괴롭게 일과 공부만 해도 장밋빛 미래는 없다.

놀아라!

정말 신나게 놀아라. 모든 고민을 잊고 놀 수 있다면 그 사람은 성공할 수 있다. 놀이는 물질적 대가가 없는데도 인간을 즐겁게 한다. 자신이 돈을 쓰거나 시간을 낭비하면서까지 놀이에 집중해서 그 속에서 진정한 즐거움을 찾아낼 수 있다면 정말 가까운 미래에 성공할 수 있다. 잘 노는 사람은 정말 대단한 21세기형 성공 인재가 될 수 있다. 놀이가 지닌 속성은 현대 리더십에서 말하는 모든 성공의 요인들을 내포하고 있다.

놀이란 혼자보다는 어울림이다. 어울림이 무엇인가. 어울림을 잘하는 사람들은 대부분 공동체 생활을 잘 이해하고 그 속에서 행복감을 느낄 수 있는 에너지가 있는 사람이다. 공동체를 잘 융합하고 그 속에서 놀이라는 에너지를 이끌어 낼 수 있는 사람이라면 분명히 성공에너지를 갖춘 사람이다.

잘 노는 사람의 또 다른 특징은 놀이의 규칙을 잘 이해하고 빨리 습득한다는 것이다. 잘 노는 사람들은 춤도 잘 추고 유머도 잘 구사하며 스포츠에도 능하다. 그런데 잘 놀지 못하는 사람들은 이런 것에 대해 잘하지 못하고 그것은 적성이 아니라고 말한다. 잘 노는 사람들은 배워야 할 상황에 놓이게 되면 반복을 통해 재빠르게 습득한다. 그리고 반복된 습득이 곧 재미를 불러온다. 스키를 못 타는 사람이 스키에서 재미를 느낄 수는 없다. 재미를 느끼지 못한다면 당연히 놀지도 못한다. 그저 스키가 지겹고 답답할 뿐이다. 잘 놀려면 우선 배워야 한다. 기술을 습득해야 재미를 느끼게 되고 그 재미 속에서 놀이의 즐거움을 이해할 수 있게 된다.

성공하고 싶다면 우선 노는 법부터 배워야 한다. 지금과 같은 생각 없는 노동으로는 즐겁고 유쾌한 미래를 맞이할 수 없다. 지금부터 내 인생의 업그레이드를 위해 2가지 방법을 제시하고자 한다. 당신이 현재의 무미건조함에서 벗어나기 위해서 우선 하루 30분을 투자해서 무조건 뛰어라. 혹은 걸어라. 이 30분이 바로 당신의 뇌를 클리닉 해줄 수 있는 시간임을 명심하라. 잔 고민으로 얼룩진 내 뇌에게 휴식의 시간을 부여하라. 그리고 소비하기 위해 노동하는 천박함에서 벗어날 수 있는 대안을 생각하라. 지금의 생활 패턴에서 하루 30분의 뛰기와 걷기는 꿈같은 일처럼 보일 것이다. 하지만, 해야 한다. 하지 않으면 미래에도 지금과 똑같은 노동과 휴식 그리고 소비하기 위해 돈을 버는 일의 연속을 벗어날 수가 없다.

두 번째 당신이 놀면서 성공하고 싶다면 하루 30분 강의를 들어라. 단 자신의 직업과 관련된 강의가 아니라 전혀 엉뚱한 강의에 자신을 노출시켜야 한다. 인문, 사회, 경영, 과학 등등 모든 분야의 강연이 인터넷에 수없이 많이 열려 있다. 그 많은 강의가 바로 당신을 바꿔놓을 원천이다.

지금 일하고 있는 분야만 열심히 한다고 무엇이 바뀌는 것은 없다. 지금 시대는 변화가 주도하는 시대다. 변화란 기존에 가지고 있는 생각의 긍정적 파괴에서부터 출발한다. 생각의 파괴를 이룩하기 위해서 당신은 지금 하고 있는 일에서 하루 30분 만이라도 벗어나서 새로움에 노출시켜야 한다. 그 방법 중에서 가장 손쉽게 할 수 있는 일이 바로 강의를 듣는 것이다. 일종에 성공을 위한 끄적거림의 시간을 가져보라는 이야기다.

유명한 예술가들은 창조적 변화를 이끌어 내기 위해 언제나 끄적거림의 시간을 매우 소중한 작업의 일부분으로 생각한다. 그 끄적거림의 시간이 결국 새로움을 가져다주고 그 새로움이 당신에게 평생 먹을거리를 제공하게 해준다. 명심해야 할 것은 아무리 시간이 없더라도 하루 30분 자신을 새로운 강의에 노출시켜야 한다는 점이다.

당신이 하고 있는 일이 이공계 계통의 일이라면 인문학강의에 자신을 노출시켜라. 강의를 듣고자 멀리 나갈 필요도 없다. 인터넷을 켜고 강의를 찾고 무료로 그 강연을 듣기만 하면 된다. 당신이 보고 들어야 할 강연은 새로운 것이어야 한다. 나와는 전혀 상관없는 강연을 들어야 한다. 생각지 않았던 그곳에서 분명 새로운 해답을 찾게 될 것이다. 새로운 놀라운 규칙과 만나게 될 것이다. 그리고 그 규칙은 당신의 삶에 새로운 재미를 부여할 것이다.

필자 역시 강연으로 밥을 먹고 사는 사람이다. 전공 역시 인문학 쪽이다. 하지만 어느 날 엔트로피 법칙을 만나게 되었고 그 이론을 내가 알고 있는 인문학에 접목시켰다. 그리고 그것은 아주 재미있게도 하나의 독특한 나만의 지식으로 자리 잡게 되었다. 그리고 그 끄적거림의 산물이 네트로피(netropy)2.0라는 책으로 출판되었다. 그리고 그 책은 내 삶을 새롭게 이끌어 주고 있다.

"보랏빛 소가 온다"의 저자 세스 고딘(Seth Godin)은 이런 새로움을 찾아내는 순간을 remarkable(놀랄만한 것)의 순간이라고 규정한다. 하나의 remarkable 한 무엇을 잡아낼 수 있다면 당신은 그 놀랄만한 것을 통해서 평생을 창조적으로 여유롭게 살아갈 수 있다. 이 놀랄만한 것을 소유하는 순간 당신은 노동의 주체가 아닌 생산의 주체 즉 위대한 창조자로서의 신나는 삶을 살 수 있다.

필자 역시 아주 우연하게 새로움을 접하게 되었고, 그 새로움을 통해 기존의 내가 접했던 가치에 신선한 창조성을 부여하게 되었다. 필자는 부자도 아니고 잘나가는 사람도 아니다. 하지만 분명 신나는 창조적 삶을 살고 있다. 즉 내 일과는 노동이 아니라 끊임없는 창조적 놀이라고 생각한다.

기억해야 할 것이 있다. 지금 현재 생활이 지겹고 힘들어서 죽을 것 같아도 변화를 꿈꿔야 한다. 지금은 먹고 살기 위해 허덕이며 버텨내고 있다면 결국 미래에도 먹고 살기 위해 허덕거리며 살 것이 분명하다. 새로움에 자신을 노출시키고 그곳에서 자신만의 지적 재산권을 찾아라. 상당히 막연하게 들릴지는 모르지만 새로움을 얻기 위해서는 지금의 상태를 벗어나야 한다.

지금 자신을 보라. 호흡을 크게 하고 무엇을 고민하고 있는지를 들여다보라. 그리고 그 고민의 끝에서 창조성을 건져 올려라. 한 번도 만나지 못했던 창조성은 놀이의 끼적거림에서 나온다는 사실을 명심하고 시간 날 때마다 생산적 놀이에 집중하라. 그것이 건강한 성공의 비결이다.

엔트로피를 제어하지 못하면 성공은 없다

죽도록 일하지만 성공하지 못하는 사람들이 우리 주변에 많이 있다. 성공을 이야기하는 많은 자기 계발서 들은 성공한 몇몇을 표본으로 삼아 지킬 수 없는 무리한 실천을 독자에게 요구한다. 도대체 무엇이 문제이기에 이토록 노력하는데도 성공하지 못하고 방황해야 하는가?

노력하지만 성공하지 못하는 사람들은 자신의 엔트로피 감정을 제대로 제어하지 못한다는 공통된 특성을 드러낸다. 얼마 전 필자는 명문대학을 졸업하고 현재 취업을 준비하는 A씨와 상담을 했다. A씨는 남부러울 것이 없는 엘리트다. 그는 수많은 인간 계발서를 읽어서 긍정하는 법도 알고 있었고, 미래 비전을 어떻게 세워야 하는지도 정확히 알고 있었다. 하지만, 그는 깊은 방황을 하고 있으며 현실을 매우 답답해하고 있었다.

필자는 상담을 통해 그가 쉽게 엔트로피 무질서 감정 상태에 빠진다는 점을 알게 되었다. 작은 일에도 쉽게 얼굴이 붉어지고, 기분이 상하고, 항상 남에게 잘못한 것이 없는지를 점검하는 약간의 결벽증상도 그에게서 발견할 수 있었다. A씨가 결정적으로 실패하는 인생을 사는 이유는 결국 무질서 감정이라는 엔트로피 바이러스에 자신의 마음을 내주었기 때문이다. 이 말을 잘 이해해야 한다. 엔트로피 감정이라는 무질서는 평생을 따라다니며 당신을 괴롭힌다. 무슨 일을 하건 엔트로피 감정과 타협하면 그 일은 실패로 끝나게 된다.

양궁선수가 마지막 한 발을 쏠 때, 관중의 야유 소리에 기분이 나빠진다면 마음의 질서를 잃어버리고 10점 과녁을 놓치고 만다. 매일 잡담만 일삼는 자는 회사에서 일의 능률이 떨어진다. 잡담이 주는 작은 기쁨의 습관은 자신을 무질서하고 기분 나쁜 엔트로피 감정에 빠지게 한다.

한번 엔트로피 감정 상태에 노출되면 습관적으로 엔트로피(무질서) 감정을 찾아다니게 된다. 그래서 자신의 마음이 이미 감정의 포로가 된 사람들은 무질서 감정을 무질서 감정으로 극복하려고 발버둥치게 된다. 슬픈 감정이 들면 일부러 쿨한 척 기쁜 감정으로 덮어버리려고 하고, 분노의 감정이 들면 제어하지 못하고 컵을 집어던지게 된다.

오랜 엔트로피 감정 상태 노출로 인해 당신의 몸과 마음이 무질서해져 있다면 머릿속에는 안락하고 기분 좋은 감정 상태에 노출되기를 원하는 무질서 감정들이 솟구쳐 오르게 된다. 이 상태가 되면 인간은 무질서하지만 달콤한 엔트로피 감정만을 쫓아가게 되며, 현대 자본주의는 이런 자들의 심리를 활용하여 성장하게 되는 것이다.

정말 성공하고 싶다면 자신의 감정을 한쪽으로 치우치지 않도록 조절해야 한다. 한쪽으로 치우치기 시작하면 허무와 공허감이 동시에 나타나게 되며 당신의 인생목표는 그저 쉬는 것 혹은 돈 많이 벌어서 감정적 쾌락상태에 빠지는 것이 살아가는 이유가 된다.

우리 마음은 갈대와 같아서 잠시라도 방심하면 즉시 엔트로피 감정이라는 놈과 붙어버린다. 당신이 지금까지 감정절제에 실패하면서 살아왔다면 우선 자신의 감정이 어떤 상태인지 항시 확인해 볼 필요가 있다.

인간이 인간다움을 느끼며 살아가는 이유는 바로 이성이라는 감정제어장치가 있기 때문이다. 감정제어 장치란 결국 자신의 무질서 감정을 올바로 세우는 역할을 하는 것이다.

살인을 하는 사람들은 분노의 극한에서 살인이라는 행동을 실천한다. 연쇄 살인범들은 살인을 할 때 묘한 흥분을 느끼기 때문에 여러 사람을 죽인다고 한다. 사실 엄밀히 따지면 슬픈 감정, 기쁜 감정, 분노의 감정 등등은 그 형태만 다를 뿐 인간을 비이성적(무질서)으로 만든다는 점에서 일맥상통한다.

당신이 항상 경계해야 할 일은 자신이 엔트로피 감정 상태로 빠지지 않도록 제어하는 일이다. 당신이 어떤 일을 하고 있을 때 마음속에 분노의 마음이나, 슬픔 혹은 흥분된 기쁨의 상태에서 일을 한다면 당신은 그 일을 오래 지속적으로 하지 못하게 된다. 엔트로피 감정이란 놈은 인간의 마음을 교란시킨다. 그래서 감정제어 장치가 고장 난 사람들은 쉽게 흥분하고 쉽게 우울해하며 쉽게 심심해한다. 엔트로피 감정을 제어하지 못해서 충동적 일들을 범하고 있다면 엄청난 재앙이 다가오고 있다는 증거다.

엔트로피 감정을 제어하지 않고 그대로 내버려두면 놈들은 고삐 풀린 망아지처럼 당신 머리 전체를 교란시킨다. 그래서 엔트로피 감정이라는 놈에게 자신의 이성을 빼앗겨 버리면 쉽게 지치게 되고 쉽게 조울 증세를 느끼게 된다. 엔트로피 감정이라는 놈을 잘 제어하기 위해 자신의 마음을 잘 다스려야 한다. 필자는 이런 기분 나쁜 교란 현상을 엔트로피(ENTROPY-무질서) 에너지의 작용이라고 명명한다. 엔트로피는 일종의 무질서 현상이다.

당신이 지금 하고 있는 일이 단순히 물질적 풍요만 추구하고 있다면 그 일은 결국 감정적 즐거움으로 당신을 몰고 갈 우려가 있다. 감정적 즐거움상태를 경계해야 한다. 가볍게 인생을 사는 사람들의 생의 목표는 감정적 즐거움이다. 이것을 제어해야 한다. 이 목표를 수정하지 않으면 당신은 정신적 죽음을 선고받은 것이나 다를 바 없다.

현재 공부나 일을 하는 이유를 단순히 감정적으로 기분 좋은 상태로 진입하기 위해 목표(많은 돈 벌기, 멋진 집 구하기 등)로 설정해두면 안 된다. 엔트로피 감정을 목표로 삼으면 반드시 그 목표는 성취 뒤에 후회하게 된다. 그 이유는 감정 상태는 인간이 교란되고 있는 상태이기 때문이다. 그것을 목표로 삼으면 엔트로피적 무질서 에너지만 가중될 뿐이다.

당신이 열심히 살고 있지만 실패하는 삶을 살아왔다면 엔트로피 감정을 제어하고 무질서를 극복하기 위해 엔트로피 감정 상태에 노출되는 시간을 최소한으로 줄여나가야 한다. 분노의 시간, 슬픔의 시간, 감정적 기쁨의 순간 등은 사실 당신이 살아가는 시간이 아니라 엔트로피 감정이라는 기분 나쁜 무질서 에너지들이 살아가는 순간이다.

자신의 마음을 제어하고 항시 마음이 엔트로피 감정이라는 놈과 타협하지 못하도록 경계하라. 당신이 엔트로피 감정을 잡지 못하면 당신은 아무리 노력해도 성공하는 삶을 살 수가 없다.

엔트로피 감정을 제어하고 자신의 이성적 중심을 지키기 위해 사람들이 여러 종류의 종교와 명상에 심취한다. 당신도 어떤 방법을 쓰더라도 자신이 엔트로피 감정 상태에 놓이지 않도록 관리해야 한다.

엔트로피 감정을 제어하는 방법

- **당신이 엔트로피 감정 상태에 놓여 있다면 반드시 그 상태를 인식해야 한다.**

기쁨, 쾌락, 분노, 심심함, 공허함, 허탈감, 집착, 의심, 두려움 등은 모두 엔트로피 감정 상태에 놓여 있는 것이다. 그러므로 당신은 이 상태를 벗어나려면 엔트로피 감정 상태는 무질서 에너지라는 점을 인식해야 한다.

엔트로피 감정 상태는 인간을 교란시킬 뿐이라는 점을 명심해야 한다. 직장에서 받은 스트레스를 노래방에서 풀어버리려고 갔다면, 당신은 감정적 쾌락에 자신을 맡겨 버린 것이다. 즉 엔트로피 감정으로 무질서 감정을 제압하려는 우를 범하는 것이다. 당신이 엔트로피 감정으로 감정을 풀려는 둔한 행동을 한다면 당신은 결국 감정의 노예가 되어 가고 있다는 증거다.

- **감정 상태에서 질서를 생각하고, 이성적 행동을 통해 엔트로피 감정을 해소해야 한다.**

감정을 엔트로피 감정으로 풀려고 하면 결국 무질서 엔트로피 감정 에너지는 더욱 커져서 당신을 교란시킬 것이다. 우선 당신이 엔트로피 감정 상태에 있다면 감정을 정확히 읽어 내려가야 한다. 그리고 그 엔트로피 감정 상태를 풀 수 있는 이성적 행동을 실행에 옮겨야 한다. 이성적 행동은 결국 인간만이 누릴 수 있는 특권이다. 동물은 감정을 제어하지 못하기 때문에 배고프면 먹고, 섹스하고 싶으면 그 자리에서 섹스를 한다. 인간은 감정제어가 가능하다는 점을 명심해야 한다.

엔트로피적 감정적 상태를 이성적으로 푸는 방법은 인간의 고유 영역인 이성적 토론, 이성적 글쓰기, 이성적 책 읽기, 이성적 공부, 이성적 노력, 이성적 여유(유유자적)들이다. 당신이 엔트로피 감정 상태에 놓여 있다면 이성적 노력을 해서 엔트로피 감정 상태에서 벗어나야 한다. 엔트로피 감정 상태에 노출되는 빈도가 높아지면 높아질수록 판단력과 의지력이 무너지게 된다. 그러므로 엔트로피 감정 상태에 놓이지 않도록 끊임없이 자신의 마음을 다스려야 한다.

● **결국 모든 것을 걸고 집중을 해야 한다.**

타협하지 않는 집중을 해야 엔트로피 감정 상태를 벗어나고, 성공이라는 홈런을 칠 수 있다. 엔트로피 감정 상태에 놓여 있다면 매우 무질서하기 때문에 집중자체를 허접한 것으로 인식하게 된다. 즉 무질서한 엔트로피 감정 상태에 놓여 있으면 집중은 공부 잘하는 사람만 하는 특별한 것으로 인식하게 된다. 엔트로피 감정 상태에서 집중하려 하면 무질서하기 때문에 집중이 잘되지 않는다. 그리고 무질서 상태에 빠진 인간들은 집중을 귀찮은 것이라고 인식한다.

집중을 해야 한다. 그래야 자신을 바로 세우고 엔트로피 감정 상태로 치우치지 않게 된다. 하루 30분 집중해서 무언가를 하는 습관을 가지자. 집중 없이 성공한 사람은 없다. 집중할 수 없다면 살아있지만 죽은 상태다.

네트로피 negative-entropy (마음 다스리기)에 좋은 행동들
이성적 고전 읽기 하루 30분 이성적 토론 하기 하루 30분 이성적 글쓰기 하루 30분 인간을 엔트로피 감정적 상태로 몰아넣는 부정어 사용 금지

마음에 분노하는 감정(엔트로피)이 있으면 마음의 올바름을 얻을 수 없고, 두려워하는 감정(엔트로피)이 있어도 마음의 올바름을 얻을 수 없으며, 극단적으로 즐거워하는 감정(엔트로피)과 우환이 있어도 마음의 올바름을 얻을 수 없다. 자신의 마음을 올바로 하는 데 힘을 쓴다면 당신은 지금보다 훨씬 더 크게 성장할 수 있다. 꼭 기억해야 할 것은 엔트로피 감정 상태에서는 아무것도 할 수 없다는 것이다.

엔트로피적 실패 - 작은 고민에 흔들리는가?

● 바이러스처럼 다가오는 사소한 고민.

어리석은 사람일수록 현실의 부정적이고 엔트로피적인 작은 사건 속에 깊게 개입한다. 또한 현실에 불평불만을 늘어놓으며 끊임없이 현실 속에서 작은 사건과 사고를 만들어나간다.

자기 일에 열심히 집중하지 못하는 사람일수록 쓸모없이 많은 사람들과 관계를 맺으며 작은 사건과 사고들을 달고 산다. 무서운 것은 현실 속에 매몰되어 작은 사건 속에서 헤매고 있는 시간은 내가 죽어 있는 시간이라는 점이다.

예를 들어보자. 나의 꿈이 작가라고 가정해보자. 작가가 되기 위해서는 매일 쓰고, 읽고를 끊임없이 반복해야 한다. 그런데 닭 한 마리 공짜로 주는 스티커 10장 잃어버렸다고 스티커 찾느라고 시간을 허비하고, 낙담하고 있다면 현실 속 사소한 사건 때문에 정작 해야 할 일을 하지 못한 꼴이 되어버린 바보가 된다. 이 예 같은 경우는 우리 일상에서 너무도 많이 발생한다. 어리석은 사람일수록 현실이 던져주는 작은 사건의 미끼에 낚여서 살아간다.

소탐대실(小貪大失)하지 말아야 한다. 현실의 사소한 일에 너무 신경을 쓰면 결국 아무것도 얻을 것이 없다. 집 안 청소만 열심히 한다고 다 해결되는 것이 아니다. 집이 좀 더러워도 정말 해야 할 것은 미래를 위한 진실 된 노력의 시간을 최대한 만들어내는 것이다.

남에게 꿔준 돈 100만 원은 못 받을 수 있다. 하지만 그 돈을 못 받게 되었을 때 구차하게 집착하면 당신 일상이 파괴되기 시작한다. 실패하는 사람들이 끊임없이 실패의 늪에서 빠져나오지 못하는 결정적 이유는 바로 여기에 있다. 실패하는 사람은 작은 일에 쉽게 감정이입해버리고 작은 이익도 모두 가지려고 한다. 작은 이익에 연연하면 정작 자신이 진정으로 노력해야 할 것을 잃어버리게 된다.

사소한 일에 자꾸 신경을 쓰면 성공에 꼭 필요한 절대적 노력 시간이 파괴된다. 하루 2시간 이상 미래를 향한 절대적 노력 시간이 없으면 도태되는 것은 당연하다.

지금 당신 앞에 일어나는 모든 일은 사소한 엔트로피적 일일 뿐이다. 사소한 일이 크게 느껴지는 이유는 그 사소한 일에 당신이 너무 깊게 의미를 부여했기 때문이다. 현실의 작은 사건과 사고 속에서 신음하고 있다면 우선 그 사건과 사고로부터 발목을 빼야 한다. 그래야 진짜 자신이 해야 할 일이 보이기 시작한다.

당신은 이 세상 모든 일을 다 잘할 수 없다. 당신이 잘할 수 있는 일 하나만 열심히 하면 성공한다. 나머지는 좀 못해도 상관없다. 당신이 현재 괴롭고, 힘든 나날을 보내고 있다면 그 원인은 결국 너무 사소한 현실 일에 크게 반응했기 때문이다.

● **부러움.**

몸에 익은 부정적인 엔트로피적 습관 중에서 인간을 가장 힘들게 하는 습관이 부러워하는 습관이다. 부러움을 느끼는 순간 인간은 자기 삶을 살지 못하고 남을 위해 살아가게 된다. 부러움이란 집중이 아니라 정신 분산이다. 머릿속에 부러움이라는 신호가 들어오면 숨겨졌던 마음속 열등감과 집착이 살아나기 시작한다.

부러움을 느끼기 시작하면 나를 잃어버리게 된다. 부러워하면 할수록 나 자신의 행복은 멀어진다. 마음속 질서가 무너지기 때문이다. 부러움을 느끼고 있을 때 우리는 아무것도 할 수 없게 된다. 몸은 내 몸이지만 내 정신은 이미 다른 곳으로 가버린 상태가 부러움의 상태다. 부러움을 느끼면 몸이 무기력해지고 입에서는 불평불만의 소리가 나오게 된다.

부러움을 원천 차단해야 한다. 이제까지 어떤 대상을 부러워했다면 그 마음부터 정리해야 한다. 돈 많고 적음, 혹은 외모가 잘 생기고 못 생긴 것은 부러워할 그 무엇이 아니다. 하지만 대부분의 사람들은 이런 것들을 부러워한다.

부러움이 생겨나면 자기 집중시간을 오래 가질 수 없게 된다. 마음 속 부러움은 결국 내 정신과 몸을 이분화시키는 결과를 가져온다. 부러움을 가지면 그 순간부터 모든 것은 힘들어진다.

3일을 굶으면 인간은 다 똑같다. 그러므로 인간이 인간을 부러워할 이유는 전혀 없다. 남을 부러워하는 것처럼 바보도 없다. 자신의 삶을 가꾸고 개발하기도 바쁜데 남을 숭배하고 부러워하느라 시간을 소모해서는 안 된다. 남을 부러워하는 사람일수록 자기노력은 하지 않는다. 한 번 부러움을 느끼면 끊임없이 부러운 상황만 눈앞에 펼쳐진다. 부러움이라는 부정적 습관이 뇌에 입력되면 그다음부터 무질서한 엔트로피 상황들이 무섭게 눈앞에 펼쳐진다.

한번 부러움을 느끼면 모든 상황에서 부러움이 발생한다. 부러움이 커지면 커질수록 내 정신은 망가지고, 네트로피(마음질서)는 혼들리게 된다. 부러움의 원천은 텔레비전 시청이다.
텔레비전을 오래 보면 내 생활이 초라하게 느껴지는 것은 당연하다. 텔레비전은 인간을 무기력하게 만든다. 무기력한 인간일수록 자신의 현재 생활을 부정하게 되며 지금과는 다른 삶의 방식에 대해 막연한 부러움을 느끼게 된다.

우리들의 아름다운 삶은 남을 부러워하면서 시간을 소모하기에는 너무도 짧다. 부러움이라는 부정적 엔트로피 감정이 내 머릿속에 들어오려고 하면 '3일 굶으면 저 인간도 나와 똑같다.'라는 생각을 해야 한다. 사람은 다 똑같다. 그러므로 사람 밑에 사람 없고 사람 위에 사람 없는 것이다. 나를 사랑하고 나의 미래만을 이야기해야 한다. 그래야 부러움이라는 부정적 엔트로피 습관과 결별할 수 있다.

● 바쁘다.

당신은 하루에 몇 번 "바쁘다."라는 말을 쓰고 있는가. 바쁘다는 말은 결국 일하기 싫다는 말과 같다. 사실 당신이 하는 일은 바쁘지 않은 일이다. 정말 정신없이 바쁘면 하루 16시간 일하고 시간당 5,000원 받는 저임금 노동자가 된다. 정신없이 바쁘면 정말 나를 잃어버리게 된다.

이것이 바로 실패의 원인이다. 바쁘면 화, 짜증도 같이 동반된다. 그래서 바쁘게 일하면 행복한 것이 아니라, 마음 한구석에 공허감만 키워나가는 것이다. 바쁘게 일할 때 옆에서 누가 작은 실수만 해도 불같이 화를 내게 된다. 결국 이런 바쁜 삶의 방식이 부정적인 엔트로피 습관으로 자리 잡으면 인생 성공은 어렵게 된다.

바쁘다는 것은 슬픈 일이다. 왜냐면 그만큼 내 일에 재미를 못 느끼고 있기 때문에 바쁜 것일 뿐이다. 정말 행복하게 자기 일에 푹 빠져 사는 사람은 바쁘다는 말을 하지 않는다. 바쁜 사람은 결국 아무것도 할 수 없다. 정신없이 바쁜 삶 속에는 미래를 여는 큰 비전과 희망을 찾아 볼 수가 없다.

바쁘게 처리한 일은 꼭 문제가 발생한다. 성공하는 습관을 만들고 싶다면 모든 일을 쫓기듯 바쁘게 처리하지 말고, 정신을 차리고 정성을 다해 꼼꼼히 처리해나가야 한다. 지금 당신의 삶이 하루 종일 허덕거리며 바쁘게 지나가고 있다면 삶 전체를 다시 한 번 점검해 볼 필요가 있다. 바쁘면 역동적으로 보이지만 사실은 공허하기 짝이 없는 답답한 일상의 돌 던지기일 뿐이다. 바쁘면 화가 나고 인생이 허무해진다.

일단 지금의 삶이 하루에도 몇 번씩 "바빠 죽겠다."를 내뱉고 살고 있는 처지라면 현실의 사건 사고가 강하게 당신을 옥죄고 있다는 증거다. 일단 바쁨을 탈출해야 진정한 미래 비전이 보이기 시작한다는 점을 명심해야 한다.

열심히 해도 잘 안 되는 이유는 당신이 엔트로피 상태이기 때문이다

꽃이 피면 열매가 되는 것은 자연법칙이다. 이 자연법칙은 원인과 결과를 기본으로 하는 인과율 법칙을 의미한다. 잡념 없이 무언가에 집중하고 간절하게 원하면 꽃이 되고, 그것은 곧 열매라는 성공으로 돌아오는 원리가 인간세상을 감싸고 있는 성공의 법칙이다. 그런데 왜 아침부터 저녁까지 죽도록 일하는데도 부자가 되지 못하고 명예를 얻지 못하는 것일까. 여기에는 아주 간단한 비밀이 담겨 있다.

당신 스스로는 열정적으로 일하고 있다고 느끼지만 당신 내면에 기분 나쁜 바이러스들이 존재하고 있다면 아무리 자신을 억누르고 열심히 무언가를 해도 일의 성과가 나오지 않고, 항상 답답하고 감옥 같은 느낌을 받게 된다.

아래 기술하는 당신을 망가지게 하는 3가지 감정을 항상 인식하고 극복하라. 이 감정을 극복하지 못하면 아무리 노력해도 항상 공허감과 불안감을 가지고 살아야 함을 명심해야 한다. 당신을 성공 못 하게 하는 3가지 감정적 요인을 기술하면 다음과 같다.

첫째, 비관적인 감정이다.
인간은 자각하지 않으면 항상 비관적인 마음과 타협하게 된다. 이런 경우 아침에 일어나서 하는 첫마디부터 비관적이다. 비관하는 마음은 늘 바이러스처럼 당신의 모든 일상에서 나타난다. 여러 사람들과 이야기하며 웃고 떠들 때도 마음 한구석에서는 비관적인 불편한 마음이 항상 당신을 괴롭힌다.

겉으로 허허실실 웃고 있지만 속으로는 비관적이고 답답한 마음을 가지고 살아가는 슬픈 운명이라면 성공을 향한 당신의 순수한 노력은 항상 빗나가고 어긋나게 된다. 마음속 비관적 마음을 털어내야 한다. 삶은 축제다. 삶은 당신이 주인공인 콘서트다. 비관하는 마음은 어쩌면 인간 본연의 나약한 모습일 수 있다. 하지만 애를 써서 이것과 타협할 필요는 없다.

비관적인 마음을 털어내지 못하면 인간은 경직되거나, 근엄해진다.

근엄하고 엄숙한 것은 좋은 것이 아니다. 마음을 가볍게 해야 한다. 비관적인 마음이 가슴속에 가득 담기더라도 그것을 절대로 외부로 표현해서는 안 된다. 비관하는 마음을 표현한다는 것은 바이러스가 퍼진 컴퓨터를 켜는 순간과 동일하다. 가슴속에 담긴 비관적인 생각을 그대로 말이나 동작으로 표현하면 그들은 바이러스처럼 당신을 무기력하게 만들 것이다. 비관적인 마음을 없애기 위한 가장 좋은 방법은 무관심이다. 바이러스성 메일이 도착하면 열어보지 않는 것이 가장 바람직한 방법인 것처럼 비관적인 마음이 발생하면 무시하는 것이 가장 좋은 방법이다.

비관적인 마음이 들 때 그 감정을 인식하지 말아야 한다. 그 답답하고 더러운 기분은 엔트로피 바이러스일 뿐이다. 그 감정을 자신의 진짜 감정인 줄 알고 다가가기 시작하면 모든 상황에서 피로도가 증가하게 된다. 비관적인 마음을 스스럼없이 표현하기 시작하면 당신은 오랜 시간 한 가지 일을 하지 못하게 되고 항상 지쳐 있는 나른한 상태에서 하루를 마감하게 된다.

이 기분 나쁜 감정을 버리고 싶다면 그 감정을 인식하고 무시하는 것이 가장 바람직한 방법이다. 비관적 감정들은 당신의 현재, 미래 심지어 과거까지도 모두 부정해버린다. 이 씁쓸한 기분이 바로 당신을 노동자로 만들었고 당신을 불안감에 떨게 만들어 버린 것이다.

두 번째, 당신을 성공 못 하게 하는 감정은 화난 감정이다.

화난 감정을 버려야 한다. 이 감정을 지니고 살면 집중을 할 수 없고 침대에 누워서 그저 텔레비전만 보고 싶어진다. 인간은 습관적으로 화난 감정과 타협한다. 소탐대실의 원리에 의해 작은 것에 연연하다 보니 모든 것이 화와 연결되게 된다.

정말 사소한 일에 화난 감정을 가지게 되면 인간의 집중도는 급격하게 떨어진다. 사실 우리 일상에는 화를 낼만한 요소가 너무도 많다. 탕수육 주문했는데 쿠폰을 안 가져와도 화가 나고 직장상사의 기분 나쁜 말 한마디에도 화가 나는 것이 인간 본연의 모습이다.

화가 나는 것은 당연하다. 하지만 화를 오래 가지고 가면 절대로 안 된다. 화난 상태가 오래되면 토라져 있는 기분으로 이어진다. 문제는 화가 난 극단적 감정이 아니라, 그 화가 남기고 간 토라져 있는 기분이다. 이 토라져 있는 기분이 연속되고 있는 동안 당신은 남을 의식해서 행동하게 되며 자신을 잃어버리고 뇌사상태의 삶을 살게 된다.

3세 미만의 어린아이는 화를 표현하지만 토라짐을 모른다. 그래서 항상 맑은 기분으로 순수하게 열정적으로 놀 수 있다.

당신이 토라진 상태에서 살아가고 있다면 성공은 물 건너간 상태라고 보면 된다. 토라진 상태가 오래 연속되면 의심, 불안, 짜증, 기분 나쁜 답답함과 극단적 쾌락에 끊임없이 반응하게 된다. 이 토라진 감정 역시 자신이 의식하기만 한다면 충분히 몰아낼 수 있는 감정이다.

세 번째, 당신의 성공을 가로막는 못된 감정은 자신이 하는 일을 하찮게 생각하는 감정이다.

지금 하는 일을 하찮게 여기면 일에 집중할 수가 없다. 하찮게 생각되면 일을 대충대충 마무리하고 싶은 감정이 들게 된다. 자신이 현재 하는 일을 절대 하찮은 일로 생각해서는 안 된다. 세상 그 어떤 일도 하찮은 일도 없다. 일에 대해서는 언제나 신명(정성)을 다 바쳐야 한다. 그것이 답답하고 부정적인 마음을 털어낼 수 있는 방법이다. 지금 하는 일이 하찮게 느껴진다면 당신은 최선을 다할 수 없고 괜히 마음만 급해져서 불안하게 놀다가 허겁지겁 일을 대충 마무리하게 된다. 지금 하고 있는 일을 하찮게 여기면 역설적이지만 몸과 마음이 불안해지면서 바빠지게 된다. 하찮게 생각되는 일을 하고 있으면 집중할 수 없게 되고 집중이 무너지면 외부적 사소한 일들 때문에 몹시 바빠지게 되어 불안해진다. 지금 자신이 하는 일이 하찮게 느껴진다면 결국 집중의 재미를 느끼지 못하고 있다는 증거다. 절대 자신이 하는 일을 하찮게 생각해서는 안 된다. 그럼 결국 모든 것이 무너진다.

인간에게는 순수하고 열정적인 에너지가 있다. 그 아름다운 에너지를 살려나가는 것이 성공으로 가는 지름길이다. 하지만 인간을 괴롭히는 비관하는 마음, 토라진 마음, 하찮게 생각하는 마음을 경계해야 한다. 이 마음들이 당신을 괴롭히고 있다면 아무리 노력해도 성과가 날 수 없다. 이 감정들을 잘 다스려야 순수한 열정이 열매로 이어질 수 있다.

암으로 세상을 떠나간 랜디 포시 교수의 마지막 강의를 보면 순수한 열정과 희망이라는 단어를 다시 한 번 생각하게 한다. 그의 강의는 죽음이라는 선명하게 예정된 극단적 비극 앞에서도 의연할 수 있는 인간 본연의 순수한 열정을 잘 보여준다. 그는 마지막 순간까지 비관하는 마음, 토라진 마음, 하찮게 생각하는 마음과 전쟁을 치렀고, 그것이 아름다운 생의 마감으로 이어진 것이다.

성공하기 위해서는 긴장(집중)과 이완(웃음의 여유)을 연속적으로 실행해야 한다. 부정적 감정들을 인식하려면 웃음이라는 골계의 미학을 생각하며 항상 여유를 가지고 생활하고, 노력을 할 때는 자신의 모든 것을 걸고 집중해야 한다.

한계상황이라는 두려움을 극복하라

인간은 한계상황에 도달하면 누구나 두렵다는 생각을 하게 된다. 어떤 일을 시작하면 반드시 한계상황은 찾아온다. 한계상황은 결국 받아들이기 나름이다. 그리고 한계상황의 극한 고통 역시 해석하기 따라 긍정과 부정으로 해석될 수 있다.

마라톤 선수에게 10Km 오래달리기는 한계점이 느껴지지 않는 가벼운 달리기이다. 하지만 오래달리기를 뛰어보지 않은 일반인에게 10Km 달리기는 분명 한계상황일 것이다. 한계점이란 이처럼 개인마다 다르게 나타난다. 하지만 한 가지 분명한 것은 자신이 한계상황이라고 만들어 놓은 그 지점을 넘어야 새롭게 발전하는 나를 만나게 된다는 점이다. 사람들이 한계상황을 뛰어넘지 못하고 주저앉아버리는 이유는 한계 상황에서 느껴지는 고통이 두렵기 때문이다.

한계상황을 뛰어넘는 두려움을 머릿속에 먼저 이미지화시키면 안주하게 된다. 한번 두렵다고 굳은 결심을 하면 정말 그 한계상황은 뛰어넘을 수 없는 거대한 벽으로 다가온다.

결국, 두렵다는 느낌은 자신의 생각이 만들어 놓은 거대한 장벽일 뿐이다. 아무도 두렵다는 느낌을 부여한 사람은 없다. 오직 스스로가 두렵다는 명령어를 지속적으로 자신에게 주입했을 뿐이다. 두렵다는 느낌은 미래에 일어날 상황에 부정적 신호를 끊임없이 보내는 행위다.

사실 한계상황을 뛰어넘는 것은 성공하는 모든 사람들이 늘 행하는 행동기법이다. 한계상황이 다가오면 긍정하자. 긍정하고 또 긍정하자. 두려움은 결국 자신이 만들어낸 마음이 아니라. 우리를 파괴하고 멈추게 하려는 엔트로피 바이러스(entropy)일 뿐이다.

긍정하고 긍정하면서 끊임없이 한계상황에 도전해보자. 한번 한계상황에 도전해서 뛰어넘으면 그다음에는 이미 한 단계 성숙한 나와 만날 수 있게 된다. 10Km라는 거리를 두렵게 느꼈던 사람이 그 한계점을 한번 뛰어넘으면 이제 10km는 더이상 한계점이 아니라 언제나 뛰어넘을 수 있는 공간이 되어버린다.

두려움은 바이러스다.

당신이 골방에서 아무것도 못하고 한계상황이 두려워 벌벌 떨고 있다면 그 상황은 바로 부정적 바이러스에 감염되어 있다는 증거다. 박차고 일어나야 한다.

인간관계, 공부, 일, 사업, 성격 이 모든 것은 한계상황과 매일 직면하게 된다. 당신은 이 모든 당신 주변에서 일어나는 한계상황에 대해 의연하게 대처할 용기와 힘이 있다.

　생각해보자. 이제까지 한계상황이 다가오면 항상 먼저 무릎 꿇는 연습만 해왔다면 억울하지 않은가. 이제 모든 한계상황에 대해 도전장을 던져보자.

　한번 사는 인생 멋지게 한계상황과 마주해보자. 내가 뛰어넘을 수 없었던 성격, 내가 가질 수 없었던 공부와 일을 멋지게 극복해보자. "나는 안돼" 라고 말하면서 매일 솜털처럼 가벼운 일과 공부만 하면서 살기에는 우리 청춘이 너무 아깝다. 이제 강철 같은 의지와 가슴 따뜻한 웃음으로 우리 앞에 펼쳐진 한계상황을 극복해보자.

　안주하는 삶을 사는 것보다는 극복하려고 발버둥치는 것이 훨씬 더 행복하다. 인간이라면 누구나 자신의 한계상황을 멋지게 극복해낼 수 있다.

　당신에게 주어진 환경이 어떤 환경이건 상관없이 그 환경의 노예가 되어서 살아가느냐 아니면 그 상황을 극복하느냐의 문제는 순전히 당신의 몫일 뿐이다.

　한계상황이 두렵다면 하루 한 개씩 그 두려움의 상황을 극복해 보자. 절대로 이야기하기 싫은 미운 동료가 있다면 그 사람에게 가서 따뜻한 커피 한 잔을 건네 보라. 사소한 한계상황을 극복해야 한다. 하루 한 개씩 자신이 절대 할 수 없다고 묻어두었던 일들을 조심스럽게 극복해보자. 그것은 참으로 멋진 일이다.

　두려워서 포기했던 영어 말하기 공부도 하루 30분씩 시작해보자. 그리고 하고 싶었던 노래도 열심히 불러보자. 아무것도 하지 않고 방 안에만 앉아서 같은 일만 반복하면 세상은 모두 해서는 안 될 것으로 규정된다. 당신이 규정한 두려움을 당당히 극복해보자. 작은 것이지만 하루 한 가지 자신의 한계상황을 극복해보자.

당신을 옥죄는 한계상황은 정말 다양하다. 작게는 이웃에게 먼저 인사하기부터 크게는 내 능력의 한계를 극복하는 것까지 우리는 두려움이라는 감정 때문에 너무도 많은 것을 놓치고 살아가고 있는 것이다.

두려움은 귀찮음과 분노, 의심, 원망, 증오를 동반한다. 그리고 부정적 감정을 더욱 마음속을 자라나게 한다. 두려움을 극복하려고 노력하는 동안 최고의 즐거움과 만나게 된다. 행복은 돈이 많고 적음이 아니라 얼마나 자신이 가진 두려움과 싸울 수 있는 용기가 있느냐에 따라 결정되는 것이다.

첫걸음이 중요하다. 오늘부터 내가 두려워서 하지 못했던 사소한 일부터 고쳐 나가보자. 두려워서 먼저 화를 냈다면 이제 그 화를 버리자. 두려워서 거짓말을 해왔다면 이제 그 거짓말을 버리자. 두려워서 안주했다면 이제 최고의 나를 만나기 위해 다시 한번 도약해보자.

두려움이란 나의 본성이 아니라는 점을 가슴 깊이 담아두고 앞으로 하루 1개씩 자신의 두려움의 장벽을 허물어 나가야 할 것이다.

네트로피를 만나는 길 - 하루 16시간 즐길 수 있는 무언가를 찾아라!

유럽 사람들은 1년에 한 달 이상 긴 휴가 기간을 즐긴다. 유럽문화는 인생을 즐기는 문화다. 즉 현재의 상태를 최고로 즐기려는 현실에 충실한 문화다. 하지만 우리들의 문화는 인내하는 문화다. 현재 좀 답답하고 힘들어도 참고 견디면 활기찬 미래가 온다고 믿고, 현재를 인내하고, 괴로움 견디는 것을 강조하는 문화다. 특히 야근이나, 밤샘공부를 하는 사람들을 칭찬하고, 그들의 미래가 밝고 희망차다고 말한다. 과연 그럴까?

엄밀하게 말하면 일반적인 사람들은 노동-소비-휴식이라는 3단계의 굴레에서 벗어나지 못하고 죽을 때까지 인생을 소비하면서 살아간다. 노동은 말 그대로 노동일 뿐이다. 노동은 물질적 대가를 바라고 하기 싫은 일을 끊임없이 하는 행위다. 논다(play)라는 개념의 반대 개념이 노동일 뿐이다. 하기 싫은 노동은 효율이 오르지 않지만 그 노동은 항상 물질적 보상이 따라오기 때문에 눈물겹도록 힘들지만 참고 노동을 한다. 그리고 노동의 대가로 받은 돈을 활용하여 생계를 유지하며 소비에 임한다. 소비가 끝나면 그다음 노동을 준비하며 휴식을 취한다. 이것이 일반적인 사람들이 살아가는 방식이다. 더 정확히 말하면 전 인류의 80%의 사람들이 이런 엔트로피적 삶을 살아간다.

'노동-소비-휴식'이라는 3단계 과정의 반복에 익숙한 사람들에게 휴식이란 놀이가 아니라, 노동, 소비에 지쳐서 잠시 쉬는 단계일 뿐이다. 노동-소비-휴식에 익숙한 사람들은 자신이 휴식시간을 많이 가지는 것은 죄악이라고 생각한다. 노동-소비-휴식에 익숙한 사람은 휴식을 권투시합 막간에 쉬는 1분간의 휴식이라고 생각하며 휴식 자체를 매우 불안하게 생각한다.

자신의 휴식시간이 길어지면 소비의 자유를 잃어버릴 수 있다는 중

압감 때문에 휴식시간에도 늘 불안감과 노동에 대한 압박감으로 살아간다. 그래서 차라리 일하고 있을 때가 마음 편하다고 말한다. 휴식 역시 그저 TV를 보면서 누워서 과자나 먹는 것이 고작이다. 이것은 결국 소비를 위해서 평생을 몸바쳐 살아가야 하는 비참한 삶이지만, 세상 사람들의 80%는 이와 같은 현실을 자각하지 못하고 살아간다.

노동만 열심히 한다고 미래가 바뀌는 것은 아니다. 소비를 위한 자각하지 못하는 노동은 그저 재미없는 몸짓일 뿐이다. 당신이 놀이를 즐기기 위해 두 달간 완전하게 몰입할 수 있다면 당신은 성공할 수 있다. 가슴에 손을 대고 생각해보라. 평생 살아오면서 60일을 아무 걱정 없이 노동, 소비, 휴식에 대한 두려움 없이 완전하게 놀아 본 적이 있는가?(단순한 휴식이 아닌 진정한 의미에 몰입된 놀이) 만약 있다면 당신은 자유인이고 자유로운 인생을 살고 있을 것이다.

세상이 두려워하는 사람들은 바로 자신의 인생을 놀이로 만들어 버릴 수 있는 에너지가 있는 사람들이다. 영국 버진 그룹회장 리처드 브랜슨은 신나게 놀 수 있는 일을 찾는 것이 사업의 핵심이라고 말한다. 그리고 한 가지 일이 노동이라고 느껴지면 과감하게 그 사업을 포기한다. 그는 아무리 바쁜 비즈니스가 있어도 우선 자신의 놀이를 위해서 비즈니스를 포기한다. 극히 비정상적일지 모르지만, 그는 거대한 그룹의 회장이다.

근면, 성실이 강조되는 유교권 문화는 존중되어야 한다. 하지만 다시 한번 생각해 볼 필요가 있다. 변화가 지극히 빠른 속도로 이루어지는 사회를 살아가는 우리 현실에 비추어볼 때 참다운 삶의 패턴이 무엇인지 재정의가 필요하다. 당신이 하는 일이 노동이라는 생각이 든다면 일단 그 일의 성공확률은 50% 이하로 떨어진다. 노동은 밥벌이 수단일 뿐이다. 노동을 하는 동안 인간은 시계를 응시하게 되고, 시간에 맞추어서 일하는 동안 당신은 정말 노동자와 같은 삶을 살게 된다.

당신이 하는 일은 일단 재미있어야 하며 즐길 수 있어야 한다. 밤에 잠자리에 들 때면 내일 아침에 당신이 만나게 될 일에 대한 호기심에 가슴 떨리며 잠자리에 들어가야 한다. 우스운 이야기일지 모르지만 지금 하고 있는 일이 노동이라고 느껴진다면 두 달간 아무 걱정 없이 놀이에 임해야 한다. 당신을 위해 긴 휴가를 준비하라. 그리고 그 휴가 기간 동안 끊임없이 끼적거림(돈벌이는 안 되지만 하고 싶은 일)에 임해야 한다.

우리 문화는 끼적거림의 여유에 매우 인색하다. 무언가 일을 질서 있게 임하고 있을 때 무엇이 되어간다고 말한다. 하지만 결국 위대한 예술적 경지의 작품들은 모두 끼적거림의 시간에서 나온다는 점을 꼭 알아야 한다. 지난 50년간 브라운 그룹의 핵심 디자이너이며 애플 시리즈에 많은 영감을 준 천재적 디자이너 디터 람스(78)는 끼적거림을 이렇게 설명한다. 실용적이고 아름다운 디자인이란 끊임없는 사물에 대한 고찰을 통해 이루어진다고 말한다.

정말 우리가 놓치고 있는 것은 한 곳에 대한 몰입 혹은 혼을 담을 정도로 행복한 일을 찾지 못했다는 점이다. 다시 질문해 보겠다. 한 가지 일을 위해 하루 16시간을 투자해도 아깝지 않은 일에 자신의 모든 에너지를 두 달간 투자할 의사가 있다면 당신은 분명 성공할 수 있다. 당장 그 일이 당신에게 돈벌이가 안 될 수도 있다. 하지만, 하루 16시간 열정적으로 미친 듯이 즐기며 혼을 담아낼 일이 있다면 당신 인생은 달라질 수 있다.

이만큼 훌륭한 일을 찾지 못했다면 지금 찾으면 된다.
방법은 간단하다. 우선 종이와 연필을 준비하라. 그리고 천억 원이 있다고 가정하고 하고 싶은 것을 다 적어보라. 거대한 빌딩도 사고, 거대한 집도 소유해보라. 이것이 당신이 원하는 1차적 욕구다. 욕구가 다 충족되는데 천억 정도면 충분하다. 그렇게 욕구가 다 충족되고 나면 진짜 자신이 하고 싶은 일이 나타나기 시작한다. 필자는 이 방법대로 기술해보니 결국 글쓰기와 강의하기가 남았다. 바로 그 일이 필자가 하루 16시간 동안 일하며, 두 달간 미친 듯이 해도 노동이라고 느끼지 않을 만한 일인 것이다. 누구나 이런 일을 간직하고 있다. 하지만 노동-소비-휴식이라는 엄청난 규칙이 당신의 꿈과 행동방식을 파괴시켜 버렸다.

어느 순간 세상과 타협하고 그렇게 살아가고 있다. 타협하지 마라. 타협하지 말고 다시 한 번 날개를 펴라. 당신은 위대하고 인생은 매우 짧다. 앞으로 100년 뒤 당신의 묘비 앞에서 당신을 기억해줄 사람은 아무도 없다는 점을 명심해야 한다. 노동-소비-휴식의 연속성 속에서 당신 인생을 녹여버리기에는 인생은 너무 아깝다.

그 어떤 게임도 시간을 이길 수는 없다는 점을 명심해야 한다. 당신이 어린 시절 가졌던 꿈이 의사라면 의사를 해야 하고, 작가였다면 작가를 해야 한다. 미친 60일을 보내라 그 위대한 60일 동안 하루 16시간 하고 싶은 일을 하고 즐겨보라. 그러면 당신은 네트로피라는 위대한 질서와 만나게 된다.

꼭 기억하라. 인생이라는 시간 앞에서 인간은 너무도 무기력하게 무너진다. 모든 철학자들은 인생의 유한성 때문에 고민했다. 편안하게 표피적으로 살기에는 인생은 너무 짧다. 성공하기 위해서 당신은 노동하지 말고 상상하고 움직여야 한다.

지금 하는 일이 노동처럼 느껴진다면 그 방식부터 바꿔라

인생을 살면서 밥벌이 때문에 어쩔 수 없이 어떤 일을 해야만 할 경우가 발생하면 인생은 참으로 답답해진다. 하기 싫은 일을 생계유지를 위해 해야 하는 상황에 도래하면 생활은 섬처럼 고립되게 된다. 노동하는 동안 공허감과 무기력감은 끊임없이 나를 감싸고 돌 것이고, 노동 속에서 만나는 모든 인간관계 역시 의미 없는 피상적 만남으로 끝나게 된다.

불나방을 생각해보자. 불나방은 자신이 죽는 줄도 모르고 불 속으로 뛰어든다. 불 속에 자신의 몸이 타들어가기 전까지 그곳이 행복한 공간인 줄 알고 뛰어드는 것이 불나방의 속성이다. 당신이 현실적 이유로 어쩔 수 없이 노동같이 느껴지는 하찮은 일을 하여야 한다면 불행하게도 불나방과 같은 삶을 살아야 한다.

지금 하고 있는 일이 노동처럼 느껴진다면 일단 그 일을 잠시 중단하고 단 하루라도 깊은 생각을 해봐야 한다. 내 삶의 행복 원천인 직업이 노동처럼 느껴진다면 그것은 아름다운 내 삶에 대해 모독적 행위를 하고 있는 것이다. 당신의 목표는 사실 돈을 벌기 위함이 아니라 행복해지기 위해서 일을 하고 있는 것이다. 지금 하는 일이 하루 종일 부정적 생각 속에서 답답함만 느끼고 있고 '휴가나 갔으면 좋겠다.' 라는 생각만 간절하다면 이미 그 직업에 임하는 삶의 태도가 공허하다는 증거다.

우리는 지금 현재 행복해야 한다. 지금 행복하지 않으면 내일도 모레도 행복할 수 없다. 지금 감옥 같은 현실 속에서 노동하는 삶을 살고 있다면 그 삶은 가까운 미래에 반드시 후회하게 된다. 직업의 귀천 혹은 돈벌이가 많고 적음을 떠나서 자신 직업에 임하는 태도를 바꿔야 인생이 행복해진다.

자신의 직업에 대해 만족하려면 우선 나의 마음을 미래가 아닌 현재에 무게를 둬야 한다. 우리나라 대표 골프선수 최경주 선수는 성공의 비결을 묻는 말에 "지금 현재에 충실하기"라고 말했다. "미래가 있을지 없을지는 모른다. 단 한 타 한 타 지금 현재에 최선을 다 하는 것이 결국 미래를 만든다고 확신한다."

지금 자신의 직업이 노동 같다는 느낌이 들고 있다면 결국 불행한 삶을 살고 있는 것이다. 인간이 행복하다는 감정을 느끼는 것은 내 가슴속 자아와 내 생각이 현재라는 지점에 일치될 때이다. 즉 지금 이 순간 집중하고 있을 때 인간은 가장 행복해지게 된다. 현재 일에 만족하지 못하고 있다면 지금 하는 일에 보다 집중하려고 노력해야 한다. 지금 하는 일이 노동이라고 생각된다면 당신 머릿속에는 불안함, 억울함, 피곤함이라는 세 가지 감정을 동시에 느끼게 된다.

노동이란 느낌은 현재 하는 일이 단조롭거나, 혹은 어려워서 내 능력과 어울리지 않기 때문에 발생한다. 단순한 일을 집중하지 않고 매일 수행하면 노동한다는 느낌이 들게 된다. 또한, 내 능력밖에 일, 즉 너무도 어려운 일을 하고 있을 때도 노동이라는 느낌이 든다.

자신이 지금 하고 있는 일에 위대함을 부여해 보자. 위대함이란 결국 지금 하고 있는 일에 문제의식을 가지고 집중하며 접근하는 것이다. 직장생활을 하다 보면 사내 내규나 법 규정조차 제대로 이해하지 못하고 업무에 임하는 직원들이 많다. 상담직원이 자신의 상품에 대한 세밀한 고찰과 공부도 없이 고객을 상대하는 경우도 많다. 깊은 생각을 해보자. 그리고 최소한 내가 지금 하고 있는 분야에서 전문가가 될 수 있도록 노력을 해보자.

자신이 현재 하는 일에 최고가 되는 것은 삶의 원천적 행복감이며, 삶의 자존심이기도 하다. 지금 현재 행복해지려고 좋은 옷을 사고, 좋은 곳에 놀러다녀도 직업에서 만족감을 느끼지 못하면 공허감은 끝없이 따라다닐 것이다.

일단 내가 현재하는 직업에 만족할 수 있어야 한다. 행복해지려는 자존심을 걸고 지금 하는 내 직업에 임해야 한다. 행복은 누가 만들어 주는 것이 아니라, 내가 지금 하고 있는 직업 속에서 얻어야 한다. 지금 일을 하면서 행복감을 느끼지 못하고 방황하고 있다면 자존심이 상해야 한다. 무슨 일이건 집중하고 또 집중하면 재미가 붙게 된다. 행복해지기 위해 지금 하고 있는 일에 모든 것을 걸고 집중해보자. 전문가가 되기 위해 관련 서적을 읽고 글로 적어보자. 이것이 바로 창조적 인간들이 즐기는 이상적 삶의 방식이다. 인생 행복의 원천은 결국 현재 하는 일에 얼마나 집중할 수 있느냐에 달렸다. 지금 하는 일에 집중할 수 없다면 다른 어떤 일도 할 수 없음을 명심해야 한다.

고통이라는 단어를 정확히 이해해야 한다. 현재 하는 일에 집중하려면 하기 싫은 데 집중해야 하는 고통이 뒤따라 올 것이다. 하지만 이 고통은 연인과 헤어진 고통도 아니고 암에 걸린 육체적 고통도 아니다. 집중을 하기 위해서는 필연적으로 긍정적 고통이 따른다. 이런 고통은 인간을 숭고하게 만든다. 부정적 상태를 긍정적 상태로 고치려는 인간의 창조적 노력은 고통을 통한 행복의 발견이라는 숭고한 의미를 담고 있다.

어리석은 사람들은 고통을 구분하지 못하고 고통이 오면 무조건 피하려고만 한다. 가장 큰 행복은 항상 긍정적 고통 뒤에 다가온다. 집중을 위한 고통을 즐겨야 한다. 이 고통의 끝에는 항상 신이 부여한 최고의 즐거움-집중이 주는 즐거움이 숨겨져 있기 때문이다.

네트로피를 통해 노동자 마인드에서 벗어나자

열심히 하면 성공한다는 말을 많이 한다. 하지만 이 말 속에는 많은 모순이 내포되어 있다. 무조건 열심히 하면 성공하기 어렵다. 성공은 열심히 하면 이룩되는 것이 아니다. 당신이 성공하고 싶다면 열심히 하기 이전에 우선 당신 마음을 성공할 수 있는 조건으로 만들어야 한다. 열심히 노력하지만 실패하는 사람들은 모두 마음속에 노동자 마인드가 잠재되어 있다.

노동자 마인드 속에 잠겨 있는 사람은 휴식과 일을 구분한다. 그래서 일은 귀찮은 것이지만 어쩔 수 없이 먹고 살기 위해 하는 것으로 인식하고, 휴식할 때는 새로 시작되는 노동의 부담감 탓에 그저 누워서 아무것도 하지 않고 바보 같은 휴식만 취할 뿐이다.

노동자 마인드 속에 한번 매몰되면 생활의 안정을 위해 살게 된다. 평생 보장되는 직장을 찾으면 희열을 느끼게 되고 어떻게 하면 일을 조금하고 돈을 많이 받을 수 있을까를 고민하게 된다.

노동자 마인드는 습관처럼 뼛속 깊이 스며든다. 생활의 안정이라는 작은 안정감이 던져주는 매력 때문에 그저 작은 급여에도 만족하고 열심히 일하는 척하는 것뿐이다.

답답한 노동자 마인드에서 벗어나고 싶다면 일단 당신이 현재 무엇에 집중하고 있는지 확인해야 한다. 감기에 걸리면 감기라는 바이러스에 집중하게 되고, 사랑에 빠지면 사랑에 빠진 대상에게 집중하게 된다. 명품가방을 가지고 싶다면 명품가방에 집중하게 된다. 노동자는 상관의 감시에 집중하게 된다. 노동자는 피동적이다. 그래서 어쩔 수 없이 상관의 감시에 집중해서 일하게 된다.

미래에 크게 성공한다는 개념은 결국 현재 무엇에 집중하고 있느냐에 따라 결정된다. 가만히 생각해보자. 현재 나는 무엇에 마음이 쏠리고 집중하고 있는가. 세상 인구의 80%는 발전적인 것에 집중하지 못하고 말도 안 되는 현실적 고민에 집중하며 살아간다.

실패하는 80%의 사람들은 대부분 현재 문제점이나 단순한 이익에 집중하면서 자신의 실패 습관을 쌓아나간다. 실패하는 사람들은 순간순간 사건에 집중할 뿐이다. 그래서 상관의 말 한마디에도 가슴 아파하고 고민하며 집중하게 되고, 명품 옷을 못 입는 현실에 대해서도 집중하게 된다. 고민에 집중하는 동안 당신이 진정으로 이룩해야 할 거대한 성공목표는 사라지게 된다.

성공한 20%의 사람들은 현실에서 발생하는 여러 문제에 집중하는 습관을 최소화하려고 노력한다. 만약 현실에서 큰일이 벌어졌다고 하더라도 그 사건 때문에 창조적 생각을 무너지게 하지는 않는다.

노동자 마인드를 벗어나기 위해서는 창조적 생각에 집중해야 한다. 창조적 생각은 당장 이익이 되는 것이 아니므로, 집중하기 힘들다. 현실의 여러 가지 문제들은 당신이 한 가지 창조적 생각을 오랫동안 하는 것을 싫어하고 당신이 가진 멋진 창조 에너지를 분산시키려고 노력한다.(entropy)

성공하고 싶다면 지금 현재 내 생각의 집중을 창조적 생각으로 가득 채워야 한다.

노동자 마인드 속에서 살아가는 사람들은 늘 힘들고 고달픈 현실의 노예가 되어서 살아가게 된다. 이 거대한 실패의 사슬을 끊어내지 않으면 열심히 노력해도 불쾌한 느낌만 들고 결코 성공의 문을 열 수 없게 될 것이다.

노동자 마인드를 벗어나고 싶다면 두 가지를 주의해야 한다.

노동자 마인드를 벗어나기 위한 첫 번째 제안은 대기시간을 최소화하라는 것이다. "대기한다"는 말은 매우 수동적 의미를 함축하고 있다. 노동자는 언제나 대기상태다. 상관으로부터 대기해야 하고 기업으로부터 대기해야 한다. 대기상태란 전혀 창조적 시간이 아니고 버려지는 시간이다. 하루 중 어쩔 수 없이 대기해야 하는 시간이 찾아온다면 반드시 그 버려지는 시간을 인식하고 책을 읽거나, 글을 쓰는 습관을 가져야 할 것이다.

두 번째 노동자 마인드를 벗어나기 위해서는 심심한 느낌을 최소화 해야 한다. 사실 가장 경계해야 할 시간은 다름 아닌 심심한 시간이다. 심심하다라는 감정은 아무것도 하기 싫지만 즐거워지고 싶다는 대단히 부정적 마인드를 함축하고 있다. 심심한 순간이 다가오면 발전적 일을 해야 한다. 심심함은 여유로움이나 유유자적 상태가 아니라, 하루 16시간 노동에 시달리고 난 노동자가 아무 생각 없이 앉아있는 상태를 의미한다.

내 인생이 대기상태나, 심심한 상태에서 죽어가고 있다는 사실을 인식해야 한다. 이것을 인식하지 못하면 남들이 만들어 놓은 가식적 행복공간 속에서 바보처럼 행복한 척하며 살아가야 한다.

내일 무슨 일이 발생할지 아무도 모른다. 하지만 지금 수동적으로 대기하거나, 심심해하고 있다면 내일은 기분 나쁜 일들만 일어날 것이다. 성공하고 싶다면 자신을 자각하고 끊임없이 수동적 시간을 창조적 시간으로 바꿔나가야 할 것이다.

네트로피로 일하라

● **일은 결국 질서를 잡아 나가는 행위다.**

우리 머릿속에 순간순간 쉬고 싶다는 생각과 포기하고 싶다는 생각이 연속적으로 들어오는 것은 어쩌면 당연한 일인지도 모른다. 현재 하는 일에 몰입감을 경험하지 못한 사람은 일단 현재 하는 일을 거부하게 되고, 아무것도 하기 싫어한다. 일에 재미를 느껴 보지 못한 사람들은 그저 아무것도 하기 싫은 그 상태를 원한다. 당신이 현재 하는 일에 재미를 느끼지 못하고 어쩔 수 없이 그 일을 하고 있다면 머릿속은 온통 쉬고 싶다는 생각만 들 것이다.

쉰다는 의미를 잘 생각해보자. 아무것도 안 하고 침대에 누워 있으면 정말 행복할까? 풍요로움과 넉넉함 속에 파묻혀 지내다 보면 결국 남는 것은 무질서한 엔트로피다. 무질서한 엔트로피의 무서움을 인식해 본 적이 있는 사람은 알 것이다. 무질서한 엔트로피는 편안함과 동반되어 나타나는 바이러스다. 한번 무질서한 엔트로피와 타협해 버리면 내 머리는 온통 일이 하기 싫은 이유만 떠오르게 되고, 지금 눈앞에 놓인 난관을 피해 갈 생각만 하게 된다.

일하는 재미를 모르는 사람은 결국 무질서한 엔트로피 삶을 살게 된다. 하루 종일 남 이야기를 하게 되고, 아름다운 지성은 포기하고, 가벼운 감정놀음 속에서 심심함과 슬픔, 분노, 순간적 즐거움만을 느끼게 된다. 나쁜 감정이 나타나면 하이에나처럼 그 엔트로피 감정을 고민으로 생산해 내는 잔 고민 인간이 되어버린다.

　자신이 현재 하는 일에 모든 것을 바쳐야 한다. 그 속에 분명 행복이 담겨 있다. 인간은 돈이나 주변 환경에 의해 결코 완벽하게 행복해질 수 없다. 현재 움직이지 않으면 곧 무질서해진다. 무질서한 엔트로피를 막기 위해 끊임없이 생각하고 연구해야 한다.

　많은 사람들은 무질서한 엔트로피 생활을 인식하지 못한다. 무질서한 엔트로피가 가져다줄 엄청난 부정적 결과를 인식하지 못하기 때문에 현재 자신의 일에 집중하지 못한다. 무질서한 엔트로피 상태에 놓인 사람들은 10초 뒤 끊임없이 정신적 자살을 하고 있다.

　그들은 그저 무질서한 엔트로피 상태에서 현실을 부정하고 살아가는 것이다. 현재 하는 일이 잘 풀리지 않는 이유를 생각하기 이전에 현재 자신의 무질서부터 자각해보자. 현재 무질서한 엔트로피를 인식하고 연구하고 미래를 위해 책을 읽고 공부하고 있다면 분명 지금보다 잘 될 수 있다. 하지만, 현재 연구하지 않고 잔 고민에 휩싸여서 무질서하게 우왕좌왕하고 있다면 결국 무질서한 엔트로피의 회오리 감정 속에서 죽어가게 된다.

　자신이 현재 하는 일에 재미를 느끼지 못하고, 방황하고 있다면 문제해결 방법은 오직 하나다. 내 모든 것을 걸고 창조적 공부를 해야 한다. 지금 하는 일을 개선할 수 있는 모든 생각과 연구를 해보자. 이성의 차가움으로 엔트로피 감정 속에 매몰되어버린 나를 살려보자.

내 발목을 잡아온 너저분하고 무질서한 엔트로피의 잔재들을 청산해보자. 결국, 인간은 무질서한 엔트로피를 인식할 때 비로소 행복과 직면할 수 있게 된다.

자신의 분야에 창조적 연구를 하기 위해서는 일단 많은 정보를 자신의 것으로 만들어야 한다. 새로운 것을 접하기 위해 직간접경험을 하고 그것을 메모해서 자신의 것으로 만들어야 한다.
기발한 아이디어는 한순간에 불쑥 떠오르는 것이 아니라 한 가지 일을 해결하고 싶다는 깊은 생각과 축적된 배경지식이 만날 때 꽃을 피우는 것이다.

결국, 현재 하는 일이 재미없으면 가난한 노동자가 될 뿐이다. 무질서한 엔트로피 상태에서 살면 평생 호탕하게 밥값 한 번 제대로 못 내보고 죽게 된다. 인생을 아름답게 살려면 우선 자신의 일에 집중해서 질서를 잡아야 한다.

● **무질서한 엔트로피를 객관화하고 의인화시켜야 한다.**
무질서한 엔트로피는 아침에 눈을 뜨는 순간부터 당신 옆에 존재한다. 저열하고 무질서한 엔트로피란 놈은 저녁 잠자리에 들 때까지 한순간도 당신 곁을 떠나지 않고 당신을 노려본다.
당신이 라면을 먹을 때도 무질서한 엔트로피는 당신을 노리고 있으며, 당신이 쓰레기 분리수거를 할 때도 무질서한 엔트로피는 당신을 노리고 있다.

무질서한 엔트로피를 인식하지 않으면 곧 그는 당신 속으로 들어와 버린다. 무질서한 엔트로피를 객관화해서 툭 던져놓고 바라보아야 한다. 무질서한 엔트로피를 바라보면 무질서라는 부정적 감정들을 친구처럼 맞이할 수 있다.

운명적으로 무질서한 엔트로피라는 놈은 평생 같이 갈 수밖에 없다. 거부하려고 하지 말고 무질서를 받아들이자. 무질서한 엔트로피는 당신이 놀이동산에서 머물 때도 함께하고 목욕할 때도 항상 옆에 존재한다. 무질서한 엔트로피가 내 속으로 들어오려 하면 "너 또 내 속으로 들어오려 하는구나." "난 널 사랑하지만 내 속으로 들어오진 못해."라고 말해보자.

무질서한 엔트로피를 인식하기 위해 무질서해지려는 부정적 감정들을 이해하고 다독거려 보자. 이 방법은 유치해 보이지만 합리적인 자기관리를 위해 반드시 필요한 작업이다.

무질서한 엔트로피에 감정을 이입하지 말아야 한다. 무질서한 엔트로피에 한번 감정이 이입되면 무질서한 엔트로피는 정말 대단한 속도로 자신을 망가지게 한다. 그것은 이내 부정적 습관으로 자리 잡게 된다.

무질서한 엔트로피와 함께 당신은 평생을 살아가야 한다. 그것을 얼마나 컨트롤하느냐가 결국 삶의 성공과 연결된다. 무질서한 엔트로피는 감정의 덩어리다. 이 감정의 덩어리를 이겨내기 위해 우리는 공부하고 연구하며 일해야 한다.

맑은 정신은 아름답다. 정신을 맑게 하면 많이 가지지 않아도 행복해 질 수 있다. 이 원칙을 나에게 적용해보자. 무질서한 엔트로피를 객관화해서 본다는 것은 무질서한 엔트로피를 잘 이해하고 인식한다는 의미를 담고 있다. 순간순간 꿈틀대는 무질서의 도그마를 잘 이겨내야 행복은 다가오게 된다.

네트로피 형 인간의 3단계 법칙

인간의 행복단계를 나누어 보면 재미있는 결과가 나온다.

아무 노력 없이 그저 가만히 있는 상태에서는 가장 원초적인 행복감만을 만끽하게 된다. 그저 편안함, 잘 먹고 그냥 쉬는 것, 혹은 멋진 이성과 진한 성적관계를 맺고 싶은 본능적 욕망만 가지게 된다. 지극히 원초적 본능인 이 행복은 말 그대로 편안함이 주는 행복감이다. 이 편안함은 어느 정도는 유지될 수 있지만, 횟수가 반복되면 곧 지루함으로 변질된다. 그리고 본능적 행복감은 그 행복감을 추구하는 만큼 허무함과 절망감을 동반한다. 이와 같은 편안함이 주는 행복감은 이 상태를 획득하지 못할 때는 간절해지지만, 곧 충족이 되면 더 이상 행복감을 얻어내지 못한다. 목이 마를 때에는 물이 간절하지만 물을 계속

마시면 그 행복감은 없어지게 되는 것과 마찬가지다.

    편안함이 주는 행복감이 지속되면 될수록 편안함이 가져다주는 안락함만을 느끼게 되며 이 하찮은 행복감에 중독되어 보다 강도 높은 안락함만을 추구하게 된다. 편안함이 극대화되기 위해 모든 수단과 방법을 가리지 않게 되며 종국에는 게으름과 나태에 빠지게 된다.

    당신이 현재 먹고 보고 입는 즐거움, 의미 없는 쉬는 즐거움, 이성에 대한 욕망이 머릿속에 간절하고 그것을 어떻게 하면 더 많이 가질 수 있을까를 고민하고 있다면 당신은 현재 가장 낮은 단계의 행복감을 추구하고 있다는 점을 명심해야 한다. 낮은 단계의 행복감은 곧 당신을 지루하게 만들 것이고, 당신은 그 지루함을 빠져나오기 위해 보다 더 강력하고 편안한 자극을 원하게 될 것이다. 이런 계단식 안락감만을 추구하면 결국 당신은 분노와 슬픔으로 범벅된 최악의 자신을 만나게 된다.

    두 번째 자각하지 못한 사람들이 추구하는 행복감은 요행의 행복감이다. 노력하기 두려워하는 자들은 기회주의적 행동을 하기 좋아한다. 그래서 회사에서는 노력 없이 승진하기를 원하고 좀 더 편안하고 돈 많이 주는 직장만을 선호하게 된다. 물론 학생이라면 입시에서 요행으로 합격할 방법만을 찾게 된다. 요행의 행복감을 추구하는 이들의 취미는 로또복권을 사거나 도박을 즐기는 등 요행이 가져다주는 단순함에 기대를 걸게 된다. 요행으로 승진하거나 많은 돈을 번 사람들을 부러워하며 자신이 그렇게 되지 못한 것에 대해서 한탄하거나 좌절한다.

요행의 행복감을 추구하는 사람들은 물질적인 면에 쉽게 노출되어서 자기만족이라는 이름으로 성형을 즐겨하거나, 명품 옷을 입기를 원하게 된다. 요행의 행복감을 지속적으로 추구하다 보면 세상을 이분법적으로 인식하게 된다. 그래서 세상에는 잘나가는 사람과 못 나가는 사람들로만 구성된다고 인식하게 되며, 늘 자신이 잘 나가는 사람들 속에 끼어들지 못하는 것에 대해 좌절한다. 그리고 자신보다 잘나가지 못하는 사람들에 대해서는 우월감을 느끼며 그들을 비방하기 십상이다.

요행의 행복감을 계속 추구하는 동안 당신은 인생이 살기 힘들다고 느끼게 될 것이며, 세상은 매우 각박하다고 인식하게 된다. 이 상태의 행복감을 지속적으로 추구하면 요행을 찾아 매우 분주하게 움직이게 되며, 입에는 '늘 바쁘다.'라는 말을 되풀이하며 살지만 결국 열등감 속에 허무와 좌절감만을 느끼며 가난하게 살아가게 될 것이다. 그렇다면 과연 우리가 진정으로 행복해지려면 어떤 행복감을 추구해야 할까? 그 답은 아주 명확하게 제시할 수 있다.

신이 인간을 처음 창조할 때부터 인간은 외부적 즐거움이 아닌 내부적 즐거움에 의해 행복감을 느끼도록 설계하였다. 그래서 아무리 멋진 차를 선물해도 그 선물을 받는 당사자의 마음에 들지 않으면 무용지물이 될 뿐이다. 결국, 행복감은 내 자신 깊숙이 느껴야 한다. 하지만 사회가 복잡해지면서 우리는 참다운 내면의 네트로피 행복감을 추구하기보다는 외부적 자극에 의해서 쉽게 얻어지는 행복감을 추구하게 된다.

외부적 자극에 의해서 얻어지는 편안한 즐거움이나 요행에 의한 즐거움은 결국 허무와 좌절감만을 가져올 뿐이다. 당신이 아무리 현명해도 결국 인간일 뿐이다. 그러므로 인간의 행복구조를 뛰어넘을 수는 없다. 진정으로 행복해지기 위해서 내면에 집중해야 한다. 내면에 집중한다는 의미는 결국 자신에게 집중한다는 의미다. 당신이 지금 이 순간 가장 행복해지고 싶다면 지금 하는 일 중에서 가장 의미 있는 일 하나를 선택해서 집중하라. 그것이 당신이 만날 수 있는 가장 큰 즐거움이다.

이 즐거움은 부정적 자아를 극복하고 이겨내는 과정에서 생겨나는 극복의 네트로피적 즐거움이다. 이 즐거움은 자각한 자만이 느낄 수 있다. 이 즐거움을 인식하는 동안 당신의 뇌는 거대한 질서를 느끼게 될 것이며 깨끗한 물이 흐르는 듯한 상쾌한 느낌을 느낄 수 있게 된다. 하지만 극복의 네트로피 행복감을 느끼기 위해서는 인간의 능동적 작용이 필요하다. 능동적으로 지금 상태를 인식하고 벗어나려고 노력할 때 비로소 당신은 진정한 행복감과 만나게 된다.

일본 고세라 그룹의 창업주인 이나모리 가즈오는 일이 가져다주는 극복의 행복감을 이렇게 표현한다. "나는 일하는 것 지금 하고 있는 일을 누구보다 열심히 하는 것이야말로 모든 고통을 이겨내는 만병통치약이며, 고난을 이겨내고 인생을 새롭게 바꿔주는 마이더스의 손이라고 확신한다."
이나모리 가즈오 회장이 말하는 행복감이 바로 능동적인 인간만이 맛볼 수 있는 극복의 행복감이다. 사실 자각하지 못하면 극복의 행복감은 만나보기 어렵다. 성공하지 못한 자들은 극복의 행복감을 느끼기 위해 집중하는 시간을 인생에서 버려지는 시간으로 인식한다. 낮은 단계의 행복감만을 추구하는 인간들에게 극복의 행복감은 가지지 못한 자, 하찮은 자들이 추구하는 아둔한 짓으로 비칠 뿐이다.

이제부터 인식을 바꿔보자. 당신이 진정으로 행복해지고 싶다면 지금 이 순간 당신에게 가장 필요한 것이 무엇인지를 인식하고 내 내면의 에너지를 모아서 한곳에 집중해보자. 그 길이 처음에는 고통스럽고 답답하지만, 그 길을 꾸준히 정진하면 할수록 당신의 몸과 마음은 정상으로 돌아오게 된다. 그리고 극복의 네트로피 행복감이 축적되면 당신은 진정한 자유인이 될 수 있다. 극복의 네트로피 행복감을 느껴본 사람은 죽을 것 같은 고통을 인내하고, 자신을 이겨낸 사람이기 때문에 물 한 잔도 엄청난 행복감으로 다가오게 된다.

담금질을 통해서 최고로 행복한 나를 만나보고 싶다면 지금 바로 극복의 네트로피 행복감에 도전해 보라. 지금까지 추구했던 하찮은 행복감의 노예가 되어서 평생 그저 그런 삶을 살다가 죽고 싶지 않다면 지금 그 허무한 일상을 걷어치우고 일어나 다시 한 번 도전해야 한다.

시간은 우리를 기다려주지 않는다. 돌이켜 생각해보면 당신이 그저 그런 행복감을 추구하느라고 흘려보낸 시간들이 주마등처럼 떠오를 것이다. 그 시간들은 그 당시에는 행복했을지 몰라도 지나고 나면 후회하기 십상이다. 후회 없는 삶을 살기 위해 지금 극복의 네트로피 행복감에 도전하라. 과거가 아니라 지금 현재 도전할 수 있어야 한다. 그래야 진정한 네트로피 행복감을 만날 수 있다.

엔트로피 고통은 반드시 끝이 있다

　삶을 살아가다 보면 종종 극단적인 고통의 순간에 처하게 될 때가 있다. 일반적으로 고통을 당하는 순간이 찾아오면 사람들은 심하게 좌절하고 그 고통이 영원히 계속될 것이라고 생각하게 된다. 인간의 삶은 좋은 순간과 나쁜 순간이 교차하면서 포물선을 그리는 것이 정상이다. 매일 좋을 수도 없고 매일 나쁠 수도 없다. 고통의 순간도 곧 지나가게 된다.

　고통의 순간이 다가오면 그 상황에만 집착해서 아무것도 못하게 될 경우도 많이 있다. 그래서 사람들은 고통의 순간을 극복하려 하지 않고 좌절하며 괴로워한다. 고통의 순간은 반드시 시작과 끝이 존재한다. 고통은 영원히 계속되지 않는다. 하지만 고통을 당하고 있는 그 순간 인간은 답답함과 괴로움으로 인생 모든 것을 담보하고 괴로워하기 시작한다. 우리가 고통의 순간에서 괴로워하는 이유는 고통이 영원히 계속될 것이라는 바보 같은 생각 때문이다. 고통의 순간이 다가온다면 지금 당하는 고통이 나에게 가져다줄 교훈과 인내가 무엇인지를 가슴 깊이 새겨 볼 필요가 있다.

　지금 당신이 고통의 늪에서 흐느적거리고 있다면 충무공 이순신을 떠올려보라. 그를 보면 인간이 어떻게 고통에 대처해야 하는지 명확한 해답을 얻을 수 있다.

1597년 9월 16일 명량해전에서 그는 13척의 조선 판옥선을 가지고 333척 왜적과 전투를 벌였다. 그는 그 전투를 준비하면서 죽을 것 같은 고통과 두려움을 느꼈을 것이다. 하지만 그는 그 죽을 것 같은 고통 속에서 영광된 끝을 생각하면서 다시 한 번 도전했다. 그는 13척의 배로 만들어낼 수 있는 최고의 힘을 생각하고 또 생각했다. 무섭게 집중하면서 현재의 고통을 직시했다. 그 고통의 끝에서 그는 해답을 찾아냈다. 그리고 그는 선조에게 편지를 썼다. "임금이시여 신에게는 아직 12척[1]의 배가 남아있습니다." "이번에 해전을 포기하면 적들은 쉽게 호남평야를 거쳐 조선 땅을 침범할 것입니다. 신이 있는 한 왜적은 두려워할 것입니다. 부디 신에게 기회를 주십시오." 이 비장감 넘치는 편지는 결국 인간 이순신이 얼마나 많은 고통 속에서 그 고통의 끝을 생각하며 집중했는지를 알게 한다. 그리고 그는 다시 한 번 집중하며 명량해전을 승리로 이끌 최선의 방법을 생각하고 또 생각했다. 그는 현재의 고통을 이겨내기 위해 자신의 가장 소중한 것을 바치기로 결심한다.

　명량해전을 준비하는 인간 이순신 머릿속을 하얗게 만든 고통을 끝낼 수 있는 정답은 그의 목숨이었다. 그는 목숨을 걸었다. 숨 막히는 고통의 서슬 퍼런 현실 속에서 그는 목숨을 담보로 고통의 끝을 생각했다. 그래서 그는 출정을 앞둔 조선 수군들에게 이렇게 말했다.

　'생즉필사(生則必死) 사즉필생(死則必生)' 살려는 자는 죽을 것이

---

1. 이순신 장군이 이 발언을 했던 시점에서는 군중에 남아 있던 쓸만한 전선(戰船)이 겨우 12척에 불과했다. 차후 여기에 일반 백성들이 나중에 가져온 한 척이 더해져서 13척이 된다. 이 13척의 배는 울돌목에서 333척의 일본 함대를 괴멸시키는 상식적으로 불가능한 승리를 거둔다.

고 죽으려고 하는 자는 살 것이다. 그는 고통의 끝을 알고 있었다. 그는 그가 할 수 있는 모든 것을 걸었다. 13척의 배 그리고 장수로서의 자존심, 사랑하는 조선 이런 명분들은 고통을 이겨내기에 충분했다. 그는 전쟁에 출정하면서 이미 죽음을 생각했다.

인간은 살아가면서 참으로 많은 시련을 경험하게 된다. 하지만 그 고통스러운 순간 자신의 가장 소중한 것을 바칠 각오로 혼을 바쳐 최선을 다해본 적이 있는지 자문해 보라.

고통은 일종의 인간을 성장시키는 담금질이다. 절대 뒤돌아보며 좌절하려 들지 말아야 한다. 한번 뒤돌아보면 다시 고통을 이겨낼 힘이 없어진다. 나약한 마음이 들려고 하면 인간 이순신을 생각해보라. 수많은 전투 속에서 그도 인간적으로 두려웠을 것이다. 하지만 그는 결코 뒤를 돌아보지 않았다. 앞으로 밀려드는 거친 왜적을 시퍼런 칼과 두 눈의 열정으로 이겨냈다.

만약 그 순간 뒤를 돌아봤다면 다시 그 자리에 서 있을 용기가 없었을 것이다.
지금 당하고 있는 고통에 당당히 맞서라. 그리고 내가 가진 모든 열정을 다하여 집중하라. 이것이 곧 인생이며 우리가 살아가야 할 명분이다.

엔트로피 감정의 조절 - 새로운 나를 만나라

현대인들은 사실 조금씩은 미쳐 있다. 미쳐 있지 않으면 현란한 디지털 세상에 적응하며 살아가기 힘들기 때문이다. 디지털문명이 발달하면 할수록 바르게 생활할 수 있는 정신건강은 매우 중요하다. 정신이 건강해야 정말 행복감을 느낄 수 있기 때문이다. 하지만 현대인들은 정신건강을 소홀히 생각한다. 그것이 왜 중요한지를 인식하지 못한다. 극단의 자본주의 시대에 살고 있는 우리에게 물질은 곧 행복이라는 천박한 논리가 자리 잡은 지 오래다. 물질은 편리함을 가져다줄 뿐이다. 행복은 편리함이 아니라, 진정한 행복은 정신적 충만감에서 출발한다. 점점 물질에 미쳐가는 사회적 분위기가 때로는 원망스럽기도 하지만, 사실 이러한 현상은 인간이 생존하는 한 계속될 것이다.

당신이 성공하고 싶다면 물질을 뛰어넘어 정신건강부터 챙겨야 한다. 우울증, 조울증, 대인기피, 게임중독, 공황장애 등등 현대인 대부분은 경미하게나마 정신병을 경험한다. 정신병에 걸린 사람들은 사소한 엔트로피 적인 일에 심한 분노를 느끼고 짜증을 표현한다. 당신은 일주일에 몇 번 화를 내고 몇 번 열등감을 느끼고 있는가. 이런 불편한 경험이 계속되고 있다면 당신의 정신건강은 매우 악화된 상태다. 당신의 하루하루가 화를 내야 할 정도로 심각한 스트레스 상태라면 우선 그 상황을 좀 정리하거나, 화를 건전한 방법으로 인내하는 방법을 생각해야 한다.

화를 내면 절대 상태가 호전되지 않는다. 당신이 현재 화가 머리끝까지 올라오고 있다면 당신을 화나게 한 원인을 정확히 생각해보라. 대부분의 경우 아주 하찮은 일 때문에 화가 나 있는 경우가 많다. 남자친구가 약속을 어겼거나, 집 안 청소가 안 되어 있거나, 혹은 하루 종일 텔레비전만 보는 아들을 바라보거나…. 하는 등등의 아주 사소한 일 때문에 심하게 화를 낸다면 당신은 당신이 만들어 놓은 화라는 구렁텅이에 빠져서 아무것도 할 수 없게 된다. 화를 내는 순간 당신은 전혀 창조적이지 않으며 지성인도 아니다. 그저 유아적 행동을 진행하고 있을 뿐이다. 당신이 지금 화가 난다면 화가 난 원인을 정확히 떠올려보라.

당신이 하루에도 몇 번씩 사소한 엔트로피적 일에 화와 분노를 표출한다면 당신의 정신건강은 매우 심각하게 파괴된다. 화와 짜증은 당신의 육체를 경직되게 한다. 그래서 아무것도 하기 싫어질 것이며 결국 집에서 텔레비전을 보며 과자나 먹으면서 늙어가게 된다.

화를 버려라.
버리지 않고 사소한 엔트로피적 일에 화와 짜증을 자주 내면 당신에게는 매우 불행한 일들이 일어나기 시작한다. 친구들이 떠나가고, 멋진 기회들도 떠나가게 된다. 결국 사소한 엔트로피적 일에 짜증을 내다가는 당신은 집에서만 왕이 될 것이다. 초라한 10평 공간의 왕이 되고 싶다면 오늘도 내일도 매일 가까운 사람들에게 짜증과 분노를 퍼부어라. 그러면 당신은 점점 더 고립되게 될 것이고, 세상 어느 모임에도 참여하기 싫어질 것이다.

매일매일 사소한 일에 화와 분노를 표출하면 결국 혼자 게임하는 시간, 혹은 혼자 밥 먹는 시간이 가장 편안하게 느껴질 것이다. 남녀관계도 오직 성적관계만을 위해서 존재하게 될 것이다.

　당신이 정신병을 경험해 보고 싶다면 오늘부터 10일간 매일 5회 이상 사소한 일로 주변 사람들에게 짜증과 분노를 표출해보라. 그러면 당신은 10일 뒤 혼자 밥을 먹고 있거나, 혼자 쓸쓸하게 거리를 걸어 다니고 있을 것이다. 이 상태는 유유자적한 풍류적 상태가 아니라, 고도로 무질서해진 상태이므로 항상 초조하고 불안한 마음이 연속적으로 나타나게 된다.
　사소한 엔트로피적 일에 화를 내는 가벼움을 멈춰라. 습관적으로 화를 내고 있었다면 화를 극복할 수 있는 방법을 찾아야 한다. 사소한 엔트로피적 일에 아무리 화를 내도 상황은 호전되지 않는다는 점을 명심하라. 결국 당신이 낸 화는 주변 사람과 당신에게 무질서한 엔트로피적 혼란만을 가중시킬 뿐이다. 사소한 일에 화를 내고 싶은 상황이 온다면 화가 난 나를 지켜보는 연습을 해보자. 인간 내면에는 두 개의 자아를 존재한다. 감정대로 움직이는 아주 유치한 자기 보호적인 본능적 자아와 그 본능적 자아를 지배할 수 있는 이성적 자아가 인간 내면에 공존한다. 인간은 자기 절제 능력에 의해 본능적 자아를 컨트롤 할 수 있다.

　본능적 자아 즉 감정적 자아라는 녀석이 매일 가벼운 화를 생산해 내는 것이다. 자각하지 못하면 늘 본능적 자아의 명령에 의해서만 모든 일을 수행하게 된다. 당신이 자주 화를 내고 있다면 당신은 동물과 비슷한 본능적 상태임을 인식해야 한다.

지성인 혹은 절제할 수 있는 인간 내면에는 본능적 자아를 잘 컨트롤 할 수 있는 건강한 이성적 자아가 존재한다. 당신에게도 아주 멋지고 훌륭한 이성적 자아가 존재한다. 차갑지만 사리분별이 분명한 이성적 자아를 이용해서 항상 자신의 감정 상태를 체크해보자. 예를 들어 당신이 지금 심각하게 화가 나 있는 상태라면 그 상태에서 무조건 화만 내지 말고 이성적 자아를 동원해서 객관적으로 내 내면을 관찰하는 연습을 해보자. 화를 표현하는 본능적 상태를 관찰해보자. 화가 나서 무언가 확 터져버릴 것 같은 상황이 도래했을 때는 그 상황을 무조건 참으려고 하지 말고 가장 합리적으로 해결할 방법을 찾아야 한다. 이때 중요한 것은 자신을 객관적으로 바라보아야 한다는 점이다.

인생은 어차피 연극이다. 모든 본능을 다 표현하고 살아가는 인간은 없다.

화 역시 당신 인생 연극의 한 부분일 뿐이다. 화가 난다면 표현해도 좋다. 하지만 화를 습관화해서는 안 된다. 당신은 당신 인생 연극에서 주인공이며 주인공은 마지막까지 살아남아 멋지게 성공해야 하므로 화를 컨트롤해야 한다. 주인공은 사소한 일에 화를 내지 않는다. 조연급들이나 하는 행동을 주인공은 자제해야 한다. 화가 날 때는 우선 지금부터 10초 뒤에 일어날 상황을 이성적으로 판단하는 습관을 만들어내야 한다. 인간은 누구나 10초 뒤에 일어날 상황을 선택할 수 있는 권리를 타고났다. 그러므로 10초 뒤에 일어날 상황에서 당신이 화를 선택하지 않고 이성적 행동을 선택한다면 당신은 최선의 행동을 선택한 것이다.

화가 났다면 10초 뒤 상황만을 책임져라. 당신은 화가 난 상대에게 거친 말을 퍼부을 수도 있고 문을 열고 밖으로 나갈 수도 있다. 하지만 그 상황에서 그에게 화해를 요청할 수도 있다. 가장 중요한 것은 10초 뒤 상황에 대해 당신은 스스로 선택할 수 있고 그 선택을 가장 합리적으로 선택하기만 하면 된다. 당신 인생 성공을 위해 10초 뒤 행동만 책임지면 된다.

우리가 살아가는 사회는 편안함 혹은 물질적 천박함으로 미쳐가는 사회다. 자칫 잘못하면 정신을 잃어버리게 된다. 자신도 모르게 행복의 가치를 상실하게 된다. 정신을 차려야 한다. 감정을 컨트롤하고 화를 경계해야 진짜 행복감을 누릴 수 있다.

필요 이상의 감정이입을 경계하라

살다 보면 수많은 일들에 의해 고통받고 괴로워하게 된다. 나만 당하고 사는 것 같은 기분이 들기도 하고 과거의 사건이나 미래에 대한 불안감 때문에 잠 못 이루는 일이 발생하기도 한다. 항상 과거 발생한 일들과 미래 일어날 일들 때문에 고민하면서 살아가는 것이 인간 본연의 모습인지도 모른다. 하지만 이 고민들을 탈출할 수만 있다면 현재의 삶은 더욱 살 만해진다.

당신은 지금 이 순간에도 수많은 사건들 속에서 갇혀 지내야 할 운명이다. 이 운명을 거부할 수는 없지만, 툭 던져놓고 관찰자 입장에서 바라볼 수는 있다. 당신이 마음 편안하게 살면서 성공하고 싶다면 세상을 관찰자 입장에서 볼 수 있는 여유로운 시각이 필요하다.

예를 들어보자. 돈을 꿔준 친구가 돈을 갚지 않아서 당신이 몹시 괴로운 상황이라고 가정해보자. 이때 당신이 그 친구의 행위에 감정이입이 되면 당신은 하루 종일 돈을 못 받는 걱정과 함께 살아야 한다. 하지만 주변에서 발생하는 일들을 툭 던져놓고 관찰할 수 있다면 당신은 행복한 성공을 이룩할 수 있다. 사실 우리 주변에는 많은 스트레스가 도사리고 있다. 모든 상황들이 스트레스로 당신을 공격하고 있는 것이 사실이다.

세상일에 감정이입이 되면 반드시 자신을 잃어버리고 그만큼 허무감을 맛보게 된다. 그러므로 세상 돌아가는 모든 일을 한 편의 연극(희극)이라고 생각하고 관조적 시각에서 바라보는 연습을 해야 한다.

세상을 관조하면서 살아가는 4가지 방법

1) 지금 내 주변에서 일어나는 일들을 왜곡하지 말고 있는 그대로 받아들여야 한다.
2) 외부적 환경에 정신을 팔면 당신이 무너진다. 한눈팔면 행복은 달아난다. 자신에게 집중해야 한다.
3) 지금 당신 주변에서 벌어지는 모든 일들이 연극(희극)이라고 생각하고 의연하게 대처하라. 당신은 언제나 당신 연극의 주인공이라는 점을 명심해야 한다.
4) 절대 부정어를 내뱉으면 안 된다. 부정어를 입에 담는 순간 세상 모든 부정적 일들은 당신에게 감정이입된다.

세상일에 감정이입을 하지 않으면 자연스럽게 자신에게 집중하게 된다. 옷이 더러워지면 세탁을 하고 새 옷을 사서 입는다. 하지만 사람들은 더러워진 나 자신을 제대로 돌보지는 않는다. 내 마음이 혼탁해지고 중심을 잃어서 만신창이가 되어가고 있는데 그 마음을 돌볼 생각은 하지 않고 항상 외부적 요인에서 그 원인을 찾는다. 결국 당신이 현재 행복하지 않다면 그 원인은 결국 나를 사랑하지 않은 습관 때문이다.

나를 보아야 한다. 나를 보려면 우선 나에게 집중해야 한다. 하지만 집중하려 하면 온갖 잡념들과 외부적 환경들이 불안감이라는 녀석을 동반하고 나타난다.

이것을 극복해야 한다. 자신에게 집중하는 가장 좋은 방법은 책 읽기다. 책을 읽으면 완벽한 의미의 나와 만나게 된다. 최근 한 달간 책을 읽지 않았다면 결국 그만큼 내 마음이 더러워지고 멍들었다는 증거다. 모든 행복을 외부에서 찾으려고 하면 관 속에 들어갈 때 후회하게 된다.

우선 마음을 다잡고 주변현상에 대해 관찰자입장에서 바라보고 개입하지 말아야 한다. 그래야 나를 보게 되고 진정한 행복감을 느끼게 된다.

불확실한 미래에 대처하는 네트로피적 미래설계

　인간이 자신의 미래를 볼 수 있다면 누구나 부자가 될 수 있고 누구나 불행한 길을 피해갈 수 있게 될 것이다. 가까운 미래 모습, 예를 들어 이번 주 로또번호를 미리 알거나, 혹은 일주일 뒤 주식시세만 정확히 알아도 가까운 미래에 큰 부자가 될 수 있다. 미래를 볼 수 있다면 그만큼 행복한 일도 없을 것이다. 하지만 인간은 불행하게도 미래를 예측할 뿐 정확히 볼 수는 없다. 미래를 볼 수 있는 눈은 공상과학 소설에서나 나올 수 있는 일들이다. 현실세계에서는 절대로 이루어질 수 없는 일들이다.

　과거 10년 전을 떠올려보자. 그때 당신은 무슨 미래를 꿈꾸고 있었는가. 정확히 10년 전 오늘 당신은 무슨 미래를 상상했는지 연상해보자. 지금 당신이 꿈대로 살지 못하고 있다면 그 원인은 10년 전 당신이 장밋빛 미래를 연상하지 않았기 때문이다.

　당신이 미래를 정확히 볼 수 있는 초능력의 눈을 가졌다면 엄청난 확신으로 미래를 대비할 것이다. 만약 자신의 10년 뒤 모습을 미리 보았는데 10년 뒤 노숙자와 같은 생활을 하고 있다면 당신은 그 장면을 보고 경각심을 얻어서 지금 생활은 완전히 달라질 수 있다. 반대로 10년 뒤 당신의 모습이 명예와 부를 동시에 거머쥔 형상이라면 지금과 같은 노력을 멈추려고 하지 않을 것이다. 또 가까운 미래에 주식현황판을 볼 수 있다면 당신은 소신 있게 투자를 결심할 수도 있게 된다.

인간은 미래를 볼 수 없지만, 미래를 본 사람처럼 행동할 수 있다. 성공하고 싶다면 네트로피 미래를 그려내야 한다. 우습게 들릴지 모르지만 미래 모습을 형상화 시키고 긍정적 밑그림을 그릴 수 있다면 대단한 성공을 거둘 수 있다. 당신이 30대, 40대 심지어 60대라도 미래를 꿈꿀 수 있다. 미래의 모습을 머릿속에 그려내고 그것을 노트에 옮겨 적어라.

미래의 모습을 노트에 옮겨 적을 수 있는 사람은 진실로 용기 있는 사람이다. 대부분의 사람들은 현실의 작은 문제를 해결하기에 급급해서 미래를 쳐다볼 엄두를 내지 못하기 때문이다.

미래를 옮겨 적다 보면 정말 미래를 보게 된다. 당신이 실제로 미래의 모습을 본다면 당신은 대단히 확고한 신념을 가지고 한 가지 일에 진실로 열심히 매진할 것이다. 당신의 장밋빛 미래가 지금 당신 눈앞에서 생생하게 보인다고 상상해보라. 당신은 그 미래의 모습을 현실화시키기 위해 위대한 확신과 위대한 실천으로 덤벼들 것이다. 남들이 뭐라 하든 당신은 당신의 미래를 보았기 때문에 신념을 가지고 살아갈 수 있을 것이다.

당신이 진실로 성공하고 싶다면 당신의 미래를 본 것처럼 확신을 가지고 긍정적으로 노력해야 한다. 당신은 분명 미래를 볼 수 있는 예지력이 없다. 하지만 당신이 상상하고 미래를 적어낼 수만 있다면 그것은 가까운 미래에 현실이 될 수 있다. 당신이 긍정적 미래를 노트에 적어 내려가는 순간부터 당신에게는 유쾌한 변화가 생겨나기 시작한다. 우선 자신의 행동에 대한 위대한 신념이 생겨나기 시작한다. 신념을 가지고 어떤 일을 추진하기 때문에 두렵거나 불안하지 않게 된다. 또한, 늘 긍정적으로 잘된 미래를 꿈꾸기 때문에 현재 고통을 잘 이겨낼 수 있다.

우주적 법칙에서 시간이라는 물리적 공간만 빼면 미래의 일은 이미 일어난 것이다. 현재 당신이 긍정적 꿈을 꾸면 긍정적 미래가 도출될 것이고, 현재 당신이 부정적 꿈을 꾼다면 부정적 미래가 도출되게 된다.

인과율의 법칙 즉「거울 효과」를 믿어야 한다. 원인이 있으면 결과는 반드시 나오게 된다. 원인 없는 결과는 없다. 잘못된 원인을 제공하고 제대로 된 결과를 바란다면 그건 도둑과 같은 마음이다. 미래의 잘된 모습을 꿈꾼다면 제대로 된 원인을 제공해야 한다. 미래는 미래의 일이 아니라. 지금 현재하는 일들이 모여서 이루어지는 연속선 상에 있는 점들이다. 중요한 것은 우리가 현재 어떤 행동을 하느냐에 따라 점(點)들이 연결된다는 것이다. 나쁜 행동 혹은 계획되지 않은 행동을 하면 그 행동의 원인은 잘못된 점들의 형태로 나타나게 된다.

인과율의 법칙이 의심된다면 지금 당장 거울에 자신의 모습을 비춰보아라. 거울에 얼굴이 비치는 순간(원인)을 제공하면 거울은 비침이라는 결과를 제공한다. 미래의 일도 거울 효과와 동일하다. 단 거울처럼 즉각적으로 나타나지 않을 뿐이다. 천천히 하지만 쉬지 않고 미래 모습은 만들어지고 있다는 점을 명심해야 한다. 당신이 행하는 아주 작은 움직임도 모두 당신 미래에 영향을 끼치게 된다.

질서 잡힌 네트로피 미래를 만들어 가는 실행 법은 아주 간단하다. 잠들기 직전 작은 노트에 미래일기를 써보자. 지금부터 10년 뒤 오늘을 연상하며 하루에 약 5문장을 적어보자. 생각하는 것은 생각일 뿐이다. 미래를 생각했다면 미래를 써내려가야 한다. 움틀 거리는 미래의 희망을 생각하고 그것을 글로 옮겨 적어 낼 수만 있다면 당신은 미래를 위해 엄청난 긍정에너지(원인)를 선물하는 것과 동일하다. 잠들기 직전 10년 뒤 오늘을 꿈꾸며 다섯 문장을 적어보라. 한 달 뒤 당신을 둘러싼 환경이 영화처럼 바뀌기 시작한다.

기억해야 한다. 우리는 미래를 볼 수 없지만, 미래를 보는 것처럼 멋지게 만들어 나갈 수 있다. 현재의 밥벌이에 허덕임만 계속된다면 10년 뒤에도 밥벌이의 허덕임에서 벗어날 수 없다. 유쾌한 삶을 살고 싶다면 하루 다섯 문장의 미래 글쓰기를 시도해 보기를 권장한다.

네트로피 상태를 유지하는 두 가지 법칙

● **꾸준함이 결국 성공으로 이어진다.**

작심삼일이란 말이 있다. 한 가지 일을 시작하고 3일이 지나면 곧 포기하고 싶은 것이 인간 심리다. 삼 일 이상을 지속하면 사실 그 일에 재미를 느끼고 있다는 증거다. 어떤 일을 지속적으로 꾸준히 한다는 것은 성공으로 가는 지름길이다.

꾸준함을 지속하기 위해 일단 계획표를 버려야 한다. 계획표를 철저하게 지켜본 경험이 있는 5%의 사람을 제외하면 모든 계획표는 결국 3일을 지키지 못할 나약함일 뿐이다. 꾸준함을 지속적으로 연결해 나가기 위해서는 10초 뒤 자신 행동에 책임을 지는 것이 가장 합리적이다. 의지박약하여 아무것도 할 수 없는 사람이라면 결심을 해도 결국 실패로 돌아가게 된다.

성공하고 싶다면 일단 계획표를 버리고 오직 10초 뒤 행동에 책임만 지면 된다. 아주 간단하다. 10초 뒤에 무엇을 할 것인지 선택할 권리는 자신에게 있다는 점을 명심하고 가장 능동적인 것을 선택하면 된다.

학생이라면 10초 뒤에 공부를 선택하면 되고, 직장인이라면 10초 뒤 자기 계발을 위한 연구에 몰입하면 된다. 10초 뒤 행동이 결국 미래를 창출할 뿐이다. 이렇게 간단한데 왜 우리는 10초 뒤 항상 최악의 선택만을 하게 되는 것일까? 그 이유는 결국 자각하지 못했기 때문이다. 지금부터 10초 뒤를 자각하지 못하면 그냥 편안함만을 추구하게 된다. 그것이 자신을 위하는 길이라고 생각하고 그것을 선택한다. 결국 성공이란 10초 뒤 시간을 어떻게 써나가느냐에 따라 달라진다.

우선 10초 뒤 자신을 돌아보기 위해 마인드 컨트롤을 해보자. 10초 뒤 당신은 무언가를 하고 있을 것이다. 그 일을 선택할 때 최선의 선택을 해보자. 처음 10초 뒤 선택을 할 때는 어색할 것이다. 하지만 정확히 하루만 10초 뒤 선택을 연습해 보면 몸에 익숙해진다.

계획표를 버려야 한다. 몇 달 뒤에 일어날 일 혹은 하루 뒤에 일어날 일들을 목표로 일하거나 공부를 하면 그 일은 결국 지속하기 힘들어진다. 어차피 미래에 잘하면 된다는 생각으로 주어진 시간을 흘려보내기 때문에 계획표는 나약함의 다른 표현일 수밖에 없다. 10초 뒤 자신의 행동을 제어한다면 무엇이건 이룩할 수 있다. 미래란 결국 10초 뒤 현재가 뭉쳐져서 이뤄지는 결과물일 뿐이다.

영화 '백투더퓨처'를 보면 현재 어떤 일을 하느냐에 따라 미래가 지속적으로 변화되는 것을 보여준다. 이것은 사실이다. 10초 뒤 어떤 행동을 하느냐에 따라 자신의 미래가 결정된다. 10초 뒤 부정적 생각을 하고 아무것도 하지 않는다면 가까운 미래에 부정적 생각들은 현실로 표현될 것이다. 두려운 것은 이런 무서운 사실을 인식하지 못하고 대부분 사람들은 현재를 무의미하게 소모해 버린다는 것이다.

10초 뒤에 벌어질 일들에 대해 선택할 권리는 자신에게 있다. 다른 것은 아무것도 신경 쓸 것이 없다. 오직 10초 뒤 행동만 신경 써야 한다. 과거 부정적 기억도 미래 불안도 모두 잊고 오직 10초 뒤만 신경 써서 몰입해야 한다. 10초 뒤 행동제어 법을 습관화하면 많은 긍정적 변화를 경험하게 된다.

● **정성을 다해 꾸준히 하려는 마음은 자본주의 사회를 살아가는 자존심이다.**
사회적으로 명성과 부를 거머쥔 사람들은 세상 모든 것을 다 가진 것처럼 보인다. 많은 사람들은 그들을 부러워한다. 자본주의는 돈과 명성만 있으면 정말 다 되는 것처럼 보인다. 자본주의 사회에서 자각하지 못하면 언제나 돈에 굴복하게 된다. 예를 들어보자. 당신이 현재 하는 일이나 공부를 포기하는 조건으로 누군가가 돈 천억 원을 준다면 당신은 어떤 선택을 할 것인가. 돈 천억 원과 현재 당신이 하는 일을 충분히 바꿀 수 있다면 결국 당신은 지금까지 돈을 위해서 일하고 공부해 온 가난한 노동자일 뿐이다.

자존심을 회복하자.

자본주의의 가벼움(돈) 때문에 내 영혼을 팔아서는 안 된다. 돈이면 다 되는 것이 자본주의 사회라고 한다면 돈으로 절대 팔 수 없는 가치를 하나 가지고 있어야 한다. 그래야 살맛이 난다.

누군가 천억 원을 가지고 와서 당신이 하고 있는 일을 포기하라고 하더라도 절대 포기할 수 없는 일을 하고 있어야 한다. 그것이 바로 정성을 다하는 장인정신이다. 자신이 하는 일에 자존심을 부여하지 않았다면 그것은 참으로 슬픈 일이다. 돈으로 절대 그 가치를 따질 수 없는 나만의 정체성 혹은 나를 표현하는 그 무엇을 가지기 위해 오늘 이 순간도 모든 것을 걸고 몰입해야 한다.

자본주의 사회에서 가장 가난한 생각은 오직 잘 먹고 잘 살기 위해서 일하고 공부한다는 생각이다. 잘 먹고 잘 사는 일에 자신의 모든 목표를 달아서는 안 된다. 잘 먹고 잘사는 목표는 한 가지 일에 몰입할 때 나타나는 부산물일 뿐이다.

물질적인 모든 것은 결국 공허감이다. 돈을 뛰어넘는 가치를 자신에게 부여해야 한다. 돈에 의해 굴복하지 않는 나만의 일을 만들어 나가야 한다. 그것이 바로 돈이 전부인 사회를 살아가는 위대한 처세술이다.

엔트로피를 밀어내고 네트로피를 끌어당기는 자석이 되라

인간의 마음속에는 강한 자석이 존재한다. 자석의 기본성질은 주변에 배열된 모든 쇠붙이들을 끌어당긴다는 속성을 지닌다. 인간의 마음속 자석 역시 자석의 기본 속성처럼 주변에 모든 것들을 다 끌어당기는 속성을 지니고 있다. 자석은 쇠붙이가 더럽거나, 깨끗한 것에 상관없이 모두 붙여버리는 속성을 지니고 있다. 자석에 쇠붙이가 많이 붙으면 붙을수록 자석 본체는 보이지 않게 되며 자석의 원래 모양은 사라지게 된다.

인간 마음속에 존재하는 자석의 속성은 더러운 쇠붙이를 먼저 붙여버리는 속성을 지니고 있다. 자석의 자성을 인위적으로 바꾸려는 노력이 없다면 마음속 자석은 끊임없이 더러운 쇠붙이를 붙여나갈 것이다. 마음속 자석이 붙여나가는 더러운 쇠붙이가 바로 부정적 감정인 엔트로피다. 부정적 감정인 엔트로피들은 인간이 인식하지 않으면 작은 클립을 무서운 속도로 붙여나가는 자석처럼 끊임없이 부정적 감정들을 쌓아나간다.

밥을 먹을 때도, 샤워를 할 때도, TV를 볼 때도 인간이 부정적 감정인 엔트로피들을 인식하지 않으면 끊임없이 마음속 자석은 그 더러운 감정들을 붙여나간다. 지금 아무것도 할 수 없을 정도로 무기력한 상태에 놓여 있다면, 이미 마음속 자석이 충분할 정도로 많은 부정적 쇠붙이를 붙여놓은 상태라고 인식하면 된다.

무기력, 좌절 등과 같은 부정적 감정인 엔트로피들과 타협하지 말아야 한다. 이런 감정들은 당신이 원래 가지고 있었던 감정들이 아니라 당신이 무방비 상태에 있을 때 마음속 자석이 붙여놓은 것일 뿐이다. 부정적 감정들이 쌓이고 쌓이면 결국 부정적인 엔트로피적 습관이 몸속 깊숙이 자리 잡게 된다. 느물거리는 부정적인 엔트로피적 습관들은 더러운 쇠붙이처럼 당신 몸에 기생하며 당신의 순수한 마음과 몸을 더럽히고 있다.

이것을 인식해야 한다.

마음속 자석 주변에 긍정적인 네트로피 쇠붙이를 배열하자. 마음속 자석은 자성이 미치는 범위 안에 있는 모든 것을 붙여버리는 속성이 있다. 너저분하고 느물거리는 부정적 엔트로피 쇠붙이를 제거하고 오직 순수하고 열정적인 꿈과 희망이 있는 긍정적 네트로피 쇠붙이를 배열하자.

긍정적 네트로피 쇠붙이를 내 주변에 포진시키기 위해 당신은 위대한 행동 3가지를 30일 동안 실행에 옮겨야 한다. 진정으로 변화를 원하고 내 속에 있는 가장 완벽한 또 다른 나를 만나보고 싶다면 이제 변화를 생각해보자.

엔트로피를 버려야 내가 산다

성공하고 싶다면 지금 하고 있는 일을 사랑해야 한다. 공부하는 학생이라면 공부를 사랑해야 하고 회사원이라면 지금 회사에서 하는 일을 사랑해야 한다. 지금 하는 일을 사랑하지 않으면 현실 속에 갇혀서 아무것도 할 수 없게 되는 것이 우리 인생이다.

자신이 하는 일을 아주 많이 사랑할 때 우리는 그를 아름다운 전문가라고 명명한다. 우리가 말하는 성공이라는 개념은 지금 하고 있는 일을 사랑하고 있을 때 이룩되는 물리적 현상일 뿐이다.

재미있는 예를 들어보자. 꽃처럼 아름다운 처녀에게 다가가서 재미있는 질문을 한다고 가정해보자. 혹시 70살 먹은 돈 많은 남자와 사랑하지 않지만 돈 때문에 결혼할 의향이 있는지 물어보자. 아름다운 처녀가 만약 그 노인과 결혼을 한다면 그는 사랑하지 않는 대상과 결혼한 것이다. 사랑하지 않는 대상과 결혼하면 결국 사랑 이외의 것(재산) 때문에 결혼하게 된 것이다.

사랑 없는 결혼은 반드시 후회하게 된다. 이것은 우주의 원리이다. 무엇에 마음이 끌리는 일(사랑)은 계속 집중하게 되며 시간에 구속되지 않고 끊임없이 노력하며 즐기게 된다.

지금 자신이 하고 있는 일과 공부를 사랑하지 않는다면 노인에게

재산 때문에 시집가는 처녀와 다를 바가 없다. 사랑하는 마음 없이 현재 일이나 공부를 하고 있다면 가까운 미래에 후회하게 된다.

공부하는 학생이 학문에 대한 사랑 없이 대학만을 가기 위해 공부하는 행위는 결국 애정 없는 결혼을 하는 것과 마찬가지이며, 내 입에 밥 한 숟갈 더 넣기의 가벼운 선택일 뿐이다. 식품을 만드는 기업가가 자신의 일을 사랑하지 않고 이익만을 생각하고 나쁜 재료를 써서 많은 이익을 남기려고 한다면, 재산을 위해 시집을 선택하는 처녀의 천박성과 다를 바가 없다.

기억해야 할 것은 지금 하고 있는 일을 사랑하지 않으면 결코 성공은 없다는 점이다. 성공이란 돈만 많이 버는 것이 성공이 아니다. 성공의 궁극적 의미는 결국 지금 하는 일에 대한 사랑과 열정이다.

지금부터 마음을 고쳐먹자. 진정으로 내 인생을 가치 있게 가꾸고 싶다면 지금 내가 하고 있는 일을 사랑해야 한다. 지금 하고 있는 일을 사랑하게 되면 진심으로 많은 노력을 하게 된다. 공부하는 사람이라면 최소한 공부 안 하면 거지 될까 봐 공부하지는 않게 되며, 회사원이라면 죽지 못해서 직장 다닌다는 말은 하지 않게 된다. 하지만 지금 하고 있는 일을 끊임없이 사랑하기 위해서는 작은 나(small-self)와 끊임없는 싸움을 해야 한다.

작은 나(small-self)라는 말을 잘 이해해야 한다. 작은 나 때문에 지금 하고 있는 일을 끊임없이 사랑할 수 없게 되는 것이다. 작은 나라는 것은 이기적이고 현실적 나를 의미한다. 지금 하는 일을 사랑하며 곰처럼 끊임없이 해나가기에는 당장 눈앞에 배고픔과 가난이 도사리고 있을 수도 있다. 그때 작은 나는 내 마음을 요동치게 하며 나 자신을 굴복시킨다.

내 속의 작은 나는 이기적이며 편안함만을 추구하고 눈앞에 작은 이익을 원하는 어리석은 자아다. 이 작은 자아와 타협하는 순간 지금 하는 소중한 일에 대한 사랑은 사라지게 된다.

노자가 지은 도덕경에 "성인은 자기를 버리기 때문에 자기를 보존한다."는 글귀가 있다. 여기서 말하는 자기를 버린다는 의미는 작은 나를 버리는 행위다. 당신이 그토록 원하는 성공의 비밀은 여기에 담겨 있다. 진실로 지금 하고 있는 일을 사랑하고 싶다면 작은 나를 버려야 한다. 역설적이지만 작은 나를 버리지 않으면 사랑하는 마음이 생겨날 수가 없다. 작은 나를 버려야 끊임없이 지금 하는 일을 사랑할 수 있고 의미를 부여할 수 있다.

'작은 나'는 가슴속에 욕망이라는 이름으로 우리 앞에 다가온다. 슬프지만 작은 나와 타협하면 두려움과 미래 불안감 때문에 일과 공부를 하게 된다. 그 어리석은 인간들은 이익이 크다고 생각하고 작은 나와 타협하지만 그 순간 모든 것을 잃어버리고 "내 입에 밥 한 숟갈 안 들어올까 봐 벌벌 떠는 현실의 노예"가 되어버린다

한 가지 일에 대한 끊임없는 열정은 사랑하는 마음에서 솟아오른

다. 사랑하지 않으며 편안하게 쉬는 것이 삶의 목표가 되며 달력을 쳐다보며 빨간 날만을 찾게 된다. 또한, 언제나 인간관계의 노예가 되어서 허덕이며 살아가게 된다.

벗어나야 한다. 작은 나를 버려야 당신은 진정한 성공을 거둘 수 있다. 자랑하고 싶고, 무언가를 소유하고 싶고, 현실을 부정하고 짜증 내고 싶은 모든 마음은 결국 진짜 나의 모습이 아니라 현실의 노예가 된 작은 나가 진짜 나를 조종하는 것이다.

당신은 사람이다. 사람이기 때문에 사람이 살아가는 인과율의 법칙을 어길 수는 없다. 지금 하고 있는 일에 대한 순수한 사랑은 수천 년간 인류가 쌓아 올린 위대한 성공의 비밀이다. 이것을 부정한다면 지구별에서 성공은 존재할 수 없다.

나를 변화시키는 위대한 30일 행동변화 수칙 1

● 심심함, 부정적 엔트로피 감정이 들어오면 인식할 준비를 하자.

내 마음속에 준비된 자석은 자성이 매우 강해서 주변에 놓인 모든 감정 쇠붙이들을 붙여버린다. 부정적 엔트로피 감정들은 긍정적 감정들보다 자성이 훨씬 강해서 한 번 부정적 엔트로피 감정들의 쇠붙이를 받아들이기 시작하면 빠른 속도로 마음속에 부정적 고민들이 쌓여가기 시작한다.

이제 두려워 말고 인식하자. 내 마음속 깊이 자리 잡은 부정적 엔트로피 감정들의 근원은 결국 내가 만들어 놓은 것이라는 점을 명심하자. 이제부터 부정적 엔트로피 감정들을 인식하자. 심심하거나 방황하고 싶은 마음이 들기 시작하면 마음속 자석들이 부정적 엔트로피 감정들을 붙여 버리려고 준비하는 것이다.

당신은 이제 마음속에 자석이 있다는 사실을 인정했다. 그리고 그 자석 주변에 긍정적 쇠붙이를 배치할 준비도 되었다. 그렇다면 우선 부정적 엔트로피 감정들을 인식하고 그것들이 들어오지 못하도록 방어하자.

근묵자흑(近墨者黑)이라는 말을 상기하라. 부정적 엔트로피 감정들과 한 번 타협하기 시작하면 당신의 흰 도화지는 더러워진다. 부정적인 말과 행동, 생각까지도 제어해야 한다.

인간은 인식하기만 하면 부정적 엔트로피 감정들을 제어할 수 있다. 중요한 것은 부정적 감정은 바이러스처럼 쉽게 감염된다는 점이다. 벗어나고 싶다면 반드시 인식하려는 능동적 노력을 해야 한다.

두려워 말고 당당히 부정적 엔트로피 감정들과 맞서야 한다. 그래야 우리 삶은 빛나고 아름다워진다.

나를 변화시키는 위대한 30일 행동변화 수칙 2

● 하루 2시간 이상 완벽하게 집중할 수 있는 일을 찾아보자.

집중은 신이 인간에게 부여한 가장 완벽한 최고의 행복감이다. 이 행복감을 느끼느냐 못 느끼느냐에 따라 성공과 실패 여부가 판가름난다고 해도 과언이 아니다.

마음속 부정적 엔트로피 감정의 틀에서 벗어나기 위해 집중을 해보자. 현재 하고 있는 일에 집중해도 좋고, 아니면 새로운 일을 찾아서 집중해 보아도 좋다.

집중을 처음 시작할 때는 외롭고 고독하고 답답함을 느낄 것이다. 이와 같은 현상은 스키를 한 번도 안 타본 사람이 스키장 최고 난이도 슬로프에 올라간 느낌과 동일하다.

집중을 처음 시도하면 아찔하고 먹먹한 느낌이 든다. 나만 고생하는 것 같은 느낌이 들기도 하고 죽어버릴 것 같은 답답한 느낌도 같이 찾아오기도 한다. 이 고비를 넘겨야 한다.

인간으로 태어나 신이 부여한 최고의 즐거움과 직면하고 싶다면 이 고통을 인내하고 끊임없이 집중을 받아들여야 한다. 이 훈련은 약 30일 정도의 기간이 필요하다.

이 훈련을 경험해야 진정한 의미의 마음속 자석이 제 방향을 잡기 시작한다는 점을 명심해야 한다.

> **나를 변화시키는 위대한 30일 행동변화 수칙 3**
>
> ● 지금 내가 하고 있는 일이 사회와 타인에게 도움이 되는 일인지를 판단해보자.
>
> 거대한 틀에서 지금 하고 있는 일이 우리 사회와 타인에게 도움이 되는 일이라면 일단 당신은 미래 비전이 있는 사람이다.
>
> 하지만 현재 하는 일에 재미를 느끼지 못하고 방황하면서 세상은 살기 힘든 곳이라고 외치고 있다면 우선 지금 하고 있는 일에 소중한 의미부터 부여해야 한다. 즉 내가 하는 일이 타인과 우리 사회에 어떤 긍정적 영향을 줄 수 있을지를 깊게 생각해보고 글로 써보자.
>
> 이 작업은 매우 의미 있는 작업이다. 내가 하는 일이 타인에게 긍정적 도움을 줄 수 있다는 확신이 드는 순간 몸과 마음은 지금보다 훨씬 가벼워진다.
>
> 이 행동을 일주일 동안 지속적으로 행동에 옮기다 보면 마음속 자석에 붙여진 부정적 엔트로피 쇠붙이들은 서서히 떨어지게 된다.

자신을 믿고 실행에 임하라

어떤 일이나 공부를 성공적으로 끝까지 수행하는 사람과 그렇지 못한 사람 사이에는 실력의 차이보다는 신념의 차이가 존재한다. 한 가지 일을 꾸준히 실행하고 끝까지 성공적으로 수행해 나가는 사람들은 끊임없이 자신을 신뢰한다는 공통점이 있다.

자신을 믿고 끊임없이 잘할 수 있다고 자기 암시를 주입하는 사람은 결국 성공으로 간다. 하지만 자신을 믿지 않고 열심히 실행하기만 한다면 그 일은 곧 포기하게 된다.

자신을 믿는다는 의미는 결국 자신에게 끊임없이 긍정의 암시를 불어넣는다는 의미다. 어떤 일을 성공적으로 실행하기 위해서는 우선 감정이라는 마음속 괴물을 잡아야 하는데 이 마음속 괴물은 자기 멋대로 움직이기 때문에 조금만 방심해도 포기하고 싶은 생각이 들기 쉽다. 결국 한 가지 일을 끝까지 성공적으로 이끌기 위해서는 움직이는 실행능력과 함께 자신을 믿는 신념이 동시에 필요한 것이다.

자신에게 긍정의 주술을 걸어보자. 자신을 믿는다는 것은 자신에게 최면을 거는 것이다. 최면이란 어떤 것을 맹목적으로 믿도록 하는 주술 작업이다. 긍정적 메시지를 반복적으로 자신에게 주입해보자. 같은 긍정적 문장을 자신에게 반복적으로 주입하면 그만큼 자신을 긍정의 최면상태에 빠지게 할 수 있고 힘든 시련을 견딜 수 있게 한다. 스스로 신뢰할 수 있도록 긍정의 주술 명령어를 걸어보자.

"나는 지금 하고 있는 일이나 공부를 기쁜 마음으로 끝까지 수행할 수 있다." 이와 같은 긍정의 문장을 지속적으로 암시해보자. 그러면 정말 내 마음에는 신념이 생기게 되고 자신을 믿는 힘이 생겨나게 된다. 거짓말도 3번을 들으면 진실처럼 들리게 되는 것이 우리 마음이다. 과연 될까라는 의심을 버리고 나 자신을 믿을 수 있도록 자신에게 긍정의 주술을 걸어보자.

자신에 대한 강한 믿음을 가지고 열심히 하는 사람과 자신을 부정하는 가운데 열심히 하는 사람 사이에는 엄청난 결과 차이가 나타난다.

자신을 긍정하면서 기쁜 마음으로 일과 공부를 수행하지 않으면 그 일의 실패 가능성은 커진다. 인간의 의지력은 늘 감정에 끌려다니기 쉽다. 그러므로 굳건한 자기 믿음이 있어야 한 가지 일을 끝까지 수행할 수 있는 것이다.

결국, 무조건 열심히 한다는 생각에서 벗어나 어떻게 하면 내 감정을 다스리면서 기쁜 마음으로 일을 수행할 수 있을지를 미리 생각해야 한다는 점이 성공의 열쇠라고 할 수 있을 것이다.

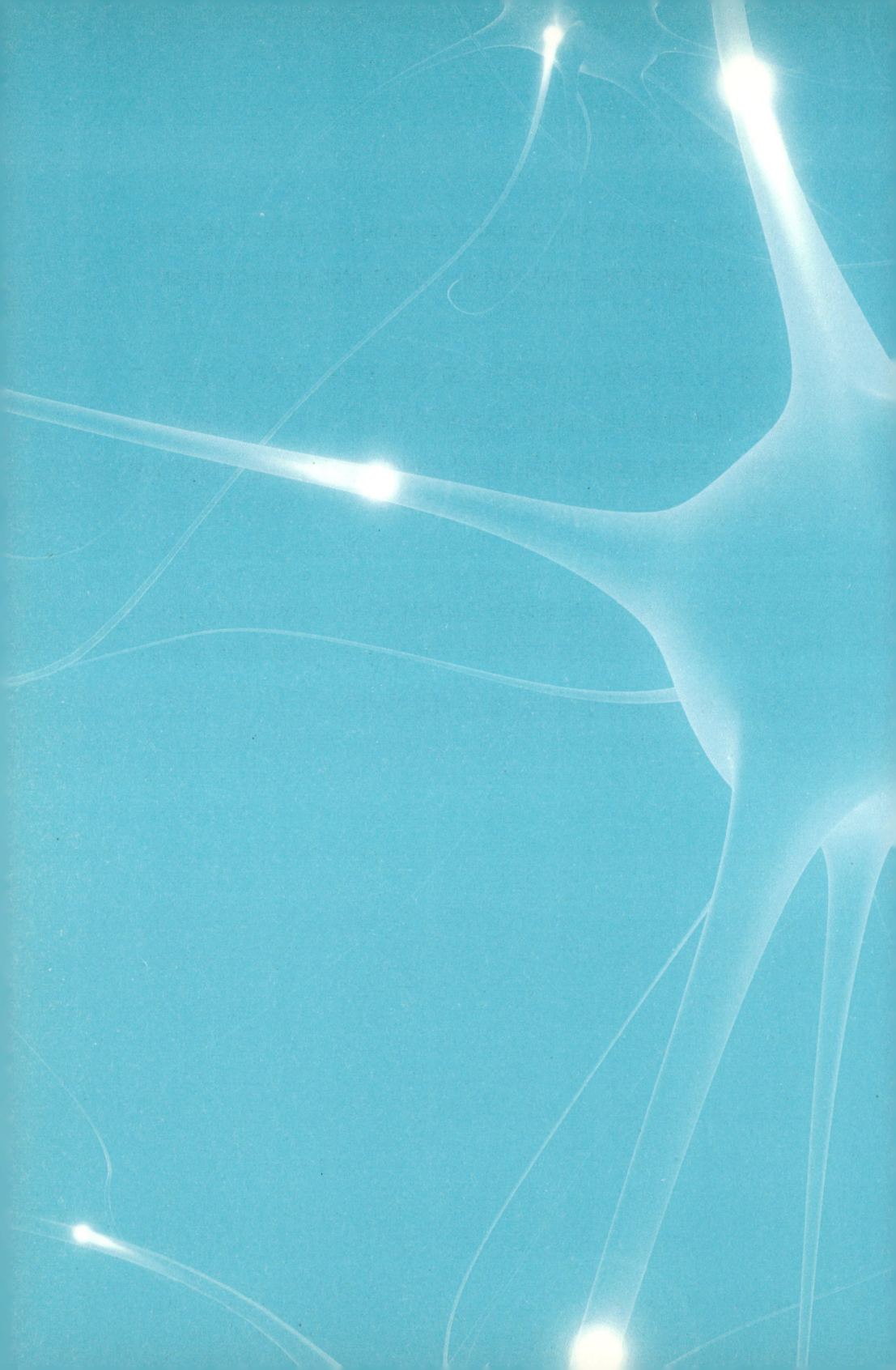

제 3 장

엔트로피의 제어,
네트로피 진입을 위한 위대한 노력

두려워 말고 운명을 바꿀 위대한 네트로피적 변화에 도전하라

누구나 인생을 살아가면서 자신에 걸맞은 노력을 한다. 학생은 학생답게 노력을 하고 회사원은 회사원답게 노력을 한다. 하지만, 대부분의 사람들은 아무리 노력해도 타고난 운명의 그릇을 탈출하지 못하고 죽는다. 길거리에서 나물과 김치 몇 가지를 파는 할머니를 보고 있으면 그들의 눈물 나는 삶의 노력을 이해할 수 있다. 그들의 점심은 차가운 도시락이다. 그들은 하루 종일 눈물겹게 차가운 거리에서 하나라도 더 팔려고 노력한다.

많은 명언들을 읽어보면 분명 열심히 노력하면 성공할 수 있다고 하는데 왜 하루 종일 길바닥에서 처절하게 노력하는 나물 파는 할머니들은 성공하지 못하는 것인가? 하루 종일 팔목이 떨어져 나가도록 치킨을 팔아도 동네 치킨집 아저씨는 왜 부자가 되지 못하는 것인가?

근면, 성실함은 때로는 무용지물일 수 있다. 당신이 열심히 노력하지만 성공하지 못한 삶을 살고 있다면 바로 습관적 노동을 벗어나지 못하고 있기 때문이다. 당신의 일이 습관적 노동으로 전락하는 순간 당신은 이미 성공할 수 없다.

현재의 행동 하나하나가 미래를 만들어 나간다. 지금과 같은 행동의 반복으로는 미래에도 똑같은 행동의 반복으로 전달될 수밖에 없다. 두렵지 않은가. 지금과 같은 삶으로 평생을 살아간다면 불행하다. 지금처럼 행동하고 지금처럼 생각하면 미래는 지금과 같을 수밖에 없다. 당신이 성공하고 싶다면 틀에 박힌 생각의 계획표부터 찢어라. 당신 앞에 세워 놓은 공허한 메시지에 불과한 계획표를 찢어라. 계획표는 3일을 지탱하지 못하는 나약함의 다른 이름이다.

이제부터 당신은 성공을 위해 변화를 준비해야 한다. 변화란 무엇인가. 변화는 실패한 사람에게는 두려움의 다른 이름이다. 예를 들어 당신이 지금까지 IT 회사 회사원으로 10년 이상 근무했다고 가정해보자. 지금 상황에서 가장 합리적이고 안정적인 미래의 운명은 부장승진일 것이다. 이것이 일반적인 사람들이 생각하는 운명적 논리다. 변화를 두려워하지 마라. 당신의 기술력으로 창업을 꿈꿔라. 처음 사업을 시작하면 처절한 두려움이 당신을 휩싸고 돌 것이다. 그 처절한 두려움이 바로 운명을 바꾸는 위대한 신호라는 점을 명심하라.

　과거, 현재, 미래에서 시간이라는 개념만을 삭제한다면 미래는 이미 일어나고 있다는 점을 명심하라. 운명대로 살아가면 지금과 같은 삶이다. 친구들과 만나서 식사 한번 제대로 살 수 없는 처절한 현재의 삶을 거부하라. 그리고 변화의 두려움과 당당히 맞서라. 현재 당신이 어느 정도 성공했다면 그 성공은 모두 당신이 과거에 위대한 결심을 했기 때문이다. 그 결심의 순간순간 당신은 매우 큰 두려움을 느꼈을 것이다.

　두려움 그리고 미래에 대한 답답함 아무도 알 수 없는 1분 뒤의 세계에서 인간은 모두 두렵다. 필자도 두렵고, 회사원도 두렵고, 대기업 CEO도 두렵기는 마찬가지다. 하지만 결심해야 한다. 준비된 모험을 즐겨야 한다. 준비되지 않은 모험은 미친 운명을 만드는 무모함이다. 예를 들어 수영을 한 번도 해보지 않은 사람이 세계수영선수권대회에 도전한다면 무모함이다. 자신을 정확히 이해하고 준비된 모험에 임하라.
　준비된 모험을 즐기기 위해서 지난 10년간 나를 돌아보아야 한다. 지난 10년간 당신은 어떤 업종에 종사했는가. 그리고 당신이 잠들기 직전 혹은 아무 할 일 없이 누워 있을 때 머릿속에 떠올랐던 가장 하고 싶었던 일 그 일을 생각해내고 그 일을 해야 한다.

　인간은 누구나 작은 초능력을 가지고 태어난다. 자신이 간절하게 하고 싶은 일을 끊임없이 무의식 중에 느끼게 되며 연상하게 된다. 당신이 지난 10년간 회사원으로 종사했지만, 장사를 하고 싶은 꿈을 연상했다면 그것이 당신의 천직이다. 혹은 당신이 지난 10년간 사장으로 일했지만 공부를 더 하고 싶다면 공부가 천직이다. 하고 싶은 일을 해야 한다. 지금까지 익숙해진 일을 하려 하지 말고 꼭 하고 싶은 일에 도전하라. 그래야 진정한 의미의 모험이 시작된다.

운명을 바꿀 무언가를 준비해야 한다. 이제 준비가 되었다면 변화를 꿈꿔라. 변화를 처음 시도하면 마음속에서 두 가지 생각이 떠오르게 된다. 하나는 이 일을 하고 싶다는 욕망과 다른 하나는 변화를 시도했을 때 발생될 수 위험성에 대한 두려움이다. 변화란 서서히 하지만 그 끝을 생각하며 발 빠르게 움직여야 한다. 운명을 거부하고 변화를 꿈꿀 때 마음속에서는 안주하고 싶은 자아가 엄청나게 당신의 발목을 잡을 것이다. 지금 현재의 안락함에 멈추고 싶은 답답한 현실적 자아가 당신의 의지적 자아를 방해할 것이다. 거대한 운명의 변화를 기억하라. 지금 변화되지 않으면 지금과 같은 삶이다. 당신이 변화하려고 용트림하는 순간 10년 뒤 미래도 바뀌게 된다.

무엇을 해야 할지 모르는 답답함, 세상에 홀로 남은 듯한 두려움, 긴 동굴 속을 헤매는 듯한 느낌, 이런 느낌들이 변화를 시도할 때 느끼는 첫 번째 감각이다. 기억해야 한다. 변화를 시도하는 동안 느껴지는 가슴 답답함은 바로 당신 미래가 긍정적으로 바뀌고 있다는 증거다.

당신이 변화를 시도하는 순간, 당신이 10년 뒤 살 집이 바뀌고 타고 있는 차가 바뀐다. 변화를 시도할 때 느껴지는 두려움이 싫어서 현재에 안주한다면 10년 뒤에도 현재의 자동차를 타고 있을 것이다. 검소함과 무능력함은 구분되어야 한다. 무능력에 의해서 현재와 같은 삶을 산다면 불행하지 않은가. 변화를 꿈꿔라.

현재의 삶이 두루뭉술한 솜사탕 같은 삶이라면 변화가 있는 삶은 칼이다. 서슬 퍼런 칼! 그 옛날 장수들이 썼던 날이 선 긴 칼이다. 그 칼 같은 생각의 날을 세우고 변화를 꿈꿔라. 적장의 목을 베듯이 정신을 집중하고 과감하고 용감하게 변화를 꿈꿔라. 변화를 시도하는 데 가장 중요한 덕목은 용기, 인내, 웃음이다. 용기 없는 자는 변화를 꿈꾸지 못한다. 인내하지 못하는 자는 용기를 내서 변화를 꿈꾸어도 그 변화에 확신을 하지 못하게 되므로 실패하게 된다. 그리고 당신이 진정으로 변화되고 싶다면 절대로 웃음을 잃어서는 안 된다.

당신의 미래는 지금도 열심히 만들어지고 있다. 당신의 모든 행동이 당신의 미래를 형성하는 밑그림이 된다는 점을 명심하라. 당신이 변화의 두려움이 무엇인지를 알고 싶다면 일단 당신이 상상도 못한 인원 앞에서 연설을 한다고 생각해보라. 그리고 그것을 실행에 옮겨보라 그때 당신 앞에 놓이게 될 첫 번째 감각은 두려움이다. 결국, 두려움을 물리쳐야 한다. 모든 새로운 변화는 두려움으로 다가온다. 성공한 사람들은 두려움을 인내하고 극복한다. 한번 두려움을 극복하면 습관이 된다. 당신의 운명이 업그레이드된다. 끊임없이 도전하고 끊임없이 두려운 변화 앞에 자신을 노출시켜라. 그래야 성취하게 된다.

성공한 사람들의 삶의 공통된 패턴은 변화를 두려워하지 않는 용기-상황 극복을 위한 인내-능동적 유머가 있는 휴식이다. 실패한 인생을 사는 사람들의 삶의 패턴은 재미없는 노동-살기 위한 소비-재미없고 불안한 휴식의 연속일 뿐이다.

결심이 세워졌다면 변화를 꿈꾸고 도전하라. 그리고 변화가 가져다 주는 첫 번째 감각 (두려움)을 즐겨라. 두려움은 미래가 긍정적으로 바뀌고 있다는 증거이므로 그 두려운 상황을 지속하면 된다. 역설적일지 모르지만, 변화를 꿈꾸고 실행하는 동안 발생되는 두려움을 즐겨야 성공할 수 있다는 논리를 항상 기억해야 한다.

그럼에도 불구하고 우리가 공부해야 하는 이유

많은 사람들은 공부를 열심히 하면 성공한다고 믿는다. 물론 이 말은 틀린 말이 아니다. 하지만, 엄밀히 말하면 공부를 열심히 한다고 해서 꼭 성공으로 연결되는 것은 아니다.

한국은 부정할 수 없는 학벌주의 사회다. 기회균등 사회라고 이야기하지만, 결국 그 저변에는 치밀하게 짜여진 학벌주의가 존재한다. 열심히 공부해서 좋은 대학 가는 것에 대한 비판을 하고자 함이 아니다. 다만, 공부다운 공부를 할 수 없는 사회분위기가 안타까울 뿐이다.

중고등학생들 대부분은 시험공부를 하기 싫어한다. 하지만 공부를 하지 않으면 "거지 된다"는 논리로 대학은 꼭 가야 한다고 생각하고 하기 싫은 공부를 억지로 한다. 공부를 왜 하는지도 모르고 그냥 매일 공부한다. "공부 못하면 거지 된다."는 말은 중고등학생들을 가장 쉽게 공부하게 만드는 논리다.

현재 대학 충원율은 85% 이상이다. 이제 대학은 분명 레드오션 시장이다. 가만히 생각해 보면 답이 나온다. 지금은 산업화 시대가 아니고 정보화시대에서 이야기(story)의 사회로 넘어가는 과도기적 단계다. 지금의 시대 변화속도를 계산해 보면 성공하기 위해 꼭 대학을 갈 필요는 없다. 대학은 본인이 간절히 가고 싶을 때 가면 된다. 대학등록금 한 학기 500만 원, 거기다 기숙사비와 식대를 합치면 거의 1천만 원에 육박한다. 그렇게 4년을 다니면 8천만 원을 대학에 지불해야 한다. 공부에 마음과 의지가 없다면 대학에 지불하는 등록금은 그냥 버려지는 돈이다.

아직도 대학을 가는 대부분의 학생들은 학교 이름을 보고 대학을 지원한다. 자신의 적성과 꿈은 철저히 무시한 채 그냥 좋은 대학에 원서를 내고 합격하면 즐거워한다.

두려움과 욕심!

자각하지 못한 학생들을 공부하게 만드는 두 가지 이유다. 두려워서 대학은 꼭 가야 하며, 욕심 때문에 남보다 더 좋은 대학을 가고 싶어 한다. 대학은 먹고 싶은 욕심을 자극하는 뷔페식당이 아니다. 대학은 큰 학문을 하는 곳이다. 큰 학문이란 무엇인가. 큰 학문이란 내 입에 밥 한 숟갈 더 넣기 위해 선택하는 것이 아니라 원대한 진리를 탐구하는 숭고한 장소이어야 한다. 대학이라는 곳은 분명 열심히 공부하는 인내와 성취감을 맛봐야 하는 장소다. 하지만, 대부분의 대학생들은 대학을 수단으로 생각한다. 물론 이와 같은 현상은 대학을 선택한 청년들의 문제가 아니라, 우리 사회 기성세대가 청년들에게 잘못을 저지른 것이다.

뷔페식당에 맛있는 음식 앞에 줄을 서서 대기하는 사람처럼 우리는 대학을 위해 공부하고 출세하기 위해 공부한다. 뷔페식당의 음식은 30분 넘게 먹으면 곧 싫증 나서 맛이 없게 느껴진다. 대학 역시 욕심과 두려움으로 들어가면 뷔페식당에서 음식 먹다 지쳐버린 사람처럼 재미가 없어지게 된다. 대학가는 분명한 목표를 세워야 한다. 인간은 무언가를 성취하고 무언가를 행하고 있을 때 행복감을 느낀다.

당신의 삶을 근본적으로 회의해보라. 현재 누리는 삶이 진정으로 행복해지려면 절대 물질로는 해결이 안 된다. 3끼를 먹을 수 있는 형편, 따뜻한 잠자리를 항시 제공 받을 수 있는 집, 옷을 사고 싶을 때 살 수 있는 여유 같은 것들은 물질적인 것들이다. 물질은 삶의 목표나 궁극의 행복이 될 수 없다. 하지만 세상 사람들 중 80%는 이런 것들이 진정한 행복감을 가져다줄 수 있다고 굳게 믿고 싶어 한다. 그리고 이런 물질에 취해있는 상태를 애써 행복하다고 말한다. 하지만, 이런 상태에서 느껴지는 감정은 행복감이 아니라 편안함일 뿐이다. 편안함은 뷔페식당과 같다. 일정 시간이 지나면 지루하고 심심해지고 짜증이 나기 시작한다. 이 심심함을 위해 인생을 담보해서는 안 된다.

인간의 행복감은 무언가를 성취하려고 노력하고 있는 상태에서 실현된다. 당신이 무언가를 성취하려고 노력하지 않는데 현재 행복하다고 생각된다면 행복이라는 단어를 잘못 인식하고 사용하고 있는 것이다.

대학을 왜 가야 하며, 공부를 왜 해야 하는가에 대한 답변은 명확하다. 극한의 노력 그리고 끊임없는 진리탐구의 즐거움을 느끼는 동안 인간은 신이 부여한 최고의 즐거움과 직면하게 된다. 이성적 즐거움 즉 돈이나 물질의 추구가 아닌 신 앞에서 완전히 벌거벗고 도전하는 인간 순수·열정은 아름다움 그 자체다. 이것을 느끼기 위해 우린 공부해야 한다. 만약 대학을 성공 수단의 도구로 활용해서 꼭 대학을 가고자 한다면 대학을 가지 말고 사채업을 배우거나 부동산 투기를 배워야 한다. 대학은 순수 학문의 공간이며 순수한 이성적 힘을 키우기 위해 가야 한다.

진리를 탐구하는 동안 인간은 행복해진다. 이것은 시대가 바뀌고 역사가 진보한다고 하더라도 바뀌지 않는 진실이다. 공부의 즐거움이란 미래를 담보해서 현재를 희생하는 지루한 게임이 아니라. 지금 현재 공부하는 그 자체를 즐기는 것이다.

인생은 그리 길지 않다. 인류가 살아온 긴 역사에 비유해본다면 우리가 살 수 있는 70~80년은 먼지에 불과하다. 더 이상 두려움과 욕심에 의해서 삶을 선택하지 말아야 한다. 두려움과 욕심으로 성취하는 것은 결국 뷔페식당에서 음식 먹다 지쳐버려 의자에 앉아 미소 짓는 짐승 같은 삶이 전부다. 고민하자. 과연 내가 왜 공부하는지 그리고 왜 대학을 가야 하는지를 철저히 분석하고 고민해보자. 남들이 다 가니까

나도 간다는 식으로 가서는 안 된다. 그러면 대학에 돈만 내주는 바보가 된다. 자각하라 가슴 깊이 자각하고 무엇을 위해 살아야 하는지를 생각해보라.

결론을 말하면 공부는 우리에게 진정한 기쁨을 줄 수 있다는 점이다. 공부는 두려움과 욕심에 벌벌 떠는 암기가 아니고 평생 동안 같이 가야 할 좋은 벗이다. 읽기의 즐거움을 느껴보라. 그리고 당신이 현재 무엇을 하건 간에 공부해야 한다. 공부란 인간을 인간답게 만드는 수단이다. 그리고 우리는 그 인간다움으로 이어진 삶 속에서 진정한 기쁨을 자각할 수 있다.

스스로 낙인을 찍지 말라

나이가 들어갈수록 사람들은 할 수 있는 일보다 할 수 없는 일이 더 많다는 것을 자각하게 된다. 정말 슬픈 이야기지만 시간이 흐르면 흐를수록 꿈도 작아지고 희망도 사라지게 된다. 가끔 영화나 좋은 강연을 듣고 나면 "나도 할 수 있다."라고 두 주먹을 불끈 지어보지만, 그것도 잠시뿐이고 항상 "현실과 이상은 다르다."라고 생각하고 그저 현실에 안주하면서 살아가게 된다.

결국 인간은 자각하지 않으면 부정적 낙인을 계속해서 자신에게 찍어 갈 뿐이다. 어렸을 때 먹었던 꿈들은 어느덧 사라지고 당신은 지금 수많은 할 수 없다는 낙인에 굴복하고 그저 현실에 얽매여 살아갈 뿐이다. 작은 것에 연연하며 목구멍이 포도청이라는 생각으로 살아간다.

꿈이란 가진 자들의 전유물 혹은 특별한 사람들의 소유물이라 생각하고 하루하루 죽어간다.

일어나야 한다.

당신이 이제껏 당신에게 부여한 수많은 낙인들을 생각해보라. 당신은 공부를 잘할 수 없는 사람이라고 낙인찍었고, 부모로부터 물려받을 재산이 없어서 창의적으로 일을 벌일 수 없다고 낙인찍었다. 사실 우리가 진실로 두려워해야 할 것은 두려움 그 자체다. 낙인찍는 연습을 하기 이전에 왜 낙인찍힌 인생을 살아가야 하는지를 생각해보자. 살아가면서 "할 수 없다"라는 말로 만신창이가 되어버린 나를 살리자. 인간의 능력이란 정말 개발하기에 따라서 엄청나게 변화될 수 있다. 당신이 이제껏 성공하지 못한 삶을 살아왔다면 틀림없이 낙인의 굴레 속에서 실패가 정해진 삶을 살아왔기 때문이다. 틀을 깨고 정신을 차리고 이제부터 새로운 인생을 살아보자. 내 인생을 버겁고 허덕이게 만들어 왔던 수많은 낙인들을 하나하나 지워 보자.

나약한 인생의 낙인을 벗어나기 위해 필자는 두 가지를 제안한다.

첫째, 나약한 인생을 벗어나기 위해 당신은 작은 인센티브(이익)에 둔감해져야 한다.

인간의 모든 행동은 인센티브(이익)에 반응한다. 돈을 벌려고 일하게 되며, 우승하려고 경기하며, 집을 사기 위해 일을 한다. 이 모든 것이 인센티브에 반응한 결과들이다.

엄마들이 OK캐쉬백을 모으려는 행동도 인센티브에 의한 것이며, 텔레비전을 보는 것도 편안함이라는 인센티브 때문이다. 뷔페식당에 가서 회를 먹으려고 줄을 서는 것은 먹고 싶은 욕망의 인센티브가 작용했기 때문이다.

인간은 욕망의 동물이기 때문에 인센티브가 없으면 실천에 옮기기가 힘들어진다. 그렇다면 자신에게 새로운 인센티브를 부여하라. 아무 생각 없는 생리적 인센티브 혹은 1차원적인 인센티브를 목적으로 행동하지 마라. 편안함, 혹은 나태함에 대한 보상이 따르는 인센티브를 추구하기 위해 자신을 방치하지 말아야 한다.

자신을 개혁하기 위해 보다 고차원적인 인센티브를 입력해야 한다. 당신이 할 수 있는 일중에서 가장 고차원적인 인센티브는 결국 창조적 생각들이다. 창조적 생각을 끊임없이 할 수 있도록 자신에게 새로운 인센티브를 부여하면 된다. 방법은 아주 간단하다. 일단 지금부터 10초 뒤에 선택에서 보다 고차원적인 인센티브를 얻고자 행동하면 된다. 인간은 누구나 자신의 10초 뒤 행동을 선택할 수 있다. 10초 뒤에 밥을 먹거나 혹은 잠을 자거나 하는 행동들은 모두 선택의 영역이다.

당신이 진실로 성공하기 위해서는 오직 10초 뒤 행동에 책임을 지고 더욱 고차원적인 인센티브를 얻기 위해 노력하면 된다. 예를 들어 10초 뒤에 텔레비전을 볼 것인가. 혹은 자기계발을 위해 공부할 것인가 하는 선택의 순간을 맞이하게 된다고 가정해보자. 이때까지 당신은 즉흥적이고 즉시 발생할 수 있는 인센티브(이익)에 먼저 반응해 왔다. 즉 당신은 10초 뒤 텔레비전을 보며 편안함과 아무 생각 없음을 즐겼다는 것이다. 성공하려면 보다 고차원적인 인센티브를 선택해야 한다. 즉각적이고 말초적인 인센티브는 동물도 반응한다. 최소한 인간이라면 그리고 인간답게 살고 싶다면 고차원적인 일을 10초 뒤에 선택해야 한다.

세상인구의 80%는 즉각적인 인센티브에 반응하면서 말초적인 삶을 산다. 그래서 세상인구의 80%는 노동자 즉 피지배자의 지휘를 벗어나지 못한다. 당신이 진실로 성공하기 위해서는 10초 뒤 당신의 행동만 책임지면 된다. 어렵지 않다 정확히 10초 뒤 가장 창조적이고 능동적인 일에 자신을 드러내야 한다.

두 번째, 나약한 인생을 벗어나기 위해 당신은 Dead-Point(사점)를 경험해야 한다.

사람들이 성공하지 못하고 항상 제자리를 맴도는 이유는 사점(Dead Point)를 극복하지 못하기 때문이다. 사점(死點)이란 죽을 것 같은 순간이다. 마라톤을 뛰면 약 15km 지점에서 사점이 나타나기 시작한다. (필자의 경우) 사점의 시간이 다가오면 그만 뛰고 싶은 욕망이 물밀듯이 일어나고 미친 듯이 고통스러운 순간을 벗어나고 싶어진다. 이 순간이 바로 사점이다. 결국, 성공한다는 의미는 사점을 극복했을 때 나타나는 물리적 현상이다.

　어떤 일을 하건 사점은 나타난다. 공부를 하건, 사업을 하건 반드시 사점은 나타나기 시작한다. 사점이 나타나면 그것을 극복해야 한다. 그것을 극복하기 힘들어서 주저앉으면 결국 텔레비전 앞에서 감자칩 먹으면서 늙어가게 된다. 나약한 인생 전 세계 인구의 80% 안에 들어가고 싶지 않으면 다시 한 번 그 고통의 사점을 극복해야 한다.

　사점을 극복하면 당신은 당신이 지금까지 한 번도 경험해 보지 못한 절대적 즐거움과 직면하게 된다. 고통극복의 즐거움은 신이 인간에게 허락한 가장 큰 능동적 즐거움이다. 이 즐거움을 한번 경험하면 긍정적 습관이라는 형태로 몸에 저장되게 된다. 그리고 한번 극복된 사점은 이미 사점이 아니라, 내가 언제나 성취할 수 있는 결과물일 뿐이다. 사점에 직면하게 되면 정말 죽을 것 같은 느낌이 들게 된다. 머리가 답답하고 가슴이 터질 것 같고 아무것도 할 수 없을 것 같은 부정적 느낌이 들게 된다. 이때가 고비다. 이겨내야 한다. 조금 더 참아야 한다. 조금 더 참으면 죽을 것 같지만, 사실은 죽지 않는다.

　보디빌더들이 근육을 늘릴 때 자신이 평상시 들던 바벨의 무게보다 월등히 무거운 무게를 들어 올린다. 무거운 무게를 들어 올릴 때 보디빌더들은 죽을 것 같은 고통을 느낀다. 피부가 찢어지는 느낌 그리고 아무것도 할 수 없는 무기력감, 허나 이 절정의 순간을 극복해야 비로소 근육이 생성된다. 성공한 인생 역시 마찬가지다. 현재 하고 있는 일에서 정말 죽을 것 같은 인생의 긍정적 사점을 경험해 보라. 그것을 극복하면 반드시 엄청난 기쁨이 기다리고 있다. 편안함이 가져다주는 나약한 기쁨을 과감히 거부하라. 그것만이 나의 에너지를 모으고 성공할 수 있는 유일한 일이다.

결국, 인생이란 현재 하는 일에 얼마나 나의 몸과 마음을 다했느냐의 게임이다. 마음을 다해서(정성) 어떤 일을 행하면 그 일은 반드시 이루어진다.

잘못된 선택을 더 이상 이어가지 말라

인간의 삶은 선택의 연속이라고 해도 과언이 아니다. 점심때가 되면 우동을 먹을 것인가? 볶음밥을 먹을지 선택해야 하고 저녁에는 무슨 텔레비전 프로그램을 볼 건지 선택해야 한다. 무언가를 선택할 때는 누구나 최고의 선택이라고 생각하고 선택하게 된다. 하지만, 시간이 지나고 보면 종종 과거의 선택을 후회하게 되는데 그 이유는 당시의 선택이 바르지 못하였음을 자각하기 때문이다.

가장 중요한 결정을 내려야 할 때 역시 선택이라는 것이 존재하게 된다.

선택을 할 때 대부분 사람들은 가족이나 주변 사람들의 조언을 듣고 결정하게 된다. 하지만 가까운 사람들이 대신 내려주는 결정은 내 진짜 의사가 빠져 있기 쉽다. 중요한 선택을 할 때는 본인 스스로 고민을 해야 한다. 그리고 3가지를 고려하고 선택을 해야 한다.

　중요한 선택을 할 때 고려해야 할 첫 번째 조건은 이 선택이 정말 내가 집중할 수 있는 것인가를 먼저 고려해야 한다. 사람들은 선택을 할 때 나보다는 남의 시각에서 결정하고 선택한다. 대표적인 사례가 한국의 고등학생들이다. 한국의 고등학생들은 대부분 적성보다는 대학의 이름을 보고 미래를 결정한다. 자신의 의사는 철저히 무시하고 수능점수에 의해 대학을 선택한다. 그리고 또다시 공부하고 좌절을 반복한다.

　선택은 분명 가까운 미래에 행복해져야 한다. 하지만 자신의 입장이 빠져버린 선택은 1~2년은 행복할 수 있어도 10년 뒤에는 행복해질 수 없다. 중요한 선택을 할 때 명심해야 할 첫 번째 요지는 결국 당신이 그 선택에 있어 즐겁게 몰입할 수 있느냐 없느냐가 가장 중요하다.

　신중한 선택을 위한 두 번째 고려사항은 두려움과 욕심을 배제하고 선택해야 한다는 점이다. 가벼운 사람일수록 두려움과 욕심 때문에 잘못된 선택을 하게 된다. 잘못된 선택은 결국 잘못된 결과로 연결된다. 자각하지 못한 사람들이 몸을 움직이게 되는 결정적 계기는 모두 두려움과 욕심이다. 자각하지 못하고 꿈이 없는 사람들은 두려움이나 욕심 때문에 직장을 구하고 대학을 선택한다. 두려움과 욕심은 모두 감정이다. 이 감정의 끝은 허상만이 존재할 뿐이다. 두려움과 욕심은 당신을 끊임없이 일(노동)하게 만드는 원동력이 되기도 한다.

　두려움과 욕심이 많은 사람은 우리 주변에서도 흔히 찾아볼 수 있다. 매우 성실하게 일하지만 목표가 없는 사람들은 그저 두려움 혹은 욕심에 의해서 몸을 움직일 뿐이다. 당신이 성공하고 싶다면, 어떤 선택을 할 때 두려움 그리고 욕심이 배제된 선택을 해야 한다. 두려움과 욕심이란 꿈이 없는 자에게 나타난다. 정확한 꿈을 가진 자들은 두려움과 욕심이라는 부정적 감정 대신 꿈이라는 원천적 행동요인을 가지게 된다.

결국 우리가 어떤 선택을 할 때 가장 두려워해야 할 것은 욕심과 두려움이다. 흔히 대학을 졸업하면 공무원이 되고 싶어 하고 대기업에 들어가고 싶어 한다. 겉으로는 '내 꿈이 원래부터 이거다!'라고 말할지 모르지만, 그 이면에는 지독하게도 두려운 실업의 공포와 더 큰 조직에 들어가고 싶다는 욕심이 내재되어 있다.

따라서 선택을 할 때는 고독해야 한다. 이것이 선택함에 있어 고려해야 할 마지막 사항이다. 철저한 고독 속에서 고민하고 또 고민해야 한다. 그리고 고민의 시작과 끝에서 항상 진짜 나를 보려고 노력해야 한다. 우리 머리는 자석처럼 우리 의지가 이끄는 대로 움직인다. 당신이 외부적 요소 때문에 등 떠밀려서 선택을 하는 상황이라면 우리 머리는 그저 수긍하고 따라갈 뿐이다.

이제 또다시 중요한 선택의 순간들이 당신에게 다가오고 있다. 결국 최선의 선택을 해야 최선의 결과를 도출할 수 있다. 외부적 요소가 아닌 진짜 자신이 원하는 것이 무엇인지를 다시 한 번 생각하고 신중한 선택을 해야 한다.

엔트로피 상태에서 벗어나는 방법

인간을 구성하는 요소를 크게 둘로 나누면 육체와 정신이다. 정신은 알맹이이며 육체는 껍데기이다. 육체는 주체가 아니며 당신 정신에게 소유된 도구에 지나지 않는다. 인간에게 다가오는 모든 감정 중에서 육체적으로 다가오는 모든 부정적 감정인 엔트로피를 막아내어야 한다. 어차피 우리의 맑고 온전한 정신은 육체적으로 다가오는 모든 감정적 요소들을 이겨 낼 수 있도록 설계되어 있다.

쉽게 말해 불안, 질투, 흥분, 저주, 짜증, 무기력과 같은 부정적 엔트로피 감정은 사실 모두 육체적인 것이다. 이러한 사항은 모두 육체에서 기인하는 것이다. 다행인 것은 이를 막아낼 수 있는 위대한 정신세계가 인간 모두에게는 내재되어 있다는 사실이다.

나의 육체와 정신을 이분화시켜보라. 일단 부정적 감정이 일어나면 다시 한 번 감정이 몰아치고 있다는 증거다. 이때 정신을 차리고 맑은 정신력으로 부정적 엔트로피 감정을 인식해야 한다. 사람들이 부정적 엔트로피 감정에 시달리는 것은 육체적으로 다가오는 부정적 감정에 자신이 가진 정신을 동화시켰기 때문이다. 육체적 자아는 언제나 어린아이처럼 우리의 굳건하고 강인한 정신세계를 교란시킬 것이다.

육체와 정신을 분리시키는 연습을 해보자. 어차피 평생을 두고 부정적 감정들은 끊임없이 다가올 것이다. 이 부정적 엔트로피 감정들과의 전투에서 승리하기 위해서 두 가지 방법을 강구해야 한다.

부정적 감정들과 싸워서 이기는 첫 번째 방법은 부정적 엔트로피 감정들을 있는 그대로 인식하는 것이다. 화나 분노와 같은 부정적 감정이 일어날 때 당신이 이러한 감정들과 타협하지 않는다면 당신은 부정적 엔트로피 감정들의 늪에서 벗어날 수 있다. 부정적 감정들이 밀려오면 우선 그 감정들을 인식해야 한다. 그리고 그 감정들이 가져다주는 불쾌한 감정들에 휘말리지 않겠다고 다짐해야 한다.

> **부정적 엔트로피 감정을 극복하는 인식훈련법**
>
> 1) 부정적 감정이 머릿속으로 들어오면 그 감정의 찌꺼기들은 당신의 모든 육체와 정신을 마비시키려고 한다. 즉 화나 분노와 같은 부정적 감정들은 쓰나미와 같이 당신의 모든 행동과 생각을 정지시키려 한다. - 부정적 감정이 들어오면 그 상태를 인식해야 한다.
> 2) 부정적 엔트로피 상태 인식이 끝났다면, "내가 부정적 감정의 노예가 되어서는 안 된다"는 생각을 해야 한다. 그리고 그 부정적 상황을 벗어나도록 장소를 옮기거나, 다른 몰입할 수 있는 무언가를 찾아야 한다.
> 3) 정리하면 부정적 엔트로피 감정이 들어오면 우선 부정적 감정을 인식하고-부정적 감정에 내 몸과 마음을 빼앗기지 않겠다고 다짐하며-지금 현재 부정적 감정을 일으키는 요소들과 결별하기 위해 공간을 이동하거나, 다른 어떤 일에 몰입해야 한다.

이 훈련기법은 처음에는 잘 실행되지 않지만, 지속적으로 훈련하면 어느 순간 자신도 모르게 부정적 감정과 쉽게 타협하지 않는 나를 발견하게 된다.

부정적 엔트로피 감정은 강력한 바이러스와 같다. 한번 타협하기 시작하면 끊임없이 부정적 감정들이 꼬리에 꼬리를 물고 일어나게 될 것이다. 부정적 감정들이 꼬리에 꼬리를 물면 당신은 정신을 못 차릴 정도로 잔 고민에 휩싸이게 된다. 잔 고민 상태가 계속되면 당신의 아름다운 얼굴은 언제나 근심과 걱정으로 가득 차게 된다. 그러므로 처음부터 부정적 감정이 들어오지 못하도록 배수진을 쳐야 한다.

두 번째 부정적 엔트로피 감정을 이기기 방법은 미리 예방책을 강구하는 것이다. 사실 인생은 그리 길지 않은데 불쾌하고 부정적인 감정에 휩싸여서 살아간다면 참으로 괴로운 일이다. 그러므로 사전에 이런 감정들이 못 들어오도록 예방책을 마련해야 한다.

일단 표정관리를 하자. 인생은 어차피 연극이라고 생각해보자. 정말 인생은 연극이다. 모든 사람은 연극을 하며 살아간다. 모든 상황에서 완벽하게 인간 본연의 야수적인 본능을 다 드러내 놓는 사람은 없다. 필자 역시 글쓰기 싫을 때도 있고, 강연장에 들어설 때 숨어버리고 싶은 경우도 있다. 하지만 이런 본능을 모두 드러내 놓고 살아가는 사람은 없다. 그러므로 모든 사람은 정도의 차이는 있어도 모두 연극을 하면서 살아간다. 만약 완전하게 본능대로 살아가는 사람이 있다면 그 사람이 갈 수 있는 곳은 감옥이거나. 정신병원밖에는 없을 것이다.

이왕 연극처럼 살아가는 삶이라면 정말 쿨하게 완벽하게 연극을 하자. 세상의 중심은 나라는 생각을 하고 인생을 살자. 정말 인생은 연극이고 그 연극의 주인공은 바로 당신이어야 한다. 나 자신이 잠들어 있으면 이 세상은 존재하지 않는다. 내가 인식하지 않으면 모든 우주는 움직이지 않는다. 이 황당한 이야기는 사실이다. 무조건 내가 인식해야 존재하게 된다는 점을 잊어서는 안 된다.

이제 연극을 해보자 늘 웃으면서 여유롭게 이미 모든 것을 다 가진 사람처럼 행동해보자. 어지간한 일로는 상처받지 않는 사람처럼 연극을 해보자. 걱정할 필요는 없다. 인생연극 주인공은 바로 당신이며 어차피 당신은 해피엔딩의 삶을 살도록 연출되어 있다고 생각하면 된다. 이런 여유로운 행동이 잘 안 된다면, 당신이 생각하는 이상적인 사람을 생각해보고 그 사람처럼 행동하도록 노력해보자. 필자의 경우 인디아나 존스의 존슨 박사의 행동을 늘 생각하고 연극하려고 노력한다.

다시 한번 말하지만, 당신의 삶은 연극이며 당신은 그 아름다운 연극의 주인공이다. 걱정하지 말고 웃고 즐겨야 한다. 당신을 괴롭히는 그 가벼운 고민거리는 당장 벗어버려야 한다. 모든 주인공들은 그런 말도 안 되는 고민으로 걱정하지 않는다는 점을 명심해야 한다.

인생은 분명 즐거워야 하며 행복해야 한다. 그러므로 사소한 부정적 엔트로피 감정찌꺼기를 제거하고 멋진 인생을 살아야 한다.

부정하고 싶은 간지러움을 참아야 한다

인간은 긍정할 때보다 부정할 때 순간적 쾌락을 강하게 느낀다. 무엇을 하건 순간순간 짜증이 나고 하기 싫어지는 것이 인간의 무질서한 기본 본성이다.

많은 인간 계발서는 열심히, 긍정하며, 꿈을 꾸면 성공에 도달할 수 있다고 말한다. 하지만 정말 힘든 것이 책을 읽고 실행에 옮기는 것이다. 오른손잡이는 오른손을 쓰는 것을 편안하다고 생각하고 왼손잡이는 왼손을 쓰는 것이 편리하다고 생각한다. 한 손을 잃는 불행한 사고를 당하지 않는 한 죽을 때까지 편한 쪽의 손을 더 많이 쓰다가 죽게 된다. 인간의 습관은 이토록 무섭게 자신 내면에 뿌리내리고 있다. 거부할 수도 없고, 싫어도 평생을 같이 가야 할 것이 자신의 부정적 습관이다.

그럼 한번 생각해보자. 처음 인간 계발서를 읽고 책을 손에서 놓으면 그다음부터 며칠 간은 자기 관리를 철저히 하게 된다. 하지만 며칠이 지나면 다시 일상의 무질서한 생활로 돌아오게 되는 것이 평범한 사람들의 일상이다. 정말 서점에 나가보면 수천 권의 인간계발서가 있다. 하지만 완벽하게 실행하도록 내 머릿속에 백신을 깔아주는 책은 아직 만나보질 못했다. 그래서 늘 필자는 나 자신을 관찰 대상으로 놓고 어떻게 하면 나를 가장 손쉽게 긍정적 상태 혹은 질서 잡힌 자아로 변신할 수 있을까를 끊임없이 고민한다.

내 마음속 깊이 쌓여 있는 부정하는 마음을 잡기 위해서는 간지러움을 참아야 한다. 이 간지럽다는 의미는 촉각적 의미를 담고 있다. 나의 겨드랑이를 다른 사람이 만지면 간지러워서 웃음을 참을 수가 없게 된다. 바로 이와 같은 원리다. 우리 몸과 마음도 부정적 습관이 뼛속 깊숙이 각인되어 있어서 아무리 좋은 습관을 습관화하려고 해도 부정적 행동과 생각을 하고 싶은 미친 듯한 간지러운 느낌 때문에 쉽게 긍정적 습관을 받아들이지 못하게 된다. 세상 일을 부정하고 싶은 간지러운 습관을 견디내지 못하면 다시 바보 같은 부정적이고 무질서한 사람이 되고 만다. 두려운 것은 자신의 부정적 습관을 표현하는 간지러움에 한번 타협하면 또다시 부정적 습관 속에서 살아가야 한다는 점이다.

필자가 늘 강조하는 이론 중에 「10초 뒤 책임행동이론」이 있다. 아무리 거창한 계획도 10초 뒤 자신의 행동에 책임을 지지 못하면 이룩되지 않는다. 무조건 10초 뒤 행동에 책임을 지는 습관을 들여야 한다. 10초 뒤 자신 행동에 책임을 지려고 하면 마음속 깊은 곳에서 부정적 행동과 생각을 하고 싶은 미친 듯한 간지러움이 느껴지기 시작할 것이다. 짜증 내고 싶은 마음, 포기하고 싶은 마음, 모든 것이 하찮게 여겨지는 마음이 대표적인 부정적 마음이다.

이 중에서도 가장 두려운 부정적 마음이 내가 하는 일과 가족, 친구에 대해 하찮게 여기는 마음이다. 몸과 마음이 무질서해지면 가족과 친구 그리고 지금 하는 일 등등이 모두 하찮게 느껴지기 시작한다. 내 주변을 하찮게 여기는 마음이 마음속 깊은 곳에서 미친 듯이 올라오고 있다면 이미 당신은 무질서한 상태에 빠져 있음을 자각해야 한다.

가슴속에 하찮은 마음이 가득 차게 되면 지금 하고 있는 일을 회피하고 싶어지고, 가족과 친구를 하찮게 여기게 된다. 이런 현상은 자신의 잘못이 아니라 엔트로피라는 무질서 바이러스가 당신의 신체와 정신을 교란시키고 있기 때문이다.

세상을 부정하고 싶은 간지러운 감정에 자꾸 따라가다 보면 당신은 미친 듯이 우울(짜증, 울분, 억울, 분노)을 표현하거나, 극단적 쾌락(성적 욕망, 게임, 쇼핑, TV, 술, 담배)의 감정을 표현하게 되는 롤러코스터 감정 상태를 경험하게 될 것이고 마음을 한 곳에 정착시키지 못하고 공허감과 부끄러움, 열등감 등이 자신도 모르게 느껴지게 될 것이다.

이것은 일종의 정신적 죽음 상태다. 이런 무질서한 상태를 벗어나려면 10초 뒤 행동에 책임을 지면서 몸과 마음속에서 현실을 부정하고 싶은 간지러움을 극복해야 한다.

성공하고 싶다면 현실을 부정하고 싶은 간지러움의 유혹에서 벗어나야 한다. 끊임없이 무질서한 에너지(entropy)는 우리 몸과 마음을 지치게 만들 것이다. 이것을 극복하려면 무질서 바이러스를 표현하려는 간지러움을 이겨내야 한다. 결국 부정하고 싶은 간지러움을 얼마나 잘 극복하느냐가 앞으로 일어날 모든 일의 성패를 좌우할 것이다.

부정적 언어사용이 운명을 망가지게 한다

우리는 아무 생각 없이 언어를 구사하는 경우가 많다. 실패하는 사람들은 말을 절제하지 않고 순간순간 기분을 부적절하게 표현한다. 물론 자신의 입으로 하고 싶은 말을 하면서 살아가는 것은 자신만의 권리다. 하지만 자신의 운명을 좌절시키는 부정어는 쓰지 말아야 한다.

모든 철학 인문서는 부정적 언어를 사용하지 말 것을 권고한다. 부정적 언어를 사용하면 결국 그 순간 머릿속은 극심한 무질서(entropy)에 노출되게 된다. 부정적 언어사용으로 인해 한번 무질서에 발을 들여놓으면 진퇴양난의 상황에 빠지게 된다. 부정적 언어는 항상 무기력, 심심함 그리고 짜증과 분노를 동반한다. 이와 같은 감정을 소홀히 생각해서는 안 된다. 부정적 언어사용으로 표현되는 잘못된 감정표현들은 곧 인간의 진취적 기상과 열정을 꺾어 버린다. 무기력, 심심함 그리고 소극적인 마인드를 가지고 살아가는 대부분의 사람들은 결국 부정적 언어를 자주 사용한다는 공통점이 있다.

작은 의지만 있어도 부정적 언어사용을 금할 수 있다. 대표적 부정적 언어는 "~때문에 안된다."이다. 부정적 언어를 쓰지 말자. 내 마음 속에 부정하려는 마음이 끊임없이 용솟음친다고 할지라도 그 쓰레기 같은 감정을 겉으로 꺼내면 안 된다. 꺼내는 순간 그 부정적 감정들은 현실이 되어버린다.

부정적 언어를 사용하지 말고 한 달을 견뎌보자. 매일 아침 이불 속에서 5분만 더 자고 싶다는 부정적 마음이 들 때도 절대 "피곤하다"는 부정적 언어를 입으로 내뱉지 말자. 피곤하다. 할 수 없다. 심심하다. 괴롭다. 하기 싫다. 죽겠다. 바쁘다. 등의 말은 원래 중세 노예들이 즐겨 쓰던 말이다. 이 말을 자주 반복하면 정말 노예처럼 무기력해진다. 이런 굴레 속에 있다면 참으로 답답한 현실에 노출되어 있는 것이다.

마음속에 날카로운 칼 하나를 준비해보자. 한 번도 사용한 적이 없는 서슬 퍼런 이성의 칼 한 자루! 당신이 그토록 갈망했던 창조적 삶을 위해 지금부터 다시 시작해보자. 이 세상에 적성은 없다. 오직 칼 같은 노력을 하고 또 하면 규칙을 알게 되고 그 규칙을 지속적으로 반복하면 적성이 되는 것이다.

늘 피로에 지쳐 살아가는 당신에게는 자극이 필요하다. 가슴을 뻥 뚫어줄 간절한 자극이 있어야 한다. 그것은 바로 「10초 뒤 행동이론」이다. 다른 것 다 필요 없다. 오직 10초 뒤 최선을 다하면 된다. 10초 뒤 이성적 노력을 다하고 있으면 가까운 시일 안에 반드시 성공한다. 좋은 대학을 나오지 못해도, 가난해도, 좋은 직장을 다니지 못해도 당신이 10초 뒤 이성적 노력을 한다면 무조건 성공할 수 있다.

거대한 저수지를 생각해보자. 당신이 허덕이며 노예처럼 생계유지를 하고 있다면 저수지의 거대한 지식 샘은 메말라 있을 것이다. 이 상태가 지속되면 결국 가난하고 바쁜 불쌍한 삶을 살아가야 한다. 지금 밥 먹고 사는 것은 중요한 요소가 아니다. 중요한 것은 거대한 내 지식의 저수지에 물을 채워야 한다는 것이다. 저수지에 물이 가득 차면 언제나 목마를 때 떠먹으면 된다.

결국 당신은 10초 뒤 이성적 행동을 통해 지적유희를 즐기면 된다. 각성한 지식인의 삶을 살고 싶다면 10초 뒤 행동을 이성적 지성인처럼 행동하면 된다. 읽고, 쓰고, 생각하고, 이성적 토론을 행하는 일련의 행위는 이성적 노력으로 이루어지는 훌륭한 행위들이다. 이와 같은 행위를 지속적으로 추진하고 있다면 그 노력은 숭고하고 아름다운 것이다. 먹고 자고 즐기는 일련의 행위는 동물도 할 수 있다. 이것에 너무 집착하면 나만 고생하는 느낌이 들게 되고 행위의 결과가 편리함과 동물적 욕구로 귀결되게 된다. (mega-entropy)

죽음의 고통보다 더 견디기 힘든 것은 무기력함이다. 이 무기력감은 영혼 없는 삶을 살게 한다. 추위와 배고픔에 시달리는 비참한 삶을 살아도 머릿속에 이성의 강직한 힘이 있다면 그 삶은 행복할 수 있다. 하지만 무기력하게 바보처럼 현실만을 부정하면서 살아가고 있다면 안락한 침대도 편안한 텔레비전도 나를 무기력하게 만드는 바이러스일 뿐이다.

정신을 차려야 한다.

행복을 추구하고 싶다면 내 가슴속에 한 번도 써보지 않은 날이 바로 선 이성의 칼 한 자루를 꺼내 들어야 한다. 그 칼로 오직 10초 뒤 무기력한 나와 대적하면서 끊임없이 읽고, 생각하고, 쓰기를 반복하면 아주 빠른 시일 안에 부화뇌동하지 않는 이성적 행복감과 만나게 된다.

'난 할 수 없다'라고 생각될 때 명심해야 할 두 가지

- **세상의 무질서 엔트로피는 당신이 가난하게 늙어가길 기대할 뿐이다.**

무질서! 인류가 탄생할 때 인류는 카오스(무질서) 상태였다. 그 카오스 상태를 정의 내릴 수 없지만 거대한 무질서 상태였다는 점은 확실하다. 인류가 탄생하면서 경험했던 무질서한 기억들은 지금도 우리 정신세계 속에서 계속되고 있다. 당신은 세상을 살아가면서 꼭 무질서를 경험하게 된다. 무질서는 당신이 방심하면 그 즉시 마음을 점령한다.

공부를 하건 일을 하건 좀 하다 보면 "난 잘할 수 없어"라는 나약한 생각이 들기 시작한다. 이것이 바로 당신을 넘어지게 할 무서운 무질서 엔트로피이다. 당신이 어떤 일을 열심히 하려고 하면 엄청난 무질서가 다가오게 된다. 쓰나미보다 더 무서운 무질서의 소용돌이는 당신의 몸과 마음을 경직되게 할 것이다. 무질서한 엔트로피는 안주, 편안함이라는 이름으로 다가온다. 무질서는 도저히 거부할 수 없는 정신적, 육체적 편안함을 당신에게 선물한다. 그리고 당신의 영혼을 빼앗아 가버린다. 무질서와 타협하는 순간 당신은 없다. 의지적이고 늠름한 자아는 상실된다. 그저 편안함에 굴복해 버린 절름발이만 남아있을 뿐이다.

무질서한 엔트로피와 타협해 버리면 살아있다는 의미조차 잊게 된다. 오직 편안함을 위해 살고 편리해지려고 일과 공부를 하게 될 뿐이다.

절대로 안 된다. 이렇게 우리 영혼을 팔고 살 수는 없다. 가슴 뜨거운 진짜 삶을 살아야 한다. 한순간을 살아도 내 의지대로 살아야 한다. 내 의지의 한계점을 한 번도 보지 않았으면서 무질서한 엔트로피에 먼저 굴복해서는 안 된다.

목숨을 바쳐 자신 의지대로 살아 본 적이 있는지 반문해 보자. 정신을 놓아서는 안 된다. 육체적 죽음만이 죽음은 아니다. 무질서에 나약하게 타협해 버리면 정신적 죽음을 당하게 된다. 무질서한 엔트로피 상태가 되면 물질의 노예가 되고 질서 잡힌 사람들을 비웃게 된다. 무질서한 엔트로피 상태에 빠지면 돈 많은 집을 부러워하게 되고, 명품 옷을 못 입는 내 신세를 한탄하게 되며 꿈도 없어지고 희망도 없어진다. 이때 할 수 있는 최상의 휴식은 누워서 머릿속으로 말도 안 되는 몽상만 하는 것이다.

내 인생 앞에 맹세하자. 절대 무질서와 타협하지 않겠다고 맹세하자. 그리고 날 선 정신으로 내 의지의 위대함을 보여주겠노라고 다짐하자.

당신이 무질서와 타협해버린 불쌍한 영혼의 소유자라면 반드시 그 무질서 해져 버린 영혼을 살려내야 한다. 무질서한 엔트로피 상태의 삶은 살아있지만 죽어 있는 삶이다. 동물적으로 편안함만을 추구하는 상태다. 무질서의 최종 결론은 허무감을 동반한 성욕, 식욕, 동물적 편안함일 뿐이다. 헤어 나오기 힘든 무질서한 엔트로피 상태에 빠져 있다면 본인 스스로 에게 날카로운 이성적 질문을 던져보자. "나는 이 세상에 왜 왔을까?" 정확히 본인 스스로 물어보자. 그리고 그 해답이 서글프다면 당신은 다시 한 번 무질서와 한판 승부를 벌여야 한다.

당신에게는 무질서한 엔트로피를 극복하고 최고의 나를 만날 수 있을 만큼 충분한 의지력이 있다. 이 의지력을 한 번도 안 써보고 생을 마감하기에는 너무 억울하지 않은가. 정신을 가다듬고 내 몸을 뒤덮고 있는 무질서와 한판 승부를 벌여보자. 나를 억압해왔던 소극적인 안주와 나태의 무질서를 기억하고 타협 없는 한판 승부를 벌려보자.

진짜 살아있는 삶은 나를 인식하는 삶이다. 나를 인식하려면 결국 편안함을 거부해야 한다. 편안함은 무질서한 엔트로피일 뿐이다. 노력 뒤에 맛보는 편안함은 꿀맛이지만 편안함 속에서 편안함만을 추구하는 삶은 죽어 있는 무질서한 삶이다.

● **지조 있는 삶은 아름답다.**

대나무를 보면 굳은 절개가 생각난다. 꿋꿋하게 서서 타협하지 않는 당당함을 가져 본 적이 있는가. 삶은 결국 나를 쓰러뜨리려는 무질서와 그것에 타협하지 않는 고귀한 정신세계 사이에서 벌어지는 한판 승부다.

나약하게 안주하지 말아야 한다. 해보지도 않고 먼저 포기해서는 안 된다. 담대함과 의연함으로 도전해야 한다. 하루 종일 한 가지 일에 몰두하면서 그 일에 장인정신을 느껴 본 적이 있다면 당신은 지조 있는 삶을 살고 있는 것이다. 하지만 매번 자신이 하는 일에 대해 불평불만하고 자신 적성이 아니라고 포기만 해왔다면 당신은 당신 스스로 삶을 버린 것이다.

삶은 단순하지 않다. 세상은 매우 불공평해 보이지만 노력이라는 거룩한 이름 앞에 세상은 굴복한다.

우리가 진정으로 존경해야 할 것은 부도 명예도 아니다. 오직 한 개인의 진실한 노력만이 존경받아야 한다. 지조를 가지고 몰입하고 연구해야 한다. 그 삶 속에서 진정한 자유를 만나게 된다는 점을 항상 잊어서는 안 된다.

생의 열정을 포기하지 말자

열정이 있는 삶은 아름답다. 열정적으로 삶을 살면 항상 최선을 다하게 되고 어려운 시련이 닥쳐도 즐겁게 극복할 수 있다. 열정이 있는 사람은 건강하다. 열정이라는 다이아몬드 속에는 호수와 같은 잔잔한 여유와 강철같은 의지가 함께 공존한다.

그런데 왜 사람들은 이렇게 멋지고 우아한 열정을 자기 삶으로 끌어들이지 못하는 것일까.

일반적으로 어떤 일이나 공부를 처음 시작할 때 사람들은 모두 열정적이다. 하지만 며칠이 지나면 그 열정을 모두 잃어버리게 된다. 열정은 정갈하고 깨끗한 옷을 입는다는 느낌으로 생을 살 때 느껴지는 활기차고 건강한 감정이다. 처음 어떤 일을 시작하면 신이 나고 무엇이든 다 할 것 같은 느낌이 들다가도 이내 포기하고 싶은 마음이 생기는 이유는 바로 시간이 갈수록 실패와 좌절이 축적되기 때문이다.

처음 새 차를 사면 애착이 많이 간다. 매일 차를 닦고 싶은 열정이 생기고 매일 차를 몰고 다니고 싶은 열정도 생긴다. 하지만 1년이 지나면 차에 많은 상처(실패, 좌절)가 남게 되고 그때부터 차에 대한 애착과 열정은 사라지게 된다. 결국, 우리가 열정을 가지고 하루하루 살아가지 못하는 이유는 실패와 포기와 같은 부정적 생각들이 삶 가운데에 깊게 뿌리 박혀있기 때문이다.

포기하고자 하는 마음은 실패로 이어진다. 실패의 횟수가 늘어나면 늘어날수록 처음에 마음먹었던 열정적 마음은 사라지게 된다. 그리고 매일 반복되는 일상 속에서 삶의 중심을 잃고 방황하면서 질질 끌려다니는 삶을 살아가게 된다.

지겨운 삶이 매일 반복된다고 생각하면 정말 재미없다. 오늘과 똑같은 내일을 산다면 그게 뭐가 재미있겠는가. 포기와 좌절로 얼룩진 삶을 살아가는 사람들은 매우 바쁘지만 가난한 삶을 살아가게 된다. 세상을 원망하고 부러움과 열등감 속에서 점점 먹고 살기 힘든 기분 나쁜 현실을 만나게 된다.

우리는 매일매일 새롭게 생을 살 수 있다.

마음을 바꾸면 된다. 오늘은 오늘의 태양이 뜨고 내일은 새로운 태양이 뜰 것이다. 우리는 살아있고 우리는 깨어 있다. 현실의 두려움에 끌려다니지 말자. 현실이 아무리 괴롭게 우리의 꿈과 열정을 빼앗아 가려고 해도 절대 꿈과 열정을 포기하지 말아야 한다. 남보다 더 많이 웃고, 남보다 더 많이 즐거워하자. 그리고 어린아이처럼 끊임없이 몸과 마음을 움직이면서 반복되는 단조로운 삶에 열정을 가져오자.

열정은 행복이다. 남을 돕고, 같이 기뻐하며, 끊임없이 배우려고 하는 자세는 열정적인 사람만이 누릴 수 있는 특권이다. 열정을 잃어버리고 하루하루 권태롭게 내 입에 밥 한 숟갈 안 들어올까 봐 벌벌 떨고 있다면 이제 새로운 나를 만나기 위해 위대한 열정의 비타민을 투약해 보자. 무엇이 당신의 가슴을 뛰게 하는가. 그것은 바로 이타심이다. 당신이 하고 있는 일이 권태롭고 짜증 난다면 이제 위대한 플러스 원(+1)의 생각을 더해 보자. 지금 하고 있는 일이 우리 사회와 사람들에게 따뜻함과 희망을 줄 수 있다고 생각해보자. 그리고 그저 돈벌이나 의무가 아닌 남들과 더불어 사는 희망찬 일이라고 생각해보자.

마음가짐이 중요하다. 어떤 거대한 성공이 이루어지기 전에 열정과 신념은 미리 그 성공을 맞이한다. 현실에서 성공하고 싶다면 열정을 불러와야 한다. 가슴 터질 것 같은 감동과 희열이 열정이다. 자신이 하고 있는 일과 공부에 흠뻑 젖어서 보람을 느끼며 넉넉한 미소를 지을 수 있는 것이 열정이다.

불평, 불만, 의심, 나만 고생한다는 느낌, 피곤하다는 느낌, 사소한 두려움과 분노가 느껴지고 있다면 당신은 새로운 열정을 불러와야 한다. 자신이 처한 현실에서 최선을 다해야 하는 이유는 돈도 아니고 성공도 아니다. 오직 열정이라는 거대한 긍정에너지(netropy)를 받아들이기 위함이다.

행복해지려면 열정을 가져와야 한다. 반복되는 일상 속에서 세상을 탓하지 말고 청바지를 입고 신나고 가볍게 끊임없이 도전해보자. 열정은 이미 내 가슴속에 있고 그것을 끌어내기만 하면 되는 것이다. 기쁜 마음과 순수한 도전의식으로 몸과 마음을 끊임없이 움직일 때 열정 에너지는 살아날 것이다.

성공할 수 없는 사람을 알아보는 방법

시정잡배라는 단어가 있다. 시정잡배의 사전적 의미 속에는 빈둥빈둥 놀면서 방탕한 생활을 하며 시중에 떠돌아다니는 점잖지 못한 무리라는 의미가 내포되어 있다.

시정잡배의 삶은 한마디로 무질서다. 무질서의 삶은 향기 나는 삶이 아니다. 하지만 시정잡배 무리들은 항상 현실의 부족함을 채우기 위해 더욱더 간사한 시정잡배 짓을 한다.

자본주의 사회에서 정신을 제대로 차리지 않으면 자신도 모르는 사이에 시정잡배가 된다.

시정잡배 삶을 살아가는 사람들은 어쩔 수 없이 현실 앞에 굴복당하고 항상 현실이라는 감옥 속에서 생활하며 항상 공허하고 부족함 속에서 일생을 마치게 된다.

성공하지 못하는 사람들은 일반적으로 몇 가지 공통된 부정적 특성이 있다. 아래를 보고 자신의 현재 상태를 (O/X)체크표시 해보자.

성공할 수 없는 생활습관 체크 표

1. 돈에 민감하고 머리 쓰는 일을 싫어하며 단순한 일을 먹고 살기 위해 억지로 실행한다. (O , X)
2. 항상 자신의 위치가 초라하게 느껴지며 창조적 노력을 하지 않지만 편안한 삶을 살기를 원한다. (O , X)
3. 스마트폰이나 메신저를 활용해 끊임없이 의미 없는 대화를 주고받는다. (O , X)
4. 오직 편안한 것, 아무것도 하지 않으면서 돈 많이 버는 것이 생의 궁극적 목표다. (O , X)
5. 밥벌이가 아닌 진정한 자기 발전을 위해 제대로 된 집중을 하는 시간이 하루 1시간 미만이다. (O , X)
6. 책 읽기, 글쓰기, 이성적 말하기를 회피한다. (O , X)
7. 가지고 싶은 것을 항상 설정해두고 항상 현재는 결핍상태라고 생각하고 답답함을 느낀다. 그리고 당장 내 손에 떨어지는 돈(이익)에만 집중한다. (O , X)
8. 일을 대충대충 처리하거나 외면하며, 의심이 많고 쉽게 괴로워하고 쉽게 화를 낸다. 그러므로 항상 생활은 지치고 피로할 뿐이다. (감정제어가 불가능함) (O , X)
9. 집에서 행동과 밖에서 행동이 확연하게 다르다. 혹은 만만한 자에게는 강하고 자신보다 높다고 생각하는 자에게는 약하게 군다. (O , X)
10. 먹는 것, 편히 쉬는 것, 성관계하는 것, 돈 쓰는 것(동물적 1단계 욕구 – 매슬로우)에 관심이 집중되며, 텔레비전 시청시간이나 비실용적인 인터넷 사용시간이 유난히 높다. (O , X)
11. 항상 다른 사람들의 시선을 의식하고, 거짓말을 많이 하며, 현재하는 일에 창조적으로 일하지 못하고 방황한다. (O , X)
12. 항상 자신은 최선을 다한다고 생각하지만 아무런 성과가 없다. 그래서 항상 억울하고 남과 비교해서 나만 고생한다는 불쾌한 느낌을 받는다. (O , X)

(O가 8~12개) : 꼭 개선이 필요한 단계
항상 현실이라는 감옥에 갇혀서 한 치 앞도 볼 수 없는 상태다. 미래 발전을 위해 좀 더 노력하고 우선 자신의 부정적 습관을 객관적 입장에서 바라보고 생활을 고쳐나가야 한다. 책 읽기, 화내지 않기, 부정어금지, 이성적 말하기, 충동적 행동금지 등을 지속적으로 훈련해야 한다.

(O가 4~7개) : 성공할 수 없는 부정적 습관을 항상 곁에 두고 살아가는 상태
언제든지 나쁜 상태로 빠져들 수 있는 혼란한 상태이다. 이 상태에서는 집중력이 현저히 저하되며 자신이 하는 일에 만족감이 많이 떨어지게 된다. 삶의 목표를 내 입에 밥 한 숟갈 더 넣기가 아니라. 이타적 행위로 전환하는 역사적 변화가 필요하다.

성공하지 못하는 습관을 가진 사람들은 지위고하를 막론하고 어느 집단에나 존재한다. 만약 자신이 위 테스트에서 나쁜 판정을 받았다면 고치는 데 주력해야 한다. 하지만 이 글을 읽고 있다는 사실이 이미 당신은 성공 못 하는 사람이 아님을 암시한다.

진정으로 무질서한 사람들은 이 글을 읽을 생각도 하지 않을 것이다. 그러므로 위 테스트는 항상 염두에 두었다가 사업을 할 때나, 직원을 뽑을 때 혹은 상사나 주변 친구에게 적용해보면 좋을 것 같다. 그렇다면 성공으로 가는 좋은 습관은 무엇이 있을까 우선 개념을 좀 바꾸자 성공으로 가기 위해서는 몸과 마음을 전부를 바꿔야 한다.

매일 2호선을 타는 사람은 죽었다 깨어나도 사당에서 신도림을 거쳐 다시 사당으로 돌아오는 인생의 부정적 순환을 깰 수 없다. 잘못된 부정적 습관에서 벗어나서 내 인생을 개혁하려면 우선 지금 타고 있는 2호선을 벗어나 7호선이나 8호선을 갈아타는 역사적 변화가 필요하다.

부정적 습관이 몸에 길들여진 상태에서는 죽도록 노력을 해도 아무런 성과가 없고 나만 고생한다는 억울한 마음만 들게 된다. 마음을 진정시키고 새로운 나를 만나기 위해 몸과 마음을 정리해보자.
우선 현재 느끼는 궁극적 행복감이 무엇인지부터 체크해보자. 현재 머릿속으로 희망하는 이상적 삶이 뷔페식당에서 3시간 동안 마음껏 맛있는 음식을 먹고 편안히 쉴 수 있는 느물느물한 포만감과 같은 이기적이고 지극히 제한적인 행복감이라면 우선 당신이 목표로 하는 행복감부터 수정해야 한다.

마음을 바꿔야 한다. 마음을 바꾸려면 삶의 전체적 지향점을 수정해야 한다. "내 입에 밥 한 숟갈 더 넣기의 법칙"에 의해 삶이 설정되어 있다면 영원히 2호선을 벗어날 수 없다.

홍익인간(弘益人間)

"널리 인간세상을 이롭게 한다."라는 이 단어는 단군신화의 건국이념이다. 홍익인간이라는 단어 속에는 삶 자체를 바꾸는 비밀의 코드가 담겨져 있다. 지금 현재 내가 하는 일이 나도 잘 먹고 잘 살면서 세상을 어떻게 이롭게 할지를 고민해 보자.

이 단순한 발상의 전환이 우리 삶을 새로운 차원으로 인도하게 된다. 지금 하는 일이 남에게 해가 되는 일이라면 그만두어야 한다. 하지만, 현재 하는 일이 널리 세상을 이롭게 할 만한 일임에도 불구하고 오직 이기적인 나만 바라보고 생활을 했었다면 그 마음을 전환해야 한다. 직접 나가서 남을 위해 봉사를 하라는 이야기가 아니다. 가식적인 기부나 자원봉사는 삶을 바꿔주지 않는다. 마음을 바꿔야 한다. 항상 지금 하는 일이 널리 인간을 이롭게 하는 일인지를 점검해보자.

지금 내 행동이 나와 타인에게 긍정적으로 작용하고 있다는 느낌이 들 때 성공은 따라온다. 이 느낌을 이해할 수 있다면 사실 자본주의를 리드하는 상위 20% 안에 진입했다는 증거다.

엔트로피는 정신적 자살행위

부정적 감정을 몸에 습관처럼 달고 사는 사람들은 대부분 매 순간 정신적 자살을 경험한다. 이 정신적 자살이란 말은 필자가 만들어 낸 말이다. 지금 하고 있는 일에 대해 무기력하게 포기하고 싶은 마음을 정신적 자살이라고 명명했다. 정신적 자살은 일종의 패배를 전제로 한 포기(give-up)를 의미한다. 어려운 상황이 오면 누구나 정신적 자살(포기)을 하고 싶은 충동을 느끼게 되지만 성공하는 사람들은 이 상황을 긍정적으로 풀어나가려고 노력한다.

현재 공허하고 답답한 느낌이 지속적으로 들거나 지금 하고 있는 일이 귀찮게 느껴지고 있다면 정신적 자살을 경험하고 있는 것이다. 아무것도 할 수 없는 무기력한 상태에서 정신적 자살은 나타난다. 부정적 감정을 매 순간 느끼는 사람은 끊임없이 따라오는 정신적 자살을 피할 수 없다.

정신적 자살을 경험하게 되면 충동적인 행동을 하게 된다. 갑자기 섹스를 하고 싶은 생각이 들기도 하고, 혹은 갑자기 화가 나거나, 슬퍼지거나 불안해지게 된다. 이와 같은 현상이 나타나는 이유는 자신이 현재 하는 일에 아무런 감동이나 의미를 부여하지 못하기 때문이다. 무기력한 상태와 아무것도 할 수 없는 상황이 지속되면 될수록 인간은 정신적 자살을 더 많이 경험하게 된다. 겉으로 보기에는 신체 건강한 청년이라도 정신적 자살을 오랜 시간 경험했다면 몸과 마음은 지칠 대로 지쳐 있는 상태가 된다.

정신적 자살현상이 오랫동안 지속되면 몇 가지 증상이 나타난다. 일단 주변 사람들에게 짜증과 분노를 표출하게 된다. 현재 하는 일에 최선을 다하지 않으면 결국 삶은 무질서해진다. 이때 경험하게 되는 무질서는 길거리에서 쓰레기통을 뒤져 썩은 포도를 꺼내먹는 노숙자보다 더 답답한 정신적 자살이라는 고통을 느끼게 된다.

정신적 자살상태가 지속되면 미래에 대한 공포와 세상인심의 각박함을 느끼면서 더욱 고립되어 간다. 지금 하고 있는 일은 점점 노동처럼 느껴지게 되고 미래에 일어날 밥벌이에 대한 두려움은 더욱 커져만 간다. 또한 세상은 살기 어려운 것으로 생각하며 세상에 믿을 사람은 아무도 없다고 판단하고 소통을 단절시켜 버린다.

정신적 자살이 연속되면 될수록 내가 만들어놓은 가상의 자아-이기적이고 작은 나(Small Self)가 나를 지배하게 된다. 이때부터 정신적 자살은 더 요동치게 된다. 그래서 긴장과 걱정 혹은 충동과 욕망, 환상을 교차시키면서 살아가게 된다.

정신적 자살이 고착화된 사람의 몸과 마음은 짐승과 같다. 그래서 늘 혼란스럽고 짜증과 분노를 동반해서 살게 된다. 작은 외부적 충격에도 힘들어하며 작은 보상이라도 오면 순간적으로 충동적 행복감을 느끼게 된다.

정신적 자살을 경험하는 모든 사람들은 그것이 암보다 더 심각한 병인지 모르고 살아간다. 건강한 신념 없이 자신이 만들어 놓은 이기적 자아에 질질 끌려다니며 자신의 편안함만을 추구하는 삶은 살아있지만 죽어 있는 상태다.

이성의 칼 한 자루를 꺼내자. 그리고 신념을 바로 세우자. 정신적으로 너무 힘들어서 포기하고 싶은 순간이 찾아오면 "포기하면 정신적 자살이라는 블랙홀로 빠진다."라고 외쳐라. 절대로 그 나약한 정신적 자살과 손을 잡아서는 안 된다. 정신적 자살은 시궁창에 빠진 더러운 김치를 먹는 것보다 더 견디기 힘든 고통이다. 다른 사람은 아무도 몰라주는 현실에 대한 패배, 그로 인한 포기가 가져오는 정신적 자살의 고통을 극복하자.

정신적 자살을 방지하기 위해 내 모든 것을 걸어보자. 절대로 포기할 수 없는 한 번뿐인 내 인생을 부정적 감정으로부터 살려내자. 정신적 자살을 벗어나기 위해 가장 좋은 방법은 포기하려고 하는 작은 나(Small Self)를 인식하는 것이다. 우리 마음속에는 두 개의 자아가 존재한다. 하나는 진정으로 살아있는 정의롭고 의연한 진짜 자아(Real self) 이며 다른 하나는 정신적 자살을 유발시켜 항상 자신의 틀 속에서 벗어나지 못하게 하는 '작은 나'이다.

나를 망가지게 하는 작은 나를 인식해보자. 자기노력에 의해 두 자아를 충분히 분리시켜서 볼 수 있다. 작은 나가 활개를 치고 있다면 우선 그놈을 객관화해서 봐야 한다. 작은 나가 나를 지배하고 있다면 심각한 불행이다. 일단 벗어나기 위해 그놈과 한판 승부를 벌여야 한다. 작은 나가 나를 지배하고 있다면 삶은 즉흥적이며 부러움과 열등감이 연속되는 환상일 뿐이다. 살아있는 것이 아니라 뇌사상태일 뿐이다.

'작은 나'를 잡아야 한다. 매일 포기하고 싶고, 아무것도 하지 않고 편안히 지내고 싶은 작은 나를 인식하지 않으면 삶은 지루한 일상일 뿐이다. 정신적 자살에서 벗어나기 위한 두 번째 방법은 지금 하고 있는 일에 긍정적 의미를 부여하는 것이다. 긍정적 의미란 이왕 하는 일이라면 그 일에 아름다운 이유를 달아보자는 의미다.

필자는 강연을 하고 책을 써서 밥을 먹고 사는 필부다. 필자도 매일 '작은 나'에 시달린다. 하지만 20여 년을 그놈과 싸워왔기 때문에 이제 작은 나를 이해하고 다독거려 줄 수 있는 상태에 진입했다. 필자 역시 강연장에 들어가기 직전에 죽기보다 강연을 하기 싫을 때가 있다. 그럴 때면 필자는 작은 나를 인식하고 또 네가 왔구나 하면서 그놈을 다독거린다. 그리고 내가 지금 하는 행위가 남에게 도움을 줄 수 있고 이 일은 내가 이 사회를 위해 꼭 해야 한다는 간절한 의미를 부여하면 작은 나를 극복할 수 있게 된다.

긍정적 감정과 부정적 감정은 근육과 비슷하다. 매일 어느 쪽으로 연습하느냐에 따라 근육은 자라나게 된다. 이왕이면 긍정을 선택하는 쪽이 훨씬 유리하다. 하지만 긍정은 꼭 나를 인식하고 내가 능동적으로 선택해야 한다는 단점이 있다.

부정적 감정은 의식하지 않으면 자연스럽게 몸과 마음을 점령해 버린다. 한번 점령당하면 좀처럼 벗어나기 힘든 작은 나가 내 몸과 마음을 지배하게 된다. 작은 나와 타협하는 순간 유령과 같은 감동 없는 삶을 살게 된다. 작은 나가 꿈꾸는 삶은 아무에게도 방해받지 않고 과자 먹으면서 텔레비전 보다가 잠드는 것밖에는 없다.

끝을 생각하고 행동하는 네트로피형 인간

● 나 스스로 죽는 날을 결정하자.

사람은 정해진 수명이 다하면 죽는다. 죽음은 누구도 거역할 수 없는 진리다. 하지만, 우리는 때때로 죽음을 인식하지 못하고 살아간다. 죽음을 자각하지 못하면 현재가 언제까지나 계속되리라는 안락감 속에서 삶을 소비하게 된다. 가만히 생각해보면 우리 삶은 참 우습고 허무하다. 죽는다는 것을 전제해 두면 화낼 일도 없고 고민할 일도 줄어든다. 죽는 날을 정해보자. 어차피 죽는 것이 진리라면 그날을 정해보자는 것이다. 90세까지 살고 죽는다고 생각해보자. 그 죽음의 날을 정해놓고 그때까지 며칠이 남았는지 계산해보자. 그리고 그날까지 내가 꼭 이루어야 할 간절한 소망 10가지를 적어보자. 죽음의 날짜를 정해놓으면 그 순간부터 삶의 의욕은 살아나기 시작한다.

무기력하고 게으르게 살기에는 우리 삶이 너무 아깝다. 죽는 날까지 우리는 최선을 다해야 한다. 그것이 아름다운 네트로피적 삶을 살아가는 우리의 자세다. 사실 우리 모두는 죽는다. 하지만, 그 죽는다는 사실을 망각하고 외부적 욕망에 우리 삶을 빼앗겨 버리는 경우가 많다. 죽음을 생각하면 우선 나를 생각하게 되며 외부적 욕망을 위해 발버둥치는 것이 아니라, 나 자신이 원하는 것을 하게 된다. 죽음은 우리와 아주 가까이 있다. 죽음이 나와 거리가 먼 것이라 생각하지 말아야 한다. 시간은 매우 빨리 지나가고 죽음은 곧 다가올 친구다.

노트를 꺼내보자. 그리고 맨 위 줄에 죽는 날을 적어보자. 이왕이면 정확하게 날짜까지 적어보자. 그리고 그 밑에 그날까지 꼭 해야 할 일 10가지를 적어보자. 이것이 바로 원대한 인생계획이다. 영원히 살지 못하기 때문에 더없이 즐거운 것이 인생이다. 끝이 정해진다는 것은 간절함이 담긴다는 의미다. 목마른 사람처럼 끝이 있는 생을 즐겨야 한다. 간절함이 있어야 사랑도 아름다워지고 일의 즐거움도 감동으로 다가오게 된다.

● **이제 다시 10년씩 나누어 끝을 정해보자.**

죽음을 생각하고 원대한 인생목표가 생겼다면 이제 그 위대한 생의 목표를 구체화하기 위해 10년 단위로 분류하여 세분화시켜보자. 아주 쉽게 앞으로 10년만 산다고 생각해보자. 그리고 그 나머지 삶은 덤으로 사는 삶이라고 생각해보자.

무슨 일을 해도 10년이면 전문가가 된다. 10년이란 정말 어떤 일을 하기에 충분한 시간이다.

다시 노트와 연필을 준비해서 맨 위 줄에 오늘부터 정확히 10년 뒤 날짜를 적어보자. 그 날짜가 정해지면 앞으로 10년 동안 해야 할 일을

10가지 적어보자. 10년만 산다고 가정하면 단순히 좋은 대학에 가기 위해 공부하고 밥 먹고 살기 위해 직장 다니는 일에 대해 근본적으로 회의를 품게 된다. 10년만 산다면 일단 자신을 돌아보게 되고, 무엇인가 의미 있는 삶을 살고 싶다는 욕구를 느끼게 된다. 이 즐거운 상상력이 곧 삶에 활력소로 작용하게 된다.

죽는 날 정하기와 10년 단위 계획 정하기는 원대한 인생목표를 세우기에 유용한 자료로 활용될 수 있다. 원대한 인생목표가 서야 하루하루가 의미 있게 된다. 이 원대한 계획은 삶의 기초를 세우는 과정이다. 이것이 완성되지 않으면 매일매일 사소한 문제 때문에 괴로워하며 삶의 의미를 잃어버리게 된다. 자동차 정기 점검받는 것처럼 한 달에 한 번 30분을 투자해서 꼭 "죽는 날 정하기 원칙"과 "10년 살기 원칙"을 점검하고 생각해보자.

엔트로피로 인한 고민을 벗어나 건강하게 사는 두 가지 방법

● 작은 일에 신경을 쓰면 큰 것을 놓친다.
　- 소탐대실 小貪大失의 원리

당신이 현재 하고 있는 고민을 자세히 들여다보자. 그 고민들이 과연 꼭 해야 할 고민인지 아니면 고민이 고민을 자꾸 만들어 내고 있는지 판단해보자. 인간은 필연적으로 고민을 하면서 살아가게 된다. 고민 없는 인간은 없다. 건강한 고민은 인간을 성숙시키고 미래를 열어가게 하는 원동력이 된다. 건강한 고민을 하지 않으면 머릿속은 이내 무질서해지고 말도 안 되는 고민들이 꼬리에 꼬리를 물고 바이러스처럼 자라나게 된다.

예를 들어 보자. 어제 모처럼 동창들과 즐거운 모임을 가지며 즐겁게 담소를 나누고 헤어졌다고 가정해보자. 하지만 그 친구 중 한 명에게 본인이 생각하기에 말실수를 했다고 가정해보자. 그 친구는 아무렇지도 않게 생각하지만 나 자신은 그 말 한마디에 신경이 쓰이고 있다고 가정해보자.

이 고민은 분명 쓸데없는 고민이다. 하지만 머릿속에 간절하고 건강한 고민이 없다면 이 말도 안 되는 고민은 점점 거대하게 자라나기 시작한다. 마치 바이러스처럼 머릿속을 파고들면서 빠른 속도로 고민의 양을 증가시켜나가게 된다.
"그 친구가 나를 미워하고 있을 거야"
"그 친구는 지금 다른 친구들에게 내 욕을 하고 있을 거야"
등등 머릿속은 매우 복잡해지고 쓸데없는 고민들은 당신 뇌 전체를 감싸고 돌 것이다. 이 상황을 빠져나오려면 자신을 인식하는 길이 최선이다. 하지만, 자각하지 못하면 그 고민으로 일주일 동안 혹은 다른 사소한 고민이 당신 머릿속을 점령할 때까지 사소한 엔트로피적 고민은 계속 확대 생산되게 된다.

이제 생각을 정리하자. 무엇보다 강렬하게 고민을 정리하자. 인간은 고민할 때 그 고민으로 온갖 신경이 몰입된다. 고민이 시작되면 이미 내 몸과 육체는 고민의 노예가 되어 버렸기 때문에 아무것도 할 수 없게 된다. 어차피 모든 인간은 고민을 하며 살아간다. 다만 그 고민이 작고 사소한 것이냐, 중요하고 해결 가능한 것이냐의 차이점만 있을 뿐이다. 하나마나한 사소한 엔트로피적 고민만을 하고 살아가기에는 인생은 너무나 짧다. 고민의 폭을 확대하고 30년 뒤에도 가치 있는 네트로피적인 긍정적이고 포괄적인 것으로 고민의 주제를 정해 보자.

항상 정돈된 느낌으로 살아가는 사람들을 주변에서 가끔 본다. 그들은 한결같이 고민의 크기가 매우 크고 30년 뒤에도 가치 있는 고민을 한다. 분주하고 우왕좌왕하는 사람일수록 잔고민이 많다. 잔고민이 증가하면 연속된 고민 퍼레이드 속에서 살아가게 된다. 놀이공원 퍼레이드를 보면 지나가는 열차나 마차마다 각기 다른 컨셉으로 행진한다. 머릿속이 엔트로피의 상태로 무질서하다면 나타나는 고민 역시 다양하게, 마치 퍼레이드처럼 지나가게 된다. 때로는 짧은 다리가 고민되기도 하고, 친구가 미워서 고민하기도 하고, 가진 돈이 없어서 고민하기도 한다. 물론 해결책은 없고 고민만 할 뿐이다.

소탐대실(小貪大失)

작은 고민이 퍼레이드처럼 당신 머릿속을 떠나가지 않으면 그 고민의 사슬을 반드시 끊어야 한다. 작은 고민의 사슬을 끊어버리지 않으면 단연코 성공은 없다.

● **엔트로피적 고민에서 벗어나고 싶다면 고민 속에 빠진 나를 보라.**
작은 고민 속에서 허우적대고 있다면 우선 고민하는 나를 봐야 한다. 인간 마음 속에는 감정적 자아와 그것을 컨트롤 할 수 있는 이성적 자아가 동시에 존재한다. 이성적 자아는 차갑지만 정확하고 논리적인 자아다. 작은 고민을 극복하려면 이성적 자아를 키워나가야 한다. 이성적 자아가 거대해지면 작은 고민의 사슬은 쉽게 던져 버릴 수 있다. 이성적 자아를 극대화하기 위해 가장 좋은 방법은 공부하는 것이다.

인간은 평생 자신을 스스로 발전시키는 공부를 해야 한다. 공부를 학생 때만 하는 것으로 착각하면 오산이다. 이성적 자아가 무너지면 잔고민이 거대해지고 부러움과 열등감 속에서 살아가야 한다.

학생이 아니더라도 공부를 게을리해서는 안 된다. 공부는 평생을 같이 가야 할 친구다. 이성적 마음공부를 위해 언제나 책을 읽어야 한다. 가벼운 베스트셀러가 아니라 마음공부를 위해 동서양 고전을 탐독해야 한다. 이성적 자아가 극대화된 사람은 작은 엔트로피적 고민에 연연하지 않는다.

조선의 왕족들이 자녀를 가르칠 때 처음으로 보게 했던 책들은 모두 마음 질서를 잡는 책들이었다. 천자문, 소학, 명심보감 등등의 책들에는 네트로피적 마음질서를 잡고 고민다운 고민을 하도록 만들어 주는 힘이 담겨 있다. 이성적 자아가 극대화되면 감정적 자아는 힘을 쓰지 못한다.

감정적 자아는 언제나 엔트로피적 잔 고민을 제공한다. 이성적 자아의 굳건한 힘이 없다면 언제나 감정적 자아는 미친 듯이 고민 바이러스를 머릿속에 뿌리고 다닌다. 이를 해소하기 위해 하루 한 줄이라도 고전의 아름다운 글들을 읽고 이성적 자아를 만들어 나가야 한다. 왜 우리 선조들은 고전들을 매일 읽고 암기했을까를 생각해보자. 그 글들 속에는 우주적 질서가 있다. 그것을 읽으려 하지 않으면 정말 끝없는 고민의 퍼레이드 속에서 죽어가게 된다는 점을 명심해야 한다.

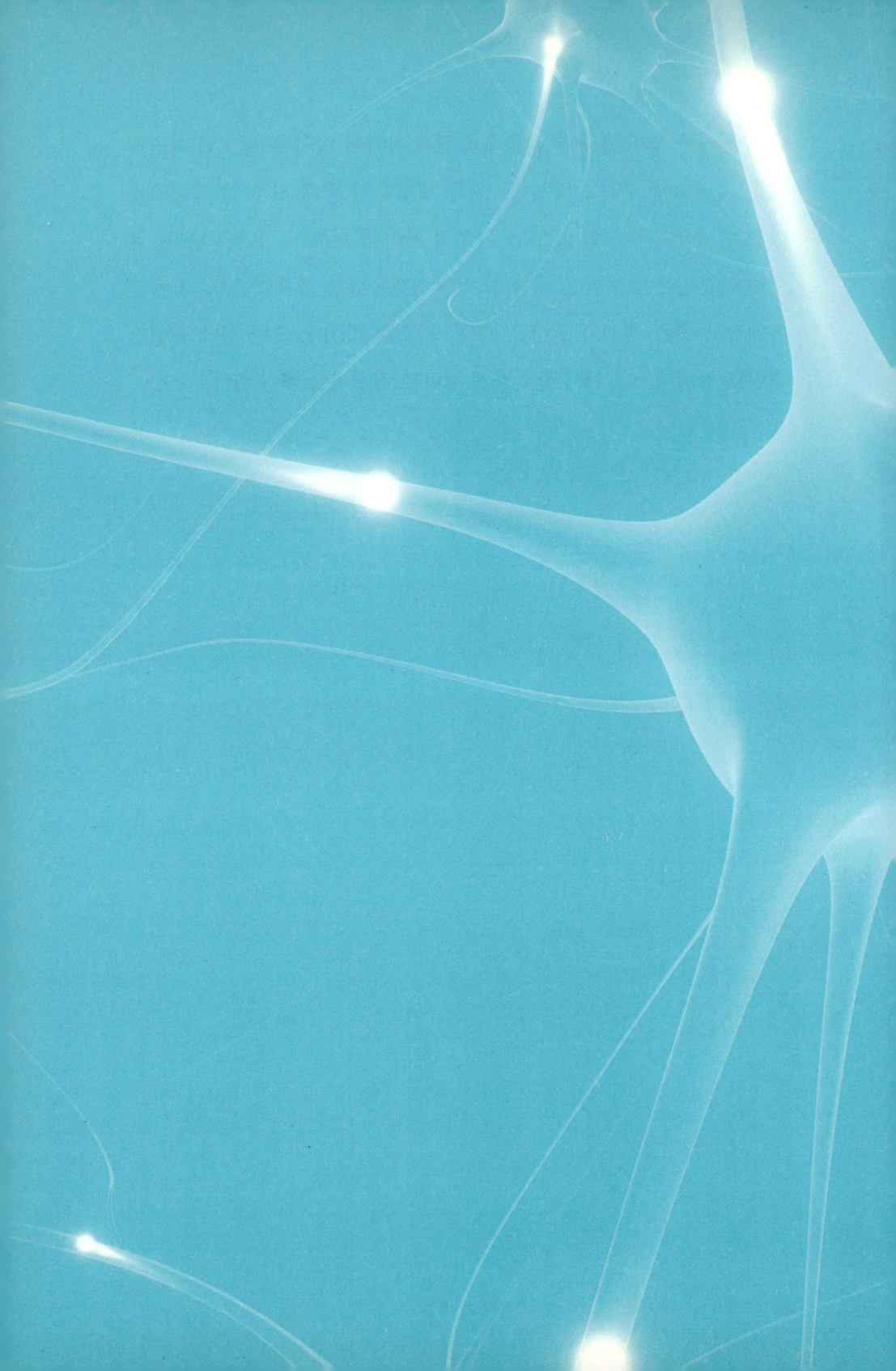

제 4 장

내 안의 무질서 죽이기
- 그래도 계속 가라

엔트로피에 빠진 나를 구하라

● **인간 행복은 무질서한 엔트로피 상태에서 절대 실현되지 않는다.**
가볍게 인생을 사는 자들은 인생의 목표를 무질서하게 잡는다. 많은 돈을 벌고 그 돈을 마음껏 쓰는 상태 혹은 남에게 군림하는 상태를 인생 최고의 목표로 삼는다. 무질서는 인간을 고통스럽게 한다. 무질서한 엔트로피 상태에 주로 나타나는 10가지 증상이 있다.

무질서한 엔트로피 상태에 주로 나타나는 10가지 증상
1. 하루에도 몇 번씩 심심하고, 기분이 나빠지거나(짜증, 분노, 의심, 걱정) 급격히 기분(단순 쾌락)이 좋아지는 상태가 반복된다.
2. 자신의 주변 사람들을 인정하지 않는다. 심지어 배우자, 부모까지도 인정하지 않고 싫어진다.
3. 사소한 엔트로피적 일에 걱정하며 상처를 받게 되며 세상은 살기 힘든 곳이라고 말한다. (늘 바쁘게 살지만, 남는 것이 없다.)
4. 과거 실패한 경력(가난, 학력, 능력, 외모 등)을 늘 원망하며 미래를 매일같이 걱정한다.
5. 책은 여유 있는 자들이 읽는 것이라 생각하고, 절대 책을 읽지 않는다. 막상 읽으려고 해도 책 내용이 이해되지 않는다.
6. 자신 신체에 콤플렉스가 있다고 생각하고 늘 그것을 심각하게 고민하고 확대한다.
7. 충동적 행동(성적 행동, 폭력적 행동, 충동적 구매)을 많이 하고 그 충동적 행동을 곧 후회하지만, 시간이 지나면 다시 실행에 옮긴다.
8. 감정상태(슬픔, 쾌락, 짜증, 분노, 심심함, 의심, 걱정 등)가 많아지며 그 상태에서 살아간다.
9. 거짓말을 많이 하게 되며 늘 불안감과 초조감을 동반하며 살아가게 된다.
10. 무엇이 문제인지는 모르지만, 항상 몸이 무겁고 쉽게 지친다.

무질서한 엔트로피 상태에서 살아간다면 인간은 올바른 삶을 살아 갈 수가 없다. 무질서한 엔트로피 상태란 심심함과 감정상태가 번갈아 반복되면서 살아가는 현상이다.

부화뇌동(附和雷同)!

무질서한 인간은 갈대와 같이 자신을 인식하지 못하고 그저 감정에 착상되어서 살아간다. 허접한 인간들은 감정(환상, 쾌락)에 착상되어서 살아가는 순간이 인생의 성공이라고 착각한다. 엄밀하게 이야기하면 감정 상태나 심심한 상태는 자신이 살아가는 시간들이 아니라 무질서라는 엔트로피 바이러스가 살아가는 것이다. 정말 슬픈 것은 학교에서는 무질서를 가르쳐 주지 않는다는 사실이다. 조금만 무질서 상태가 찾아와도 일의 집중도는 엄청나게 떨어지게 되고, 생의 의욕 역시 끝없이 추락하는 것이 인간이다. 감옥에 가는 것보다 더 처절하게 무질서는 당신을 평생 괴롭게 할 것이다. 이것을 인식하지 않으면 당신은 정신적 사형선고를 받는 것과 다름없는 삶을 살아야 한다.

가장 중요한 것은 당신이 무질서하다는 것을 인정하는 것이다. 그 지점에 도달할 때부터 진짜 질서를 잡는 연습이 시작된다. 당신이 무질서한 엔트로피 상태에 있다는 것을 인정했다면, 우선 당신이 무질서한 상태에 있을 때 '아! 이것이 무질서구나!' 라는 것을 자각하게 된다.

예를 들어 노래방에 갔다고 생각해보자. 신나게 노래 부르면서 열창을 하고 나오면 허탈감을 느낄 것이다. 그 기분이 바로 무질서를 경험했을 때 나타나는 증세다. 텔레비전을 연속해서 4시간을 봤다면 당신은 무질서를 경험한 것이다. 무질서한 엔트로피 상태를 경험했다면 그 상태를 무질서 상태였다고 인식해야 한다.

당신이 작은 고민 때문에 걱정만하고 있다면, 이제 그 상태가 무질서한 엔트로피임을 인식해야 한다. 무질서 상태를 인식하기만 하면 인간은 놀라운 자기혁신을 가져 올 수 있다. 무질서한 자신을 인식하고 감정 상태에 빠지지 않도록 노력해야 한다. 이것은 평생을 두고 실천

해야 한다. 그래야 진정한 의미의 성공을 만날 수 있다.

● **무질서한 엔트로피의 극복 원천은 집중이다.**

무질서한 엔트로피를 인식했다면 이제 자신에게 집중하자. 집중만 할 수 있다면 당신은 극단적 슬픔 속에서도 진정한 의미의 행복감을 느낄 수 있다. 하루 30분 집중하는 연습을 해보자. 책상에 앉아서 나를 찾는 연습을 해보자. 진정한 행복으로 들어가기 위해 원초적 집중을 연습해보자. 집중이란 당신이 쓸 수 있는 모든 에너지를 한곳에 쏟아붓는 행위이다. 마치 포르셰 스포츠카가 최고의 속도로 달리는 것처럼 당신의 모든 에너지를 한곳에 집중해야 한다.

하루 30분 동안 당신은 최고의 나를 만난다는 느낌으로 집중해야 한다. 추사 김정희가 마지막 붓을 돌리듯이 혹은 충무공 이순신이 칼끝으로 적장의 목을 날리듯이 내 모든 에너지를 한곳에 집중해야 한다.

집중은 일종의 생기 있는 에너지 충전이다. 당신의 일상 중에서 집중할 수 있는 무언가를 찾아보자. 그리고 그 집중을 통해 진정한 의미의 자아를 찾아보자. 단순한 방법이지만 이 방법을 실행에 옮기면 인간의 삶은 풍요로워진다.

● **하루 1시간 한 달간 난해한 책 읽기를 시도하자.**

거실에 잠들어 있는 어렵고 힘든 책을 꺼내 보자. 정말 읽기 싫어서 버려두었던 그 책이 바로 당신의 무질서한 엔트로피를 잠재울 위대한 백신임을 인정해야 한다. 일단 어렵고 난해한 책을 들고 읽어라.

처음 난해한 책에 도전해서 5페이지를 넘어가면 구토가 나올 정도로 읽기 힘든 상태가 될 것이다.(Dead Point) 이 상태가 바로 무질서한 뇌에 백신이 깔리고 있다는 증거다. 이때 포기하지 말고 계속 읽어야 한다. 이때 책을 놓으면 다시 무질서한 최악의 나와 타협해야 한다. 지속적으로 극복하며 읽어야 한다. 구토 나올 것 같은 기분이 든다면 그것이 정상적 상태다. 하루 1시간 한 달을 지속적으로 노력하면 당신은 질서상태 즉 네트로피(negative-entropy) 상태로 진입하게 된다. 이 상태가 되면 어떤 일을 도전해도 잘되게 된다.

최고의 '나'가 존재하는 위대한 네트로피 상태에 진입한다면 당신은 위대한 3%의 인류에 속하게 된다. 세상 사람을 기준으로 80%의 사람들은 무질서상태에서 죽어간다. 그리고 20% 사람들은 질서상태에서 무질서상태를 경험하게 된다. 그리고 위대한 창조적 리더들은 인류사를 이끌어가게 된다. 그들이 바로 3%의 질서 잡힌 사람들이다.

- **절대 화를 내서는 안 된다.**

무질서 엔트로피 상태에 쉽게 진입하는 방법이 있다. 지금부터 5분간 남 험담을 하면서 화를 내봐라. 정말 쉽게 무질서 상태에 진입하게 된다. 무질서 상태를 벗어나고 싶다면 한 달간 화와 부정적 언어사용을 금지해야 한다. 화와 부정적 언어사용은 일을 해결하는 것이 아니라, 일을 더 꼬이게 한다.

무질서가 깊어지면 질수록 부정적 언어사용 횟수는 높아지고 사소한 일에 화를 자주 내게 된다. 벗어나야 한다. 당신의 몸과 마음을 힘들게 하는 무서운 무질서를 벗어나기 위해 10초 뒤 자신의 행동과 마음을 제어해보자.

무기력한 삶에서 탈출하기

● 엔트로피적 무기력한 삶은 무질서 바이러스에 감염된 상태임을 인식하라.

인간은 아무것도 하지 않으면 무기력해진다. 무기력한 상태에서 당신의 머리는 혼란해질 것이다. 온갖 부정적 생각이 머릿속에 그려지게 된다. 이 상태가 바로 무질서 바이러스가 감염된 상태다. 무질서 바이러스에 일단 감염되면 인간은 정상적 생활을 할 수 없게 된다. 이성적 판단도 힘들어진다. 그러므로 무기력한 상태에서는 분노와 화 그리고 슬픔과 의심이라는 감정적 무질서만이 표출될 뿐이다. 부정적 엔트로피 감정의 표출이 지속되면 결국 무질서는 극한에 도달한다.

무기력한 무질서 바이러스 상태를 벗어나는 방법은 오직 당신이 무질서 상태에 있다는 것을 인식하고 질서를 잡아나가려고 노력하는 방법이 최선이다. 꼭 기억해야 할 것은 무기력한 상태에서는 당신 자신이 살아가는 것이 아니라 괴물 같은 무질서 감정이 당신 삶을 대신 살아가고 있다는 점이다.

인생을 오래 사는 것이 중요한 것이 아니라 무질서한 엔트로피를 탈출하는 방법이 진정한 장수의 방법이다.

● 무기력은 인간을 집중하지 못하게 만든다. 그러므로 집중이라는 질서를 잡아야 무기력을 잡을 수 있다.

무기력한 삶은 집중할 수 없는 상태다. 사실 정신을 한곳에 모으는 집중은 인간의지와 육체적 건강함이 동시에 이루어져야 성취 가능하다. 감기에 걸려 있어도 집중할 수 없고 정신적 스트레스 상태에 놓여 있어도 정신집중 자체가 불가능해진다.

무기력을 벗어나기 위해 무기력한 행동을 자제해야 한다. 의미 없는 남 험담, 텔레비전 시청, 무기력한 인터넷 파도타기 등은 대표적인 무기력한 행동들이다.

물론 무기력한 엔트로피적 무질서 상태를 인식하면서 한 가지 일에 집중하려고 노력한다면 당신은 진정한 삶을 살아갈 수 있다. 집중을 해야 한다. 집중을 하지 않으면 무질서 바이러스는 언제나 당신을 공격해올 것이다. 바람이 공격해오면 바람 방향대로 몸을 허락하는 갈대처럼 무기력하게 살고 싶은가. 부화뇌동해서는 안 된다.

한겨울 대나무처럼 꿋꿋하게 무기력을 이겨내고 한 가지 일에 집중하자. 우리 자신 내면의 에너지는 무질서 바이러스 극복할 만큼 충분히 강한 백신을 가지고 있다는 점을 명심해야 한다. 당신이 무질서한 엔트로피 상태라면 우선 정신을 가다듬고 집중하려고 노력해야 한다.

● 인간의 행복은 인간 사이에서 발생한다.

20세기 그리고 21세기 가장 인간을 괴롭히는 단어는 인간 소외다.

수많은 철학자들은 인간 소외를 경계해야 한다고 말한다. 잘 생각해보자. 우리 주변에는 눈만 돌리면 스마트폰, 스마트TV 등등을 통해서 언제나 인터넷 가상공간으로 들어갈 수 있다. 소통이 없는 시대가 되어 버렸다.

무기력은 소외에서 발생한다. 인터넷공간은 가상공간일 뿐이다. 잘 알아야 할 점은 인터넷 공간에서 해결되는 모든 행위가 인간의 근본적 무기력을 치유해주지 않는다는 점이다.

촉각이 중요하다. 인간이 인간답게 살려면 인간의 숨소리를 가까이서 느껴야 한다. 그리고 대화와 경청이라는 시각, 청각 행위의 연속적 상황을 만들어내야 한다.

당신이 무기력함은 결국 너무 많은 시간 온라인 공간에 머물렀기 때문이다. 하루 중 짧은 시간(30분)이라도 격의 없는 편안한 대화를 나눌 수 있는 누군가를 찾아야 한다.

그럴 만한 사람이 없다면 그만큼 무기력한 삶을 살아왔다는 증거다. 하지만 방법은 있다. 우선 하루 20번 "안녕하세요." 라고 모르는 사람들에게 인사를 해보라. 사실 인사하는 순간만큼은 무기력상태에서 벗어날 수 있다. 모르는 사람에게 인사를 하면 결국 상대는 인사를 받아준다. (인사를 받아주지 않아도 신경 쓰지 말아야 한다. 인사하는 동안 무질서 바이러스가 없어졌기 때문에 당신은 승리자다.) 동네 이웃들에게 인사를 하루 20번 하라. 그러면 한 달 뒤 기분 좋은 일들이 발생하게 된다.

● **신나는 글쓰기의 즐거움에 느껴보라.**

글쓰기의 매력을 어떻게 말로 설명할 수 있겠는가. 하지만 우리교육의 현실은 글쓰기의 끼적거림을 인정해 주지 않는다. 글쓰기를 두려워하는 사람들은 모두 글쓰기에 안 좋은 트라우마를 가지고 있다.

어린 시절 맞춤법이 틀렸다고 혼났던 기억…. 그리고 글쓰기의 즐거움을 느껴 보기도 전에 평가를 해버려 1등부터 꼴찌까지 나누어 버리는 치밀한 경쟁구조는 글쓰기의 여유를 잃어버리게 했다.

글을 쓰면 분명 인간은 달라진다. 겁먹지 말고 하루 한 장씩(A4용지 12포인트) 써보라. 필자는 모든 강연에 나가면 꼭 글쓰기의 중요성을 역설한다. 글을 써야 한다. 쓰지 않으면 인생은 감옥이다. 같은 일만을 반복하는 지독히 재미없는 삶을 살게 된다. 글을 쓰면 오감을 느끼게 되며 인간을 관찰하게 된다. 인간을 관찰하게 되면 주변에서 일어나는 모든 현상에 대해 초연해질 수 있다.

하지만, 처음 글쓰기를 시작하면 정말 쓰기 힘들 것이다. 그때 좋은 방법이 있다. 좋은 책 한 권을 사서 똑같이 써보는 방법이 있다. 필자는 김훈 작가의 칼의 노래와 조세희 작가의 난쟁이가 쏘아 올린 작은 공을 필사해 보았다. 신기하게도 한 번 필사를 해보면 그 작가의 문체가 내 속으로 들어오는 느낌을 받는다. 글쓰기에 대한 두려움을 느낀다면 무기력해질 수밖에 없다.

동물은 절대 할 수 없는 고도의 지적 작업!

글쓰기의 즐거움을 느끼는 동안 당신은 진정한 사고하는 인간이 될 수 있다.

- **타인에 대한 사랑 그리고 가슴 뜨거움을 느껴야 한다.**

3초 뒤 이 인류에는 가난이라는 이유만으로 한 사람의 생명이 죽어간다. 손가락을 들어서 세어보라 1, 2, 3. 이 순간 어디선가 또 한 사람이 죽었다.

우리는 이 가난으로 말미암은 죽음 앞에 숙연해져야 한다. 우리가 이들을 도울 수 없다면 마음이라도 그들을 위로 해주어야 한다.

무기력이란 이기적 발상이다. 아무것도 하기 싫고, 이불 속에서만 머물고 싶은 욕망은 결국 개인적 이기심의 발현일 뿐이다.

무기력해질 때 3초 뒤 죽어가는 생명에 대해 생각해 보아야 한다. 최소한 3초 뒤 죽어가는 생명 앞에서 우리는 삶에 대해 간절함을 느껴야 한다. 그래야 사람이다.

생계유지를 진정한 삶의 목표로 두어서는 안 된다. 생계유지가 힘들더라도 생계유지만을 위해서 당신 몸을 내팽개쳐 두어서는 안 된다.

삶은 그렇게 단순한 차원의 문제가 아니다.

아무리 삶이 당신을 괴롭힐지라도 타인을 생각해야 한다. 결국 타인을 생각하는 목표가 있어야 당신은 성공할 수 있다. 이건 정말 필자도 어쩔 도리가 없다. 목표를 이기적으로 가지고 성공한 사례는 없었다는 것은 역사가 증명하는 사실이다.

우울증에서 탈출하기

● **우울한 자신을 인식하라.**
우울한 상태에 놓여 있다면 우울한 엔트로피 감정이 당신을 지배하는 것이다. 우울증에 빠져서 방안에 홀로 남겨져 있다면, 자신을 그렇게 만들어 버린 우울이라는 감정을 인식해야 한다.

당신이 우울이라는 기분 나쁜 엔트로피 감정 때문에 방안에 틀어박혀 있기에는 우리 인생은 너무도 짧다. 당신의 금쪽같은 시간을 처절하게 밟아버린 그놈과 한판 승부를 벌려야 한다.

우선 우울한 기분이 든다면 우울증 바이러스의 공격이 시작되었다는 점을 인식하라. 그리고 그 우울한 기분을 하나, 하나 노트에 적어야 한다. 그냥 버려두면 점점 거대한 우울증세가 나타나기 시작한다. 꼼꼼하게 자신의 감정 상태를 적어라. 그리고 그 우울한 감정을 적은 뒤 그것을 극복하기 위한 방법도 같이 적어보라.

신기하게도 우울한 상태에서 당신이 이와 같은 글을 적기 시작하면 당신은 우울한 자신을 인식하게 된다. 우울증과 싸움은 결국 나 자신과 우울한 엔트로피 감정을 분리시켜 놓는 일부터 시작해야 한다.

● **배고픈 사자처럼 끝까지 덤벼들어야 한다.**

인간관계에 패배하면 우울증세가 나타난다. 서글프지 않은가. 누군가는 인간관계에서 기쁨이라는 열매를 따 먹고, 우울한 사람은 우울이라는 열매만을 따 먹는다. 이건 완전히 당신 선택의 몫이다. 당신이 인간관계에서 우울의 열매를 먹을 것인가 아니면 기쁨의 열매를 따 먹을 것인가는 선택만 하면 된다.

개그 콘서트를 보라. 그들은 매일 넘어지고 자빠지고 요상한 옷을 입고 남 앞에서 이상한 행동을 한다. 우울한 사람은 남들 앞에서 그렇게 하지 못한다. 결국, 우울증을 극복하고 싶다면 개그맨처럼 행동해야 한다.

웬만한 일에 상처받지 말아야 한다. 우리는 살아있으며 싱그럽고 고귀한 정신세계를 가졌다. 사소한 엔트로피적 일에 상처받지 말아야 한다. 자기만 손해다. 끊임없이 긍정하며 인간관계를 이끌어 나가라.

인간관계는 일종의 마라톤이다. 끝까지 지치지 말고 배고픈 사자처럼 덤벼들어야 한다. 세상을 유머로 사는 자는 정말 유머러스하게 인간관계가 다가올 것이며, 세상을 비극으로 사는 사람은 모든 상황이 비극으로만 느껴질 것이다. 무엇을 선택하느냐는 당신 몫이며 망설이기에는 우리 인생은 너무도 짧다는 점을 인식해야 한다.

● **남의 시각에서 당신을 보지 마라. 당신은 남을 위해 사는 것이 아니다.**

남을 너무 의식하지 마라. 구내식당에서 당당하게 혼자 밥 먹어도 된다. 길거리에서 혼자 핫도그를 먹는 것도 당신 자유다. 유명 브랜드가 아닌 옷을 입고 당당하게 걸어갈 수 있는 것도 당신 자유이며 친구와 신나게 웃을 수 있는 것도 당신 자유다.

헌법에도 보장된 당신의 행복추구권을 남의 시선 때문에 포기해서는 안 된다. 남들의 시선을 의식하는 순간부터 모든 불행은 시작된다. 당신이 행복해지려면 당신 직관과 사고에 의해서 하루를 보내야 한다. 남들에게 구속당하고 남들의 시선만을 의식한다면 그 삶은 분명 불행하다.

남들 시선을 신경 쓰지 말아야 한다. 당신 행복을 망가지게 하는 요소 중 50%는 남들을 신경 쓰기 시작하면서 시작된다. 이제 고개를 들고 우울한 마음을 털어버리자. 그리고 아름다운 자연을 걸으며 살아있음을 느껴보자.

● **엔트로피적인 우울한 말과 행동을 하지 말아야 한다.**
엔트로피적인 우울한 말과 행동을 최대한 자제해야 한다. 영화배

우들도 우울한 배역을 한 번 하고 나면 수개월간 우울증을 경험한다고 한다. 당신의 사고가 아무리 강직하다고 하더라도 우울한 행동과 말을 입으로 내뱉으면 당신의 사고 역시 우울해진다.

우울한 말과 행동을 피하려면 우울 바이러스를 가진 무서운 친구들과 만나지 말아야 한다. 당신도 우울한데 더 크게 우울한 친구와 만나면 결국 우울 증세는 폭발적으로 증가하게 된다. 일단 우울증이 의심된다면 우울한 말과 행동을 최대한 줄여나가면서 당신이 스스로 만들어놓은 우울한 습관들을 고쳐나가야 한다.

남자친구와 헤어진 장소, 혹은 기분 나쁜 추억이 남겨진 교실 등 나에게 우울증을 불러일으켰던 장소를 기억하고 찾아가 보자. 그리고 그곳이 더 이상 우울한 마음을 가지게 하는 장소가 아님을 증명해보자.

또한, 나를 우울하게 만들었던 대상을 객관적 입장에서 보려고 노력해보자. 그리고 가장 냉정하게 이성적으로 세상을 판단해 나가보자. 우울증은 결국 내가 만든 질병이다. 세상은 언제나 그대로다. 단지 당신이 감정적으로 세상을 받아들였을 뿐이다.

걱정하지 말고 "아무려면 어때"라는 마음으로 정말 쿨하게 인생을 만들어나가 보자.

- **주변 사람을 적극적으로 사랑해야 한다.**

　우울증세가 나타나기 시작하면 극단적으로 주변 사람들이 싫어지기 시작한다. 심지어 부모, 형제, 배우자까지도 매우 싫어지기 시작한다. 그리고 가슴속에는 환상과 부러움 그리고 말로 표현하지 못할 만큼 강렬한 열등감(콤플렉스)이 자리 잡기 시작한다.

　이때 마음을 비우고 세상을 받아들여야 한다. 당신이 살기 위해 주변 사람을 사랑해야 한다. 절박한 마음으로 주변 사람들의 이야기를 들어주고 받아주어야 한다. 하기 싫어도 당신이 살기 위해 주변 사람을 사랑해야 한다.

　주변 사람을 사랑하지 않으면 당신은 헤어나 올 수 없는 차디찬 우울증이라는 감옥에 갇히게 된다. 그리고 먼 훗날 그렇게 행동한 자신을 많이 후회하게 된다.

　간절한 마음으로 연극이라도 해보라. 주변인을 사랑하고 또 사랑하라. 이것이 결국 우울증을 극복하게 해 줄 것이다.

인생 최고의 행복 처방전 - 감사하기

살다보면 누구나 자신이 불행하다고 느끼는 순간이 찾아온다. 불행하다는 느낌이 지속되면 작은 것에 연연하게 되고 늘 불쾌한 느낌이 따라다니게 된다.

불행하다고 느끼는 감정을 치유하는 데는 감사가 최선의 방법이다. 감사는 정말 인간에게 새로운 긍정 에너지(netropy)를 부여해준다.

현실이 답답하고 공허하게 느껴진다면 감사한 마음으로 주변 사소한 것에 대해 감사의 말들을 만들어 보자.

살아있음을 감사합니다. 공기가 있음을 감사합니다. 편안히 잠잘 수 있는 공간이 있음을 감사합니다. 사소하지만 우리가 누리는 모든 것에 대해 감사의 말들을 만들어 보자. 이것은 단순하지만, 매우 중요한 긍정 에너지를 불러온다.

돈을 좀 못 벌어도, 성적이 좀 떨어져도, 승진을 못 해도 우리는 감사하는 마음을 잊어서는 안 된다. 감사하면 할수록 마음속 질서 에너지(netropy)는 넘쳐나게 된다. 지금 마음속으로 부정하고 싶은 마음이 밀물처럼 닥쳐오고 있다면 감사의 마음을 인위적으로 만들어 내보자.

감사하는 마음은 마음속에서 들끓는 부정적 감정들을 차단할 수 있는 강력한 힘을 지니고 있다. 군대에 가면 초코파이 하나에도 감사하게 된다. 군 훈련병 시절에 먹는 초코파이는 정말 꿀맛이다. 이 맛을 이해하려면 군 훈련을 최소 2주는 경험해야 한다.

마찬가지다. 감사하는 마음은 간절하게 감사하는 상황이 와야 느끼게 된다. 갑자기 집에 인터넷이 안 되면 인터넷을 자유자재로 활용할 수 있었던 순간에 대해 감사하게 된다. 평소 죽도록 보기 싫었던 형제도 멀리 떠나가면 그리워지기 마련이다.

　감사함을 느끼면 인간은 정말 행복해진다. 하지만 매일 무미건조한 일상 속에서 표정없이 하루하루를 지내다 보면 왜 살아야 하는지를 잃어버리고 단지 물질적 부족함을 채우기 위해 짐승처럼 하루하루를 살아가게 된다. 더 가지고 싶은 욕망 속에 빠지면 감사는 사라진다. 그리고 더 가지고 싶은 욕망은 인간을 무질서하게 만들고 행복을 빼앗아 간다.

　감사하는 마음을 가지기 위해 지금부터 몸과 마음을 비우는 습관을 가져보자. 감사함을 느끼기 위해서는 순간순간 일어나는 모든 상황에 대해 올바로 인식하고 느껴야 한다. 밥을 먹을 때도 천천히 먹으면서 감사를 생각해보자. 몸과 마음이 다급해지면 감사하는 마음이 달아나게 된다. 산책을 할 때도 나무 하나, 풀 하나에도 관심을 두고 천천히 감사하는 마음을 가져보자.

　사실 우리는 지금 인류가 탄생한 이래 최고 수준의 물질적 행복감을 누리고 있다. 하지만 물질적 편안함만을 추구하다 보면 항상 인간의 몸과 마음은 무질서해진다. 마음이 무질서해지면 물질이 아무리 편안하게 제공되어도 행복할 수가 없다. 어리석은 사람들은 마음이 무질서하게 된 것의 원인을 아직 물질적으로 덜 풍요롭기 때문이라고 판단하고 더 많은 것을 가지려고 노력한다.

　우습게도 우리가 느끼는 행복감은 고대인들이 느꼈던 행복감보다 훨씬 약하다. 고대인들은 공동체 생활을 하며 밤마다 공동의 유희를 즐겼다. 하지만 현대인들은 스마트폰 혹은 가상의 인터넷 공간 속에서 행복감을 찾으려고 노력한다. 고대인들은 자연과 함께 했지만, 현대인들은 넘쳐나는 물질의 풍요로움 속에서 끊임없이 행복에 역행하는 행동을 반복한다.

방만한 물질적 풍요는 비극과 연결된다. 더 가지면 가질수록 무질서는 더욱 강력하게 인간을 괴롭힌다. 20세기 대부분의 철학자들은 인류 문명이 가져올 극단적 인간 소외 현상에 대해 논했다. 물질로 인해 무질서해져 버린 이 시대를 극복할 수 있는 가장 큰 힘은 감사다. 꼭 꿈을 이루어야 감사한 것이 아니라 지금 내가 감각적(시각, 후각, 청각, 미각, 촉각)으로 느낄 수 있는 모든 것에 대해 감사해보자.

혼자 생각하는 시간이 찾아온다면 머릿속으로 감사해야 할 일들을 생각해보자. 최소한 볼 수 있다면 행복할 수 있고, 걸을 수 있다면 그 자체로 감사할 수 있다. 감사하는 마음이 사라지면 삶은 곧 부정적인 무질서와 타협하게 된다. 감사하고 또 감사하면 분명 그 속에서 행복감이 샘솟게 된다. 그리고 이것은 질서 잡힌 네트로피 에너지를 불러오는 가장 강력한 주문임을 명심해야 한다.

종교적 관점에서도 이 감사하기 기법은 참으로 다양하게 활용되어 왔다. 수천 년간 감사하기 기법은 인간의 행복감을 되찾아오는 비밀 주문으로 각광받아 왔다. 이제 감사하기 주문의 비밀을 당신이 만나볼 차례다. 하루에 딱 5가지 감사해야 할 것을 찾아보자. 그리고 시간 나는 대로 한번 적어보자. 뭐든지 사소한 것에 감사해보자. 그러면 정말 신기하게도 행복해진다.

내 주변에 감사할 것이 없다고 절대 투덜대지 말아야 한다. 감사할 것이 없다고 투덜댈 수 있는 생각 그 자체가 바로 감사함이다.

감사하기 기법을 보다 강하게 활용하고 싶다면 하루 다섯 가지 감사한 것을 적고 그것을 큰소리로 외쳐보는 것이다. 이 행동을 처음 시도하면 어색할 것이다. 큰소리로 외쳐대기에 가장 좋은 장소는 샤워실이다. 샤워할 때 큰소리로 일상의 사소한 행복에 대해 감사하다고 외쳐보자.

이 간단한 감사하기의 비밀주문을 외우는 순간부터 당신에게는 놀라운 변화들이 발생하기 시작할 것이다. 감사하기를 습관화하면 기분 좋은 일들이 일어나게 될 것이고 정말 삶의 의욕이 넘쳐나는 건강한 삶을 살게 될 것이다.

유쾌한 사람이 이긴다

● **지치지 않는 깐죽 정신으로 세상에 도전하라.**

'깐죽거리다.'라는 말이 있다. '깐죽거리다'의 사전적 의미는 "쓸데없는 소리를 밉살스럽고 짓궂게 들러붙어 계속 지껄이다."이다. 인생을 재미있게 살려면 깐죽거리는 정신을 잃지 말아야 한다. 깐죽거리는 사람은 웃음이 많다. 인간관계에서도 항상 과묵하고 엄숙한 사람보다는 깐죽거리는 사람이 인기가 많다. 제대로 깐죽거리며 살면 인생은 정말 유쾌하고 재미있어진다.

깐죽거릴 수 있는 사람은 그만큼 삶의 의욕과 열정이 넘치는 사람이다. 깐죽은 살아있음을 의미한다. 필자는 타고난 깐죽 정신의 소유자다. 남들이 하지 말라고 하면 죽도록 하고 싶어지는 괴짜적 속성을 타고났다. 그래서 늘 도전하며 유쾌하게 살아왔다.

깐죽거리려면 우선 얼굴이 좀 두껍고 담대해야 한다. 상대가 화를 내도 끝까지 깐죽거리려면 위기의 순간을 웃음으로 해결하려는 담대한 마인드가 필요하다. 당신이 인간관계에서 상처를 받고 힘들어하고 있다면 주변 사람들에게 깐죽거려 보자.

껄끄럽고 힘든 상대에게 먼저 웃긴 이야기를 하면서 개그맨처럼 접근해보자. 처음에는 어색하고 몸에 맞지 않은 옷을 입은 것처럼 불편하지만 계속 깐죽깐죽하다 보면 절로 이런 것들이 자연스럽게 표현된다. 깐죽 정신은 먼저 남을 진정으로 사랑해야 행동으로 표현될 수 있다. 남들과 신나게 장난치고 재미있게 놀려는 마음은 이타심을 전제로 해야 몸으로 표현되는 것이다. 병에 걸려 있거나. 우울한 사람은 절대 깐죽거릴 수 없다. 깐죽 정신은 건강한 사람만이 누릴 수 있다.

깐죽거림은 인생을 풍요롭게 만든다. 깐죽거림은 그 밑바닥에 낙천성을 깔고 있다. 아무리 힘들어도 지치지 않고 계속할 수 있는 힘의 원천은 사실 깐죽거림이다.
세상을 유쾌하고 재미있게 살려면 우선 깐죽거리는 연기가 필요하다. 깐죽거리는 사람은 비극적 상황을 신기하게도 웃음으로 넘길 수 있다. 이런 성격이 부럽다면 우선 자신을 유머러스한 사람이라고 마음 먹고 남을 사랑하고 행복하게 살겠다는 의지를 가져야한다.

● 현재를 부정하지 않고 무언가 해야 한다.

깐죽거림이 빛을 발할 때는 결국 현재를 부정하지 않고 열심히 살아갈 때이다. 아무것도 하지 않으면서 깐죽대기만 한다면 철없는 사람이거나 정신 나간 사람 취급을 받는다.

자신이 하고자 하는 일에 모든 것을 쏟아 붓고 열정적으로 연구하는 사람만이 깐죽거림의 즐거움을 즐길 자격이 있다. 현재를 부정하고 아무것도 하지 않으면서 깐죽거림만 연속적으로 표현한다면 결국 실없는 사람 소리를 듣는다.

세상을 살아가는 데 시간은 누구나 공평하게 부여된다. 흘러가는 시간을 잡기 위해서는 오직 현실에 최선을 다하는 방법밖에는 없다. 현실에 최선을 다하려면 우선 현실을 부정해서는 안 된다. 부정하면 현재 집중할 수 없게 되고 현실 속에 갇혀서 아무것도 할 수 없게 된다.

세상을 즐겁게 살려면 현재를 즐기며, 현재를 자기 시간으로 만들어 나가야 한다.

근엄하고 권위적이면 이미 진 것이다

　사회생활을 하다 보면 가식적 권위에 편승해서 살아가는 사람들이 많다. 가식적 권위란 결국 조직이나 권력, 명예 등에 편승해서 자신의 나약함을 감추려는 부정적 습관이다. 이유 없이 권위적인 사람들은 나보다 아랫사람이라고 생각되는 사람들에 대해 철저한 존경을 요구한다. 가식적 권위는 리더십이 아니라, 부정적 습관일 뿐이다.

　이유 없이 권위적인 사람들은 창조적일 수가 없다. 권위와 창조적 행동은 상극이다. 권위란 일종의 쓸모없는 에너지 소모일 뿐이다. 아침에 출근해서 창조적 일을 하지 않는 사람들은 자신보다 부하 직원이 인사를 하는지 안 하는지가 중요한 이슈가 된다.

　인사를 받으면 자신의 권위가 지켜진 것이고, 인사를 못 받으면 자신의 권위가 무너진 것이다. 결국 권위적인 사람들은 자신 속에 창조적 의식이 아무것도 없기 때문에 조직에 편승해서 자신의 권위를 드러내려고 하는 것이다.

　권위적이고 근엄함을 강조하는 사람들은 쉽게 지친다. 근엄함을 유지하기 위해서는 항상 위선적 행동을 겉으로 표현해야 하기 때문에 항상 불편한 옷을 입고 다니는 것처럼 답답한 삶을 살아야 한다.

　근엄하고 권위적이라면 그 가식적인 연극부터 벗어나야 한다. 현재를 즐기면서 창조적으로 신나게 살아가는 사람은 근엄과 권위를 모르고 살아간다. 권위와 근엄을 근거로 하는 삶은 항상 부정적이고 수동적이다.

　근엄과 권위는 원래 인간의 모습이 아니다. 인간은 원래 천진난만한 장난꾸러기다. 웃으며 떠들고 서로 공감하는 행위가 인간의 근원적인 모습이다.

그러므로 이유 없이 권위적인 행동을 하는 사람들 역시 그 답답함을 벗어나기 위해 겉과 속이 다른 행동을 할 수밖에 없는 것이다. 권위적인 사람들은 결국 권위를 근거로 표리부동한 행동을 한다. 예를 들어 겉으로 권위적이고 정직한 척하는 사람은 뒤에서 모든 거짓을 동반한 행동을 하게 된다.

유쾌하고 가식적이지 않은 진솔한 행동과 생각을 해야 한다. 그래야 스트레스가 덜 쌓이고 즐거운 삶을 살아갈 수 있다. 어린아이와 같은 천진난만한 모습이 인간 본연의 모습이다. 나이가 먹어간다고 인간 본연의 천진난만함을 버릴 이유는 전혀 없다. 나이가 들수록 근엄함을 버리고 어린아이다운 창조성을 갖추고 있어야 한다. 어린아이다움이란 유치함이 아니라 창조성을 근거로 한 매력적인 생각과 행동을 의미한다.

조직에 편승한 답답한 권위의식에서 벗어나고 싶다면 우선 나만의 즐거운 세상을 만들어내야 한다. 즐거운 세상이란 끊임없는 창조가 살아 숨 쉬는 생각의 바다를 의미한다.

사람들마다 마음속에 깊은 생각의 바다가 있다. 그 바다는 맑고 투명하고 창조가 번득이는 공간이다. 이 공간을 잘 관리하고 이 공간에 생명력을 불어 넣어야 한다. 마음속 거대한 생각의 바다를 잘 관리하는 일이 결국 겉으로 드러나는 권위와 가식을 벗어나는 현명한 행동요

령이다. 창조적인 사람은 권위와 가식적 행동을 할 이유가 없다. 겉으로 한없이 편안하고 친근하게 다른 사람들에게 다가갈 수 있다. 가슴속에 깊은 창조의 바다가 숨 쉬고 있는 사람은 부정적 외부에너지를 발산시킬 이유가 없다. 가슴속에 싱싱한 생각의 바다를 잘 관리해보자. 늘 책을 읽고, 토론하며, 글을 쓰면서 창조적 생각들을 만들어 나가자. 그리고 끊임없이 부정적으로 빠지려는 나를 잘 관리하는 것이 결국 내 마음속 생각의 바다를 지켜내는 일이다.(netropy)

사람들은 모두 싱싱한 생각의 바다를 가지고 있다. 하지만 대부분의 사람들은 죽을 때까지 그런 신기한 창조의 바다가 있다는 생각도 못 해보고 죽는다.

믿어야 한다.

지금 내 가슴속에 싱싱한 생각의 바다가 꿈틀대고 있음을 믿어야 한다. 그리고 그 아름다운 바다에 활력을 불어넣는 창조적 작업들을 끊임없이 해야 한다. 가슴 속 창조의 바다를 잘 관리하는 일이 결국 성공으로 가는 지름길임을 꼭 기억해야 할 것이다.

힘들수록 고립된 삶을 살아서는 안 된다

혼자 있을 때 편안함을 느낀다는 사람들이 많이 있다. 혼자 있으면 상대를 배려하지 않아도 되므로 보다 편안할 수 있다. 하지만 인간은 궁극적으로 혼자 행복해질 수가 없는 사회적 동물이다.

인간은 사람들과 어울리고 사람들과 교류하는 과정에서 원초적 행복감을 느낀다. 만약 그 과정에서 행복감을 느끼지 못하고 항상 좌절감만을 느껴 왔다면 진정한 인간다운 맛을 느끼지 못하고 살아온 것이다. 인간은 다양한 사람들과 어울릴 때 원초적 행복감과 창조능력을 획득하게 된다.

사람 만나면 피곤하고 답답하고 어색하다면 결국 우울하게 혹은 재미없게 삶을 살아가고 있다는 증거다.

편리성을 강조하는 현대 도시 문명 속에 깊게 빠진 사람들은 아무것도 하기 싫어한다. 그래서 그냥 누워 있고 싶고 노력하기 싫고 편안히 가만히 있고 싶어 한다. 이것은 현대인의 우울한 자화상이다. 이와 같은 삶의 방식은 현대 문명이 만들어낸 잘못된 생활 습관일 뿐이다. 편안한 것만 좋아하면 결국 삶의 재미는 사라지게 되고, 혼자 있으면서 자극적이고 극단적인 쾌락만을 원하게 된다.

인류의 가슴속에는 어울림 DNA 문화가 내재 되어 있다. 그래서 옛날 사람들은 매일 어울려서 놀고 웃으며 춤추고 떠들어 대는 과정에서 삶의 원초적 기쁨을 찾았다. 사람들 사이에서 행복감을 찾지 못하면 삶은 안정감을 잃어 버리게 된다. 어울림을 싫어하는 사람들은 안정감을 획득하지 못해서 극단적 생각과 행동을 많이 행하게 된다. 슬픔과 기쁨이 자주 반복되는 심리적 변화를 자주 경험하게 된다.

어울림 없는 삶이 자주 반복되면 불안감과 고독감이 밀려들게 된다. 불안감과 고독감을 느끼는 사람들은 세상을 부정적으로 바라보게 되고 점점 사람들 사이에서 멀어지게 된다. 멀어지면 멀어질수록 집중력과 창의력도 사라지게 되고 항상 미래의 불안감과 불신으로 힘든 삶을 살 수밖에 없게 된다. 사람들과 어울리기 싫어도 어울려야 한다. 어울려야 모든 일이 잘 풀린다. 고립된 삶을 살면 결국 남는 것은 우울한 나의 초라한 모습과 한 가지에 중독된 분노에 찬 바보 같은 나만 남게 된다.

남들과 어울리는 연습을 하자. 나이 많은 사람과도 어울리고 나이 어린 사람과도 어울려보자. 사람 만나기 어색하고 불편하다는 선입견은 당신이 만들어낸 이상한 습관일 뿐이다. 선입견을 버리고 낯선 사람 혹은 가까운 여러 사람들과 어울려 보자. 어울림은 연습이 필요하다. 처음에는 상대에 대한 배려와 경청을 해야 하므로 타인과 어울림이 어색하게 느껴질 수도 있다. 하지만 남들과 어울리는 즐거움을 한 번 느끼면 정상적인 행복한 삶을 살아갈 수 있게 된다. 일주일 2~3번 정도는 마음을 열고 남들과 어울리는 어울림의 시간을 가져야 한다. 어울림이 단절되면 잘 자라는 식물에게 물을 주지 않는 것처럼 괴로운 삶을 살아야 한다. 어울림이 있어야 표정이 밝아지고 우울함도 벗어날 수 있다.

아무리 아름다운 여인도 사람들과 어울림의 기쁨을 느끼지 못하면 얼굴표정이 경직되고 우울해진다. 지금 이 글을 읽고 있는 사람은 모두 영혼을 가진 인간이다. 인간이라면 인간의 원초적 행복감을 거부하지 말아야 한다. 인간은 공동생활을 해야 하며 공동으로 어울려야 건강한 행복감을 획득할 수 있게 된다. 논리는 아주 간단하지만 현대인들은 이 간단한 논리를 이해하지 못해서 늘 우울함과 걱정, 불안으로 고민한다.

현대인들은 소단위 만남만을 지속적으로 유지한다. 몇몇 사람들과 어울리고 스마트폰 속에서 기쁨과 슬픔의 단위를 계산한다.

모닥불을 피워놓고 밤새도록 집단적 가무를 즐긴 고대인들은 분명 행복했다. 현대인들은 의무적으로 사람을 만난다. 그러므로 모든 인간관계는 이익관계를 중심으로 형성되고 이익중심으로 재구성 된다. 잠시라도 숨 막히는 이익관계 벗어나 인간적 숨을 쉴 수 있는 공간을 확보해야 한다. 그래야 몸과 마음이 정상으로 돌아오게 된다. 사람과 사람 사이에서 어울림의 행복감을 획득하는 행위는 결국 나의 일상의 삶을 보다 행복하게 만들어주는 에너지를 제공한다. 두려워 하지 말고 지금 바로 건강한 사람들과 즐거운 어울림을 만들어보자.

나약함을 벗어나는 방법

당신은 "나약하다."는 말을 들어 본 적이 있는가. 나약한 사람들은 자기 것도 찾아 먹지 못하면서 슬프게 인생을 살아가야 한다. 나약하다면 자신의 감정대로 인생을 살 수 없고 늘 우울하게 살아야 하며 남들이 웃으면 억지로 웃어야 하는 끌려다니는 삶을 살아야 한다.

나약한 사람들은 늘 억울한 마음으로 눈치만 보며 살기 때문에 마음이 늘 공허하다. 그러므로 나약한 사람들은 이기적일 수밖에 없다. 나약한 사람들은 봉사나 나눔을 생각할 만큼 정신적 여유가 없다. 늘 패배자의 눈으로 세상을 바라본다. 항상 닫힌 마음으로 세상을 바라보게 되고 그런 시각에서 보이는 세상은 모두 패배의 기억으로 남게 된다.

나약한 마음을 버려야 한다.

나약한 마음을 버리기 위해 운동을 배우거나 강한 군대체험을 할 필요는 없다. 강함과 나약함은 겉으로 드러나는 것이 아니라 한 가지 일을 집요하게 포기하지 않고 끝까지 해나 갈 때 생겨나는 마음이다. 성공한 사람들은 엄청난 고난 앞에서 담대하게 대응한다. 나약한 사람들은 작은 고난 앞에서도 무릎을 꿇는다. 나약한 마음을 버리기 위해서는 한 가지를 포기하지 말고 꾸준히 추진해 나가야 한다. 덩치가 크고 목소리가 크다고 강한 사람은 아니다. 목소리가 작고 덩치가 작다고 나약한 사람이 되는 것도 아니다. 강하고 약함의 기준은 자신이 현재 하는 일을 포기하지 않고 위기를 잘 극복하면서 정성스럽게 끝까지 밀고 나가는 힘이다.

나약한 사람일수록 자신의 나약함을 감추기 위해 강한 척을 한다. 하지만 나약한지 강한지를 알아보는 기준은 결국 위기 상황이다. 위기 상황 앞에서 강한 사람들은 이성을 지키고 끝까지 문제해결을 위해 지혜와 논리를 유지한다. 나약한 사람들은 작은 위기 앞에서 부화뇌동하며 화를 내거나 일어나지 않은 불행한 미래를 생각하며 두려워한다. 나약한 사람들은 늘 일희일비한다. 20만 원 손에 더 쥐면 기분 좋아서 날뛰게 되고, 20만 원 손에서 사라지면 기분이 축 처지는 것이 나약한 사람들의 행동 방법이다. 나약한 자는 늘 한 가지 일에 집중하지 못하고 항상 자신이 불우하다고 생각한다. 그러므로 결과는 늘 최악의 상황만을 만나게 되는 것이다.

이제 지긋지긋한 나약함에서 벗어나자.

나약함은 평생을 따라다니며 당신의 성공을 방해할 것이다. 나약함은 충분히 몰아낼 수 있는 바이러스(entropy)다. 나약함을 벗어나기 위해 두 가지 방법을 제시하면 아래와 같다.

나약함을 벗어나기 위해 남들과 비교하는 바보 같은 생각을 버려야 한다. 나약한 사람들은 항상 자신을 잃어버리고 살아간다. 그래서 늘 남들과 비교해서 나를 판단하게 된다. 남들이 좋은 직장 들어가면 부러워하고 남들이 멋진 이성과 결혼하면 또 부러워한다. 자신이 나쁜 대학 나왔으면 부끄러워하고 좋지 못한 차를 타고 다니면 그 역시 창피해 한다. 부러움이 결국 나약함으로 연결된다. 부러워하지 말아야 한다. 그리고 남들과 비교하지 말아야 한다. 남들과 비교하는 순간 결국 나의 나약함은 더욱 극대화된다. 성공한 사람들은 모두 내면 수련을 한다. 남들과 비교되는 나를 보지 않으려고 늘 나의 내면의 힘을 강하게 수련한다. 당신도 나약함에서 벗어나려면 남들과 비교당하지 않을 만큼 강인한 수련을 경험해야 한다.

남들이 만들어내는 부러움의 에너지를 흡수하지 말아야 한다. 부러움 에너지(entropy)에 정신이 팔려버리면 당신은 나약해진다. 한번 부러움에 노출되면 당신 입에서는 혼이 빠진 불평불만 소리만 내뱉게 된다. 이때부터 당신은 불안, 초조, 긴장과 부끄러움을 경험하게 된다. 남들과 비교되는 나를 생각하지 말아야 한다. 나는 순수한 열정과 이성을 가진 멋진 인간일 뿐이다. 절대 비교하지 말아야 한다. 무질서에너지(entropy)는 항상 당신을 도사리고 있다.

두 번째 나약함을 벗어나기 위해서는 당신이 가진 모든 에너지를 긍정적으로 소진해야 한다. 나약한 사람들은 솜털처럼 편안한 삶을 살기를 원한다. 나약한 사람들은 몸을 쓰거나 머리 쓰는 일을 싫어한다. 머리를 쓰거나 몸을 많이 쓰면 에너지가 소모되므로 피로해지거나, 스트레스 상태로 빠질 것이라고 상상한다.

우리 몸의 에너지는 긍정적으로 쓰면 쓸수록 더 강한 긍정 에너지(netropy)가 공급된다. 에너지를 긍정적으로 활용해야 한다. 에너지는 사용하지 않고 가만히 아껴두면 소진되지 않은 에너지는 모두 부정적 에너지(entropy)로 돌변해서 쓸데없는 걱정거리를 당신에게 안겨줄 것이다. 남들보다 더 부지런하게 남들보다 더 많이 일해도 당신은 지치지 않는다. 단 긍정하면서 일해야 한다. 그러면 당신에게는 긍정 에너지(netropy)가 무서울 정도로 쌓이게 된다. 당신이 나약하게 살아왔다면 돈 받은 만큼만 일했을 것이고, 머리 쓰는 일을 귀찮아 했을 것이다. 에너지를 보전하기 위해 일과 공부를 대충 처리 했을 것이다. 당신이 가진 모든 에너지를 긍정적으로 소진해야 새로운 긍정의 에너지를 공급받을 수 있다.

미친 듯이 긍정하며 열심히 일과 공부를 해보자. 그러면 당신은 네트로피(질서 잡힌 긍정의 에너지)에너지를 받아들일 수 있게 된다. 나약함을 벗어나기 위해서는 당신의 몸과 정신세계를 흐르는 잉여 에너지를 열심히 소진해야 한다. 정신과 몸에 남아 있는 잉여 에너지를 지금 해야 할 일에 바쳐야 한다. 그러면 더 큰 에너지(netropy)를 받게 된다.

나약하다는 것은 결국 내 속에 나 아닌 다른 내가 자리 잡고 있다는 증거다. 나약하다는 것은 뜨거운 삶도 아니고 차가운 삶도 아니다. 그저 솜털 같은 달콤함만 추구하는 의미 없는 삶일 뿐이다. 이런 삶은 재미 없고 답답할 뿐이다.

나약함을 벗어나고 싶다면 자신의 몸과 정신에 흐르는 잉여 에너지를 긍정적으로 모두 소진하는 습관을 가져야 할 것이다.

눈치 보는 습관을 버리자

누군가에게 감시당한다는 것은 기분 나쁜 일이다. 하지만 무질서하게 살아가는 사람들은 자신을 스스로 통제하지 못하기 때문에 어쩔 수 없이 타인의 통제를 받게 된다. 자율적이지 못한 직장인은 상관의 명령에 통제를 받게 되며, 공부 하지 않는 학생은 선생의 통제를 받게 된다.

끌려다니면서 평생을 살 것인가. 창조하면서 살 것 인가는 순전히 자신의 선택 몫이다. 눈치 보면서 살아가는 삶만큼 답답한 삶은 없다. 눈치 보면서 살아가면 늘 대기상태의 삶을 살아야 한다. 늘 나를 통제하는 사람으로 인해 구속받고 늘 그를 인식해야 하는 기분 나쁜 삶을 살아가야 한다. 자신의 소중한 시간을 통제자 때문에 마음 놓고 활용하지 못하고 있다면 노예와 같은 의미 없는 시간을 보내게 된다.

누군가에게 통제를 받고 있다는 느낌을 받으면 자발적 노력과 창조적 삶을 살 수 없게 된다. 당신을 통제하는 그 무엇이 있다면 그것으로부터 벗어나야 한다.

조직생활을 잘 못하는 사람들은 늘 상관의 눈치를 본다. 상관의 비유를 맞추어야 하고 상관이 퇴근 안 하면 본인도 퇴근하지 못한다. 즉

대기상태에서 하루를 살아가게 된다는 의미다. 모든 조직에서 눈치 보면서 살아가는 사람은 항상 존재한다. 상관의 통제를 벗어나야 한다. 직장을 그만두라는 의미가 아니고 지금 하는 일에 재미를 찾아야 한다는 의미다.

지금 하는 일에 재미를 찾지 못하면 늘 돈 벌기 위해 일하고 먹고 살기 위해 억지로 몸을 움직이는 수동적 인간으로 전락하게 된다. 수동적 인간은 눈치를 보면서 세상을 살아야 한다. 이와 같은 삶은 바쁘지만 늘 가난하고 자신의 시간을 마음대로 쓸 수 없는 무기력한 삶이다.

자신을 통제하는 상관이 기분이 좋으면 자신도 덩달아 기분이 좋아지고 상관이 기분 나쁘면 본인도 기분이 나빠진다. 눈치 보면서 살면 늘 불안감과 긴장감을 동반하면서 살아가야 한다. 자신의 인생을 늘 자신이 결정하는 것이 아니므로 통제자의 눈치를 보면서 자신의 행동을 조절해 나가야 한다. 눈치 보면서 살아가는 사람들은 일요일 오후가 되면 보다 강하게 무기력해진다. 내일 또 지옥 같은 상관을 만나야 한다는 부담감은 몸과 마음을 무기력하게 만든다. 기억해야 할 것은 지금 머릿속에서 나를 통제하는 그 누군가의 얼굴이 지워지지 않는다면 당신이 바로 눈치 보는 삶을 살고 있는 것이다. 자신의 삶을 주체적으로 살아가야 한다. 그러려면 자신의 일에 간절히 몰입해야 한다. 지금 하고 있는 일에 아주 깊고 진지하게 몰입해보자.

바보같이 눈치만 보는 삶을 끝내기 위해서는 우선 자신이 하는 일에 완전히 몰입하는 습관을 들여야 한다. 눈치 보는 삶을 오랜 시간 살다 보면 에너지의 분산을 경험하게 된다. 직장 내에서도 눈치만 오랫동안 보게 되면 자신의 방향성을 상실하고 아침에 출근해서 저녁에 퇴근할 때까지 자신의 일에 대한 몰입보다는 삶에 대한 회의와 갈등 속에서 하루를 마감하게 된다. 상관의 눈치만 살피면서 하루하루 무의미하게 살아가기에는 우리 인생이 너무 짧다. 자신만의 무엇을 창출해 내야 한다. 무엇인가 몰입해서 만들어내야 한다.

에너지를 분산시키려 하지 말고 에너지를 모으는 데 집중해보자. 한번 흩어진 에너지는 다시 주워담기 힘들다는 점을 명심해야 한다. 지금까지 눈치 보면서 분산시켜버린 나의 소중한 창조에너지를 하나하나 주워 담아보자.

당신이 눈치 보면서 어쩔 수 없이 대기상태로 앉아 있었던 수많은 시간을 합쳐서 자기발전에 투자했다면 당신은 이미 성공을 하고도 남았을 것이다. 가까운 미래에 독립적 성공을 성취하고 싶다면 눈치 보는 소극적 삶을 벗어나야 할 것이다.

쫄지 않으면 반드시 기회가 온다

"쫄다"는 "졸다"의 구어체적 표현이다. 졸다의 사전적 의미는 위협적이거나 압도하는 대상 앞에서 겁을 먹거나 기를 펴지 못한다는 의미를 담고 있다. 우리를 위협하는 것은 정말 많이 존재한다. 먹고 사는 문제 예기치 못했던 사고의 위험 등등 우리 주변에는 참으로 많은 위협이 존재한다.

우리는 이 많은 위협 앞에 당당해야 한다. 위협을 위협이라고 생각하지 않고 무시하면 일은 간단해진다. 하지만, 끊임없이 다가오는 위협 앞에 한번 굴복하면 더 큰 위협 앞에 노출되게 된다.

학창 시절을 생각해보자. 동네 양아치들이 돈을 빼앗을 때는 늘 힘없고 나약한 학생만 노린다. 그 이유는 쫄아있는 학생들은 늘 쫄아있는 경직된 표정을 표현하고 있기 때문이다. 겁이 나서 한번 돈을 주기 시작하면 계속 돈을 상납해야 하는 쫄리는 삶이 시작된다.

실패하는 삶을 사는 사람들은 대부분 쫄아있다. 쫄아있기 때문에 무엇을 하려 해도 실패의 위험이 먼저 머릿속에 떠오른다. 쫄아있는 삶을 사는 사람들은 현실의 삶을 살지 못하고 늘 구속되어 살아가야 한다. 퇴근 후에도 늘 회사 걱정을 하고 마음 편안하게 잠시도 쉬지 못한다. 휴가를 가도 늘 걱정이 태산이다. 자신이 한 일이 잘못되면 어쩔까를 걱정하면서 늘 노심초사한다.

이 모든 고민은 결국 쫄아있다는 증거다. 쫄지 않으면 일은 상당히 수월하게 풀어진다. 하지만 쫄아있으면 일은 점점 미궁 속으로 빠지기 시작한다. 쫄아있는 사람들은 늘 말도 안 되는 걱정만 가지고 산다. 늘 쫄아서 작은 일에도 화내고 내 손에 돈 몇 푼 더 들어오면 기뻐 날뛰게 된다. 그리고 약간의 위협적인 요소만 생겨도 무기력하게 지금하고 있는 일을 회피하려고 한다.

쫄지 말자.

한번 사는 세상인데 겁먹고 살기에는 좀 억울하지 않은가. 지난 시간들을 생각해보자. 어린 시절부터 지금까지 쫄아서 못했던 일들을 생각해보자. 쫄아있었던 생각 때문에 도전하지 못하고 황금 같은 기회를 놓쳐 버린 과거의 기억들을 곱씹어 생각해보자.

쫄아서 살면 정신이 분산된다. 그래서 쫄아있는 사람들은 과거 상처들 때문에 30% 에너지를 빼앗기고 미래 역시 이제까지 쫄았던 삶 때문에 30% 에너지를 빼앗긴다.

결국, 쫄아있는 사람은 30%(과거)-40%(현재)-30%(미래)로 각각 자신의 에너지를 분산시켜 살아가게 된다. 성공을 위해서는 현실에 100% 에너지를 압축시켜야 함에도 불구하고 쫄아있는 사람은 지속적으로 성공에너지를 쓸모없이 분산시킨다.

과거에 쫄아서 하지 못했던 기분 나쁜 기억들 예를 들어 학력문제, 외모문제, 기타 자신의 정신적·육체적 트라우마(정신적 외상)는 지금 집중하며 일을 추진하지 못하게 가로막는다. 그래서 현실에 집중하지 못하고 늘 쫄아있는 사람처럼 행동한다. 그리고 미래의 꿈 역시 쫄아 있는 사람들은 늘 그럭저럭한 꿈을 꾼다. 쫄아있는 학생이라면 미래의 꿈이 고작 수도권 4년제 대학일 것이고, 쫄아있는 직장인이라면 작은 아파트 소유가 꿈의 전부일 것이다.

쫄아있는 사람은 과거의 답답한 나를 유추하면서 미래 역시 답답할 것이라고 생각한다. 그래서 현재의 삶은 노력해도 별수 없다고 단정하고 그저 소모성 농담이나 하면서 텔레비전 앞에서 무기력하게 웃을 뿐이다.

 누군가로부터 위협을 받는 것처럼 살지 말자. 그리고 제발 그 지저분한 과거의 부정적 추억을 벗어던지자. 그래야 현재의 삶에 100% 에너지를 투입할 수 있게 된다. 쫄아있으면 돈도 못 벌고, 남들 앞에서 당당하게 말도 못하게 된다. 연예도 한번 제대로 못 해보고, 모험도 즐길 수가 없이 그저 그렇게 죽어가게 된다. 쫄아 있다는 의미와 쫄지 않았다는 의미는 결국 의지의 차이다.

 쫄지 않은 삶을 살기위해서는 3가지를 철저하게 지켜나가야 한다.
 첫 번째, 깐죽의 힘을 믿어야 한다. 깐죽의 사전적 의미는 쓸데없는 소리를 밉살스럽고 짓궂게 들러붙어 계속 지껄인다는 의미다. 쫄아있는 사람은 과묵하고 경직되어 있다. 그리고 늘 체면과 위신을 생각하며 살아간다. 쫄아있으면 절대 깐죽 댈 수 없다. 깐죽대고 있다면 이미 당신은 쫄지 않은 삶을 살아가고 있다는 증거다.

 이제부터 주변 사람들에게 즐거운 농담도 하고 때로는 재미있는 동작도 표현해보자. 처음에는 당신의 낯선 모습에 모두들 이상하게 볼 것이다. 그래도 깐죽거려 보자. 깐죽이란 당신이 쫄지 않는 삶을 살기 위한 위대한 행동방침이다. 모든 세상을 웃음과 해학으로 만들어보자.
 사실 당신을 위협하는 모든 요소는 웃음이 없었기 때문이다. 늘 잘못되면 망한다는 위협적인 생각만 하고 있으니 세상사는 재미가 있을 수가 없었다. 일은 잘못되는 것이 당연하다고 생각하고 좀 천천히 깐죽 대면서 살아가 보자.

상사에게 꾸중 들어도 혹은 누군가로부터 의심을 받아도 가볍게 웃음으로 넘겨보자. 위협적인 상황에서 웃을 수 있다면 당신은 깐죽의 힘을 믿는 청년이다. 죽도록 불안한 상황에서 깐죽대며 웃을 수 있다면 당신의 인생은 슬픈 멜로드라마가 아니라, 즐거운 코미디 영화로 변할 것이다.

두 번째 쫄지 않은 삶을 살기위해서 당신은 진짜 지식을 쌓아야 한다. 쫄아있는 사람들에게 지식이란 늘 좋은 대학 혹은 학원에 다니는 것을 의미한다. 이 역시 쫄아있기 때문에 늘 남들이 하는 것처럼 해야 좀 마음이 편안한 증상이다.

쫄아있는 상태를 벗어나기 위해서 당신은 진짜 지식을 쌓아야 한다. 많은 책을 읽자. 책 중에서도 제대로 된 고전 100권을 읽어보자. 책을 읽고 또 읽다 보면 천만 명 앞에서도 당당할 수 있는 이성의 힘이 생긴다. 이 힘은 좋은 대학 혹은 유학을 통해 얻는 것이 아니다.

쫄아있는 마음은 바로 나만의 인생철학이 없어서 발생하는 것이다. 인생철학은 본인이 책을 읽으면서 쌓아야 한다. 책을 읽으면서 치열한 고민을 해야 한다. 내 인생 전체를 놓고 판단해보자. 과연 내가 왜 이렇게 쫄면서 살아가고 있는지를 정확히 판단해보자.

세상의 위협에 당당히 대적하기 위해서 당신은 지식을 쌓아야 한다. 그 지식이란 도구적 지식이 아닌 인문학적 지식을 의미한다. 도구적 지식만 쌓으면 더 쫄게 된다. 나만의 인문학적 인생철학이 없다면 가난하지만, 바쁜 인생을 살게 된다.

세 번째 쫄지 않는 삶을 살기 위한 방법은 자신의 일에 최선을 다하는 것이다. 자신의 일에 최선을 다하는 전문가 마인드를 가지고 있다면 지금 전혀 쫄리지 않을 것이다. 학생은 공부를 열심히 하면 되고, 직장인이라면 자신의 업무를 누구보다 열심히 창조적으로 추진하면 된다. 이것이 공자가 강조하는 정명(正名)사상(자신의 이름을 밝힌다.)이다.

쫄지 않으려면 지금 현재 자신이 하는 일에 신명을 다 바쳐서 능동적으로 노력해야 한다. 지금 하고 있는 일이나 공부가 적성이 아니라고 변명하지 말자. 쫄아 있는 사람은 지금 하고 있는 난해한 일이 쫄아서 하기 싫을 뿐이다. 쫄지 말고 지금 하고 있는 일에 최선을 다하자. 그것이 바로 나를 기분 좋은 성공으로 이끌어 줄 수 있는 요소로 작용할 것이다.

오늘 단 하루를 살 것처럼 치열하게

오늘 단 하루만 살 수 있다면 지금 하고 있는 일을 할 것인가. 이 말은 생전에 스티븐 잡스가 즐겨 쓰던 말이다. 매일 새로운 아침을 맞이하고 싶다면 일어나자마자 샤워를 끝내고 거울 앞에 서서, 이 날카로운 질문을 스스로에게 던져 보자.

오늘 단 하루만 살 수 있다면 당신은 무엇을 할 것인가? 지금과 똑같이 작은 것에 연연하면서 억울해하고 기분 나빠하면서 살 것인가. 섬뜩한 이야기이지만 정말 오늘 하루만 살 수 있다면 오늘 하루를 의미 있게 시간을 보내려고 발버둥칠 것이다. 간절하게 갈망하는 삶을 살고 싶다면 오늘 하루가 마지막인 것처럼 생을 살아야 한다.

시간은 한정되어 있고 무언가 새롭게 시작하고 끝을 맺을 수 있다는 것은 생의 축복이다. 이별과 죽음은 그래서 참으로 인간의 삶을 아름답게 하는 안전장치인지도 모른다. 인간은 누구나 시한부의 삶을 산다. 죽음은 늘 우리 곁에 와 있다. 죽음을 인식하면서 무언가를 할 수 있다면 간절한 마음이 생긴다.

죽음을 생각하지 않으면 생은 늘 주어지는 것으로 인식하게 되고 늘 슬픔과 억울한 마음에 타협해서 살아가게 된다. 우울한 마음이나 작은 것에 연연하고 싶은 구질구질한 마음이 찾아온다면 그만큼 내 마음속에 간절함이 없다는 증거다.

간절함이 있어야 생은 살 만하고 감동적이다. 감동이 없으면 생은 아무것도 하기 싫고 현실의 위협 앞에 늘 편안한 것만 추구하다가 늙어 죽게 된다.

영화 같은 감동이 있는 삶은 아름답다.

실패하는 사람들은 늘 현실에 대해 불평하고 불안해하며 자기노력을 하지 않는다. 자기노력을 하지 않고 현실에서 돈 몇 푼 더 버는 것이 자기 노력이라고 말한다. 진정한 자기노력이란 돈 몇 푼 더 버는 가벼움이 아니라 간절함을 가지고 평생 이루고자 하는 일에 전념하는 절박한 마음을 의미한다.

당신은 지금 목숨을 걸고 간절하게 열심히 해야 할 일이 있는가. 이 말에 "예!"라고 강하게 답할 수 있다면 당신은 이미 감동이 있는 삶을 영위하는 것이다. 평생을 두고 꼭 이루고 싶은 간절함이 결국 생을 감동으로 이끈다. 감동은 결국 인간 본연의 원초적 행복감이다.

죽음을 생각하자. 모든 것은 끝이 있다. 허무하게도 우리가 지금 행하는 모든 행동은 100년 뒤 아무도 기억하지 못한다. 하지만 우리는 현실 속에서 싸우고 다투고 의심하고 시기하는 나쁜 습관 속에서 생의 기쁨을 잃어버리고 살아간다.

무엇이 우리 삶을 이토록 무질서하게 만들고 있는가. 그것은 결국 죽음을 인식하지 않고 행동하는 잘못된 습관 때문이다. 지금 손에 쥐고 있는 그 무엇도 의미 없다는 것을 명심해야 한다. 우리는 죽을 때 정말 아무것도 가지고 갈 수 없다. 인간의 삶은 고작 100년이다. 인류의 역사 앞에 비유하면 정말 먼지만큼 살다가 죽을 수밖에 없는 것이 인간의 삶이다.

생은 아름답다.

지금 만나는 모든 사람은 당신에게 행복이다. 지금 무언가를 만질 수 있고 숨 쉴 수 있다면 살아있다는 증거다. 기쁘지 않을 수 없다. 우리는 인식할 수 있는 인간이다. 이것 하나만으로도 삶은 풍요로워 질 수 있다. 불평 불만하며 삶을 살아갈 생각을 버려야 한다.

생을 무절제하게 사용하는 사람들은 삶 속에서 애써 슬픔과 부정하는 마음을 찾아낸다. 그리고 삶의 기쁨을 잃어버리고 살아간다. 삶을 진실로 상쾌하고 행복하게 살아가고 싶다면 살아 있음을 느끼고 감사하며 간절하게 생을 즐겨야 한다.

삶을 간절하게 행복하게 살아가고 싶다면 당신은 2가지를 생각해야 한다. 죽음은 이미 내 앞에 와 있는 친구라고 생각하고 죽는 날까지

이 세상에서 가장 유쾌하고 즐겁게 생을 받아들일 각오가 서있다고 외쳐야 한다. 나 혼자 고생하고 있다는 억울한 느낌을 버리자. 삶의 행복감은 결국 지금 이 순간 살아있음을 행복이라고 느껴야 행복해진다.

감동을 느끼기 위해 현실의 삶을 두려워하지 말자. 그리고 아름다운 우리 생을 위해 다시 한번 마음을 가다듬고 아름다운 삶을 받아들여야 할 것이다.

성공을 가져오는 네트로피 에너지를 받아들여라

우리가 살고 있는 세상은 3차원 세상이다. 3차원 세상은 우리가 사는 현실세계를 의미한다. 어떤 대상을 감각을 활용해서 느낄 수 있고 감정을 공유하면서 살아갈 수 있는 공간이 바로 3차원의 공간이다. 하지만, 우리가 사는 세상 바깥에 다른 세상도 존재한다. 인간은 3차원의 공간을 살아가도록 최적화되어 있기 때문에 다른 차원의 삶은 경험하지 못한다.

과학기술 문명이 발달하면서 인간은 4차원에서 11차원까지의 공간이 있음을 밝혀냈다. 물론 11차원 이후의 공간도 있다는 것은 확실하지만, 아직 증명을 못 해냈을 뿐이다. 3차원을 살아가는 모든 사람들은 11차원 이후의 공간에서 발생하는 현상에 대해 전혀 이해할 수가 없다. 하지만 틀림없이 존재하는 것은 사실이다.

3살 어린이는 세상을 모두 3살의 시각에서 해석해 버린다. 3살짜리는 축구나 야구의 규칙을 모르기 때문에 단순히 공을 주고 받는다는 의미로 축구나 야구를 해석한다. 우리가 경험하고 인식하는 3차원의 공간은 11차원 바깥의 시각에서 보면 3살짜리 어린 아이의 작은 몸부림에 지나지 않을 수 있다. 3살 어린이가 야구, 축구의 규칙을 모르듯이 우리 역시 우주의 운영원리를 잘 이해할 수 없는 것이 사실이다.

인간의 힘은 미약하다. 아무리 노력해도 무언가를 이룩하기에는 역부족인 경우가 너무도 많다. 그러므로 우리는 11차원 바깥에 존재하는 원초적 성공에너지를 받아들여야 한다.

11차원 바깥에 원초적 에너지를 받아들이는 방법을 정확히 알 길은 없다. 그것을 정확히 안다면 세상 모든 사람들은 성공하며 멋진 삶을 살 수 있을 것이다. 3살 어린 아이가 축구의 규칙을 몰라도 축구를 가르쳐 줄 수 있다. 공을 정확히 차고, 공을 정확히 패스하는 방법을 습득시키면 나중에 청소년이 되었을 때 충분히 축구의 규칙을 이해할 수 있게 된다. 3차원 공간에 살고 있는 우리 역시 마찬가지다. 11차원 이후의 규칙에 대해 전혀 알 길이 없지만, 성공에너지를 받아들이는 방법은 경험으로 인식할 수 있다.

11차원 이후의 공간이 어떤 규칙에 따라 운영되는지 알 길은 없다. 하지만 그 공간의 에너지를 받아들이면 인간은 성공이라는 거대한 에너지를 만나게 된다. 운명을 바꾸고 싶다면 축구의 규칙(11차원 이후의 질서)은 몰라도 축구를 잘하는 방법(긍정적 습관)을 습득하면 되는 것이다.

11차원 이후의 거대한 성공에너지를 받아들이자. 그 에너지는 분명 존재한다. 그리고 최소한 그 에너지를 받아들여야 성공할 수 있다는 것도 인간의 경험 속에서 확실히 증명된 사실이다. 필자 역시 11차원 이후의 공간의 변화규칙을 알 길은 없다. 하지만 그 공간이 있다는 것과 성공을 이룩하기 위한 특별한 에너지가 있음은 분명히 인식하고 있다. 필자가 아는 상식으로 11차원 이후의 성공에너지를 받아들이지 않고 성공을 이룩한 사람은 없다. 우리가 알지 못하는 초자연적인 성공에너지를 받아들이기 위한 위대한 방법 3가지를 기술하면 아래와 같다.

첫 번째 성공에너지를 받아들이는 위해서는 무조건 긍정해야 한다. 긍정하는 힘을 가진 사람은 용기 있는 사람이다. 세상을 긍정적으로 보려고 노력하고 행동과 생각을 긍정하려고 노력해야 한다. 단 일분 동안이라도 불평의 마음을 가져서는 안 된다. 불평하는 생각과 행동은 모든 성공의 에너지를 끊어 버린다. 슬픔, 질투, 원한, 증오, 불안, 저주, 의심과 같은 생각을 빨리 벗어나야 한다. 이 기분을 가지고 있다면 성공에너지를 절대 흡수할 수 없다. 긍정하려는 힘은 당신 내면에 이미 내재 되어 있음을 확신해야 한다. 그리고 거대한 성공에너지의 힘을 받아들이기 위해 오늘부터 당신은 세상에서 가장 유쾌하고 긍정적인 사람으로 다시 태어난다고 다짐해야 한다.

두 번째 성공에너지를 받아들이는 방법은 꾸준함이다. 사람들은 꾸준하다는 것의 무서움을 잘 알지 못한다. 필자는 글을 쓰는 사람이기 때문에 이 꾸준함의 위력을 잘 안다. 하루 1페이지씩 6개월을 쓰면 책 한 권이 완성된다. 정말 꾸준하게 무언가를 하는 것만큼 강한 것도 없다고 생각한다. 우리가 알지 못하는 성공에너지를 받아들이고 싶다면 긍정적 행동을 꾸준히 실행해야 한다. 꾸준하게 긍정적 행동과 생각을 실행해야 한다. 매일매일 자신을 발전시키기 위한 꾸준한 노력을 경험해 보자. 꾸준함을 지속하면 할수록 성공에너지는 축적된다.

세 번째 성공에너지를 받아들이는 방법은 집중이다. 신이 인간에게 부여한 최고의 즐거움은 집중의 행복감이다. 집중을 하면 현실 시간에 대한 감각이 없어지고 내가 하는 일에 깊은 행복감과 재미를 발견하게 된다. 고도의 집중을 이끌어내면 자신이 하는 일에 대한 엄청난 자부심을 느끼게 되고 삶의 행복감 역시 고도로 높아지게 된다.

집중은 정말 인생을 살 만하게 만든다. 지금 방황하고 마음을 잡지 못하고 있다면 지금 하고 있는 것 중에서 가장 중요하다고 생각되는 것에 집중해보자. 집중은 고도의 긴장감을 불러온다. 긴장이란 모든 몸과 마음을 한곳에 집중시키는 힘을 가지고 있다. 고도의 긴장감은 불편함이 아니라. 거대한 행복감이다.

성공에너지가 어떻게 사람에게 전달되는지 정확한 규칙을 알 방법은 없다. 하지만, 앞서 언급한 3가지 법칙을 정확히 이해하고 실천에 옮기면 초자연적인 성공에너지를 받아들일 수 있게 된다.

자신의 의지와 생각을 존중하고 매일매일 성공에너지(netropy)를 받아들이도록 노력을 해보자. 성공에너지를 받아들이면 들일수록 신기하게도 에너지의 존재를 믿게 될 것이고, 당신은 성공하게 될 것이다.

진정한 성공을 위해 새로운 도전을 준비하자

어린 시절부터 우리는 안정된 삶을 사는 것이 최고의 행복이라고 교육받아 왔다. 불행하게도 현재 우리나라 청소년 최고의 희망직업은 공무원이다. 사회가 힘들어질수록 우린 사슴처럼 온순하고 안정된 삶을 살아야 한다고 강요받는다. 손에 쥔 몇 푼 돈을 아끼며 안정되게 살아가는 것이 인생의 전부가 아님에도 불구하고 우리는 안정된 생활의 미덕을 강요받고 성공하기 위해서 좋은 대학, 멋진 직장을 다녀야 한다고 규정짓는다.

하지만 진정한 성공의 출발점은 안정을 거부하면서부터 시작된다. 안정을 생각하면 무서워서 올인(all-in) 할 수 없고, 올인 할 수 없다면 성취할 수도 없다. 무언가를 성취하려면 안정은 포기해야 한다. 자연 속에서 포효하는 사자처럼 두려움 없이 나아가야 한다. 그래도 사회적 위신과 체면 때문에 아무것도 못하고 바보처럼 살아가고 있다면 일단 자신에게 질문을 해보자.

'나는 누구인가? 나는 무엇을 하고 있을 때 행복한가? 나는 무엇 때문에 이 세상에 왔는가?'

이 바보 같은 질문을 자신에게 진지하게 던져보자. 이 질문에 치열하게 답변하지 못한다면 당신은 정말 슬픈 삶을 살아가야 할 것이다.

지금 당신은 어린 시절부터 꿈꾸던 일을 하고 있는가? 대부분의 사람들은 어쩔 수 없이 지금 하고 있는 일을 하고 있다고 답변한다. 왜 하기 싫은 일을 하고 있냐고 반문하면 그럼 어떻게 하냐고 다시 반문한다. 대부분의 사람들이 원하는 것은 이미 레드오션(red ocean) 즉 포화상태의 시장에 해당된다. 대학 안 나오면 사람 구실 못한다고 모두들 대학을 가고자 하는 동안 대학은 이미 레드오션 시장이 되어버렸다. 대학을 나와도 일자리가 없어서 청년들이 좌절한다.

성공의 고정관념을 버려야 한다. 성공은 돈을 많이 버는 것도 아니며, 높은 학식을 쌓는 것도 아니고, 좋은 대학을 나오고 좋은 직장을 다니는 것도 아니다. 성공은 지금 내가 하고 싶은 일을 하고 있는 것이다. 그리고 그 일이 나에게 만족감을 주고 우리 사회와 타인에게 따뜻함을 줄 수 있는 그 무언가를 갖추고 있어야 한다. 다시 한번 말하지만, 성공은 돈이나 기타 물질적인 그 무엇의 문제가 아니다. 지금 내가 하고 싶은 일을 신나게 즐기며 살아가고 있느냐의 차원이다.

성공하고 싶다면 블루오션(blue-ocean)시장을 만나야 한다. 스티븐 잡스가 창고에서 말도 안 되는 개인용 컴퓨터를 만들려고 처음 시도했을 때 다른 사람 시각에서 그는 실업자였다.

타인이 가지 않는 길에 분명한 답이 있다. 타인이 가지 않는 길은 위험한 것이 아니라. 위험하지만 상당히 안정된 길이다. 두려움은 인간을 안주시킨다. 타인이 가지 않았다는 것은 두려움 때문이다. 그 두려움을 깨면 된다. 가지 않은 길을 갈 때 담대하게 갈 수 있는 힘은 "깊은 생각"이다. 고민과 깊은 생각은 다르다. 고민은 갈등의 상황을 의미하며 긍정적 부분보다는 부정적인 부분이 확대될 때 고민이라는 형태가 몸속으로 들어오게 되는 것이다.

깊은 생각은 지혜다. 아무리 위험한 길이라 할지라도 깊은 생각을 하면서 천천히 하지만 쉼 없이 그 분야를 관찰하고 경험하면 그 분야가 블루오션이 되는 것이다. 블루오션 시장을 발견하고 그곳에서 성공을 거두기 위해서는 분명 배워야 한다. 배워야 깊은 생각을 할 수 있는 힘이 생겨나게 된다. 배운다는 것은 단순히 열심히 공부하라는 의미가 아니다. 강의를 듣고, 책을 읽고, 여행을 다니고, 글을 쓰는 일련의 과정이 블루오션 시장을 찾는 중요한 방법이다.

세상이 정말 좋아졌다. 유튜브(Youtube)를 통해 세계 명강의를 다 감상할 수 있다. 개인적으로 그 강의를 들으려면 최소 강좌당 최소 몇 백만 원은 족히 지불해야 할 것이다. 성공하고 싶다면 남는 시간에 모바일기기를 이용해 유튜브 명강의를 들어보자. 우리나라 강의만 국한해서 들으려고 하지 말고 세계 최고의 강의를 들어봐야 한다. 그래야 세상을 읽는 힘, 유행을 보는 시각을 가지게 된다. 또한, 수많은 책을 읽어야 한다. 대형서점에 가서 책을 읽어보자. 책을 읽을 시간이 없다면 목차만이라도 보자. 그리고 반드시 메모를 해야 한다. 좋은 아이디어 혹은 인생을 바꿔줄 기발한 발상은 우연히 발생한다. 메모하는 습관이 곧 인생을 바꿔준다.

엄청난 변화의 바람이 불고 있다. 디지털과 모바일을 기반으로 새로운 세계가 다가온다. 3개월 전 제품은 모두 구형이 되어버린다. 이 상황에서 아무 생각 없이 고정관념을 고집한다면 미래 역시 고정적으로 살아가게 될 것이다.

변화를 인정하고 변화를 받아들여야 한다. 그리고 그 속에서 아름다운 나만의 이야기를 만들어 나가야 할 것이다.

성공쿠폰을 획득하는 방법

성공이라는 개념은 처음부터 하늘에서 돈이 떨어지거나 날벼락처럼 명성이 날아오는 것이 아니다. 성공을 위해서는 성공의 작은 불씨를 살려야 한다.

성공하기 위해서는 성공 쿠폰들을 모아나가야 한다. 이 쿠폰들이 모이면 결국 성공으로 이어지는 것이다. 성공 쿠폰이란 결국 작은 도전을 하라는 의미다. 당신이 하루 종일 행하는 모든 행위는 그 하나하나가 인생 성패를 결정짓는 쿠폰을 모아가는 행위다. 그 쿠폰을 어떻게 모아 가느냐에 따라 인생성공 성패가 결정된다.

인생성공 쿠폰을 모으는 행위는 결국 순수한 노력, 경청과 배려, 창조적 생각과 실천이다. 인생을 성공하는 모든 사람들은 성공의 쿠폰을 모아나간다. 여러 가지 형태의 긍정적 행동들은 결국 하나로 뭉쳐져 거대한 성공신화로 연결된다. 실패하는 사람들은 성공의 쿠폰을 모으는 것이 아니라, 실패의 쿠폰을 모아나간다. 실패 역시 갑자기 하늘에서 떨어지는 것이 아니라 실패의 쿠폰이 가득 차면 거대한 실패로 드러나게 된다.

인간은 모두 자신의 10초 뒤 행동에 책임을 질 수 있다. 그렇다면 10초 뒤 성공, 실패의 쿠폰을 결정짓는 사람은 결국 바로 당신이다. 성공과 실패는 결국 지금 행하려고 하는 행동에 기인할 수밖에 없다. 그러므로 자신을 적절하게 통제하면서 성공쿠폰을 만들어나가면 머지않은 미래에 성공이라는 찬란한 별과 만날 수 있게 된다.

성공쿠폰을 획득하기 위한 3가지 방법은 다음과 같다.

성공쿠폰을 획득하기 위한 첫 번째 방법은 순수한 노력이다.

순수한 노력이란 지금 하고 있는 일에 사심 없이 열심히 행하는 것이다. 인간의 궁극적 행복감은 결국 지금 한 가지에 열심히 몰입할 때 실현된다. 다른 그 어떤 행복감도 집중과 몰입의 행복감을 뛰어넘을 수 없다. 학생이라면 열심히 공부해야 하고, 작가라면 열심히 글을 써야 한다. 자신이 현재하는 일에 열심히 몰입할 때 진정한 의미의 행복감에 도달하게 된다. 성공쿠폰을 획득하는 가장 현실적 대안은 결국 순수한 노력이다.

두 번째 성공쿠폰을 획득하는 방법은 경청과 배려다.
퇴근 후 집에 들어가면 피곤해서 쉬고 싶다는 생각만 들 것이다. 몸과 마음이 지쳐서 아들, 딸과 놀아주기에는 너무 피곤하다는 생각이 든다. 인간세계의 성공은 결국 얼마나 상대를 이해하고 많은 경청과 배려를 했느냐에 따라 결정된다.
텔레비전 보는 시간과 쓸데없는 웹 서핑하는 시간을 최대한 줄여나가보자. 그러면 주변사람들에 대해 경청과 배려를 행할 시간이 훨씬 많아진다. 시간이 지나고 보면 결국 가슴속에 따뜻한 추억으로 남는 것은 무의미하게 혼자 보낸 시간이 아니라, 배려와 경청을 실천하며 보낸 시간들이다.

당신은 하루 중 얼마나 오랜 시간 사랑하는 사람들의 눈을 바라보는가?

성공쿠폰을 획득하려면 상대와 대화할 때 컴퓨터 자판을 두드리거나 텔레비전을 보거나, 딴짓을 하면서 대화하면 안 된다. 이런 식의 대화는 결국 실패의 쿠폰만 모일 뿐이다.

성공의 쿠폰은 결국 지금 내 앞에 있는 사람에게 눈을 맞추며(eye-contact) 충분한 이야기를 들어주는 것이다. 상대와 대화하며 그의 이야기에 경청하는 행동은 결코 버려지는 시간이 아님을 명심해야 한다.

눈을 맞추고 그를 이해하는 과정이 결국 성공으로 가는 쿠폰을 획득하는 행위다. 상대방이 좀 실수해도 웃어넘길 수 있다면 그 또한 상대를 위한 배려이므로 성공쿠폰을 획득하는 방법이다. 인생을 너무 바쁘게 살지 말아야 한다. 지금 바빠서 아들, 딸과 놀아주지 못하고 존경하는 사람들과 눈 한번 마주쳐 줄 시간이 없다면 미래에도 지금처럼 바쁘지만 늘 가난한 삶을 살아야 한다. 지금 당신이 아무리 바쁘다고 소리쳐도 그 일은 해결되지 않을 것이다. 결국 진정한 성공으로 가기 위해서는 지금 내 앞에 있는 사람들에게 충분한 배려와 경청의 시간을 내주어야 한다.

요즘 라디오 광고 중에 이런 문구가 있다. "순간순간이 뮤지컬이며 드라마인 삶을 놓치지 말고 00카메라에 담아 두세요." 이 광고카피를 잘 분석해보면 경청과 배려의 중요성에 대해 새삼 이해하게 된다. 바쁘게 움직이면 낮은 단계의 인간관계만 형성된다. 깊은 단계의 인간관계로 넘어가기 위해서는 상대방에게 경청과 배려라는 감동을 선물해야 한다.

성공쿠폰을 획득하는 방법 중 경청과 배려는 인간을 이끌어 내는 힘이다. 많은 사람들을 사귈 필요는 없다. 결국, 지금 내 앞에 있는 사람에게 최선을 다하는 삶이 새로운 기회를 열어줄 것이다. 경청과 배려는 외부적 성공쿠폰이므로 이 쿠폰을 많이 쌓아나가면 여러 사람들로부터 긍정적 반응을 획득하게 될 것이다.

세 번째 성공쿠폰을 모으는 방법은 창조적 노력과 실천이다.

책읽기, 생각하기, 글쓰기는 창조적 노력으로 가는 지름길이다. 이 행동을 지속적으로 반복하면 다량의 성공쿠폰을 획득할 수 있다. 지금 무의미하게 실패의 쿠폰을 쌓아나가고 있다면 책읽기, 생각하기, 글쓰기라는 창조 3종 세트를 만나면 된다.

창조적 노력과 혁신적인 실천은 머리를 짜낸다고 바로 아이디어가 도출되는 것은 아니다. 창조란 결국 흘러 넘쳐야 한다. 책읽기를 연속적으로 수행하면 지식이 저수지를 만들 것이다. 이것이 바로 위대한 창조적 산물이 된다. 그리고 그렇게 모인 배경지식들을 생각이라는 공간 속에서 담금질하고 글로 실행하기를 연속적으로 시도하면 어느 순간 성공은 내 앞에 와있을 것이다.

성공 쿠폰을 모으려고 하면 처음에는 엄두가 나지 않을 것이다. 이것은 마치 새로 오픈한 치킨집에서 쿠폰 붙이는 판을 처음 받는 느낌과 비슷할 것이다. 처음 치킨 쿠폰판을 받으면 이것을 언제 다 모을 것인가를 고민하게 된다. 하지만 꾸준히 치킨을 주문하다 보면 자신도 모르는 사이에 원하는 수량만큼 치킨 쿠폰을 모두 모으게 된다.

성공쿠폰을 모으는 방식 역시 동일하다. 처음에는 실행이 어렵고 어색하기 짝이 없을 것이다. 하지만, 꾸준히 실행하다 보면 어느덧 성공이라는 멋진 별을 획득할 날이 분명히 기다리고 있을 것이다.

거대조직에서 살아남는 방법

많은 사람들은 대학을 나오면 거대조직(좋은 직장)에 들어가길 원한다. 하지만 좋은 직장에 들어가려는 이유가 분명하지 않다면 조직에 들어가는 순간 조직 속에서 방향성을 잃어버리고 답답함을 느끼게 된다.

거대조직일수록 조직에 꼭 필요한 사람과 필요 없는 사람으로 명확하게 나누어진다. 파레토 법칙에 의하면 한 개의 조직이 돌아가는데 꼭 필요한 사람은 20%의 구성원이고 나머지 80%는 절대적 필요는 없지만 매일 반복되는 단순한 작업에 종사하는 부품 같은 구성원이라고 구분한다.

원하는 거대조직에 입사했다고 하더라도 정신을 차리고 자신을 관리하지 않으면 거대한 조직 속에서 주체성을 잃고 무질서하게 살아가게 된다. 본인의 주체성을 잃어버리기 딱 좋은 공간이 바로 거대조직이다. 거대조직에서 정신을 차리지 않으면 자신의 의사와는 상관없이 의사결정이 이루어지고 연공서열이라는 딱딱함 속에서 무조건 일 열심히 하는 척하는 것이 미덕이 되어버린다.

조직 속에 있으면 집단 의사결정 오류 속에 빠지기 쉽다. 아무리 똑똑한 사람이라도 조직 속에서 자신을 찾으려고 노력하지 않으면 거대조직 속에서 자아를 상실하게 된다.

잘못된 거대조직에서 자신을 잃어버리는 일련의 현상을 소개하면 다음과 같다.

조직 내에서 잘못된 판단을 하고 있는 열 사람이 우기면 정확한 판단을 하고 있는 한 사람은 바보가 된다. 거대조직은 언제나 거대한 믿음과 거대한 안정을 추구하면서 일을 추진한다. 조직이 잘못되어가고 침몰해가고 있지만, 거대 조직 내에서 열 사람이 잘못된 판단에 동조한다면 정답을 알고 행동하는 한 사람의 의견은 묵살되게 된다.

매너리즘에 빠진 열 사람이 잘못된 것을 무조건 추진하고 있다면 정답을 아는 한 사람은 처음에는 저항하다가 어느 순간 그 저항이 받아들여지지 않으면 습관처럼 어리석은 11번째 사람이 되고 만다. 그리고 그다음에 들어오는 모든 사람들은 잘못된 기업문화가 올바르다고 생각하고 끊임없이 우매한 판단을 밀고 나가게 되고 결국 조직은 우매함 속에서 침몰하게 된다.

두 번째 잘못된 거대조직의 특징은 회의가 많다는 점이다. 회의가 많으면 좋은 성과가 나오는 것이 아니라 회의 주의자(비관론자)만 생산되게 된다.

기업에 강연을 나가보면 끊임없는 마라톤 회의가 연속인 경우가 많다. 월간회의, 주간회의, 일일회의 등 그 이름도 다양한 회의가 거대조직에 존재한다. 회의란 무엇인가? 개개인의 연구결과물들이 충분히 성숙했을 만나서 간단하게 집단을 성장시킬 방법을 잠시 이야기하고 조율하는 것이 회의다. 이 회의가 길어지게 되면 모든 구성원들의 업무역량은 떨어지게 된다.

결국 회의가 길어진다는 것은 연구하지 않는 수많은 조직원들이 회의를 통해 암울하고 답답한 결론에 도출된다는 가정이 나온다. 경직된 조직 혹은 연공서열을 중시하는 기업문화일수록 회의량은 증가한다. 회의가 길어지면 피로도가 증가한다. 회의가 증가하면 차가운 이성은 무너지고 뜨거운 감정만 난무하게 된다. 성숙된 회의문화는 성숙된 업무숙련도에서 나온다. 하루 종일 회의를 기다리면서, 잡담하고 시간만 보내는 무능력한 사람들을 키우는 공간이 직장이 되어서는 안 된다. 꼭 기억해야 할 것은 회의가 많으면 조직 전체구성원들이 회의주의자(비관론자)가 된다는 점이다.

세 번째 무능력한 조직의 특징은 중요한 것과 중요하지 않은 것을 구분 못 하게 된다는 점이다. 만약 세탁기를 생산하는 회사에서 중요한 의사결정들을 위해 많은 사람들이 모여서 회의를 한다고 가정해보자. 이번 회의의 가장 중요한 핵심은 세탁기 내부구조의 핵심기술인 모터방식에 대한 회의라고 생각해보자. 이 핵심기술은 회사의 운명을 좌우할 중대결정이다. 하지만 결국 모든 구성원 전체가 핵심기술을 이해 할 수는 없다. 그러므로 소수의 사람들에 의해 중대결정은 무비판적으로 아주 짧은 시간에 의사결정이 이루어지고 나머지 회의 시간은 모두가 공유할 수 있는 잡다한 문제에 집중하게 된다. 예를 들어 이번 야유회를 어디로 가느냐는 회사발전에 거의 영향을 끼치지 못하는 문제이지만 모든 사람들이 공유할 수 있는 전문지식이 필요 없는 야유회 이슈에 대해 수없이 많은 소모적 논쟁을 지속하게 된다. 결국 무질서한 거대조직일수록 핵심회의는 소수의 사람들이 공유하게 되며 매우 짧은 시간에 독재적으로 결정된다. 그리고 중요도가 떨어지는 사안에 관한 회의는 많은 사람들이 참여해서 소모적 시간을 낭비하게 되는 무질서를 표현하게 된다.

거대조직 속에서 정신을 차리지 않으면 개인은 없어진다. 개인이 없어진다는 의미는 개인 삶 전체가 무너진다는 느낌으로 다가오게 된다. 지금 머릿속에 '어떻게 하면 일을 조금만 하고, 돈을 많이 받을 수 있을까?'를 생각하고 있다면 이미 조직 속에서 나를 잃어버리고 방황하고 있다는 증거다.

거대조직 속에서 나를 찾고 개인의 무한발전을 이룩하기 위해서는 지금하고 있는 일을 진실로 사랑해야 한다. 일을 사랑하면 직장을 사랑하게 되고 조직을 진심으로 사랑하게 된다. 자신이 몸담고 있는 조직의 일을 사랑하고 있다면 이미 당신은 성공하고 있는 사람이다.

조직을 사랑하는 일이 한순간에 신기루처럼 생겨나지는 않는다. 자신이 하는 업무에 꾸준한 노력이 뒤따라야 한다. 여기서 말하는 노력이란 '무조건 열심히 하라'는 개념이 아니라, 자신만의 지적 재산을 만들라는 의미다. 조직은 언제까지나 당신을 보호해 주지 않는다는 점을 명심해야 한다.

당신은 당신이 현재하는 일에 전문가가 되어야 한다. 무조건 전문가가 되어야 한다. 그래야 성공하는 삶을 살 수 있게 된다. 행복하게 성공하는 모든 사람들은 모두 집요한 노력을 통해 자신의 분야에서 최고가 된 사람들이다. 당신이 지금 하고 있는 일에서도 충분히 지적재산을 창출할 수 있다. 당신이 직장 내에서 경험하는 모든 에피소드와 환경은 모두 지적재산으로 창조될 수 있다.

하루에 단 한 장을 써보자. 자신이 오늘 했던 핵심 업무를 더 잘하기 위해 그것을 글로 작성해보자. 이 작업을 하기 위해 당신은 더욱 열심히 자신의 업무에 관한 배경지식을 쌓아나가야 한다. A4용지 한 장의 글이 나오기 위해서는 대략 30페이지 정도를 읽어야 한다. 그래야 글이 만들어진다. 자신이 조직 속에서 매몰되지 않고 창조적 개인으로 부와 명예를 누리고 싶다면 지금 업무 내에서 이루어지는 모든 일들을 철저히 검증하고 배경지식을 쌓아나가야 한다. 그리고 당신을 이 세상 최고의 전문가로 만들어 줄 위대한 지적재산권을 확보하기 위해 글을 작성해야 한다.

잃어버린 꿈을 되찾아라! 그 꿈에서 모든 것이 시작된다

미래의 아름다운 꿈을 꾸지 않고 인생을 살면 현실은 감옥이 된다. 꿈이 없이 살면 하기 싫어도 해야 하는 답답한 현실과 만나게 된다. 현실이 괴롭고 답답해도 아름다운 꿈을 가져야 한다. 나이가 들어도 꿈을 가져야 한다. 답답한 현실 때문에 꿈을 꾸지 않고 있다면 그 자체가 내 인생을 실패의 늪으로 밀어 넣는 범죄행위를 범하고 있는 것이다.

실패하는 사람들은 20대만 넘어가도 꿈을 꾸기에는 늦었다고 판단하고 현실에 안주해 버린다. 70살 넘게 인생을 살아온 사람 입장에서 보면 30, 40, 50대는 무슨 꿈이건 실천할 수 있는 아름다운 순간들이다.

꿈을 꾸어야 한다. 하지만 그냥 꿈만 꾸면 답답한 몽상가가 되어버린다. 꿈을 꾸기 위해서는 끊임없이 그 꿈을 위해 준비를 해야 한다. 꿈을 준비하는 방법은 의외로 간단하다. 지금부터 꿈을 이루기 위한 방법을 실천에 옮겨보자. 일단 10년 뒤 자신이 이룩하고자 하는 꿈을 그림을 그리듯이 적어 보자. 그 꿈을 적었다면 오늘부터 그 꿈에 관련된 서적 100권을 읽으면서 느낀 점과 자신의 생각을 하루 1장씩 12포인트로 적어보자.

만약 10년 뒤 꿈이 동시통역사라면 동시통역사와 관련된 서적을 100권 읽으면 된다. 일단 관련서적을 사지 말고 도서관에서 빌려서 그저 읽어보자. 그리고 그 책들을 읽은 뒤 자신의 생각을 덧붙여서 하루 1장씩 자신의 의견을 적어보자.

이 위대한 작업을 절대 무시해서는 안 된다. 자신의 꿈을 이루기 위한 위대한 글쓰기를 시작하면 6개월 이내에 기분 좋은 변화들이 자신에게 나타나기 시작한다.

사실 사람들이 찬란한 미래의 꿈을 꾸지 못하고 현실에만 안주하는 이유는 현실이 버겁고 힘들기 때문이다. 현실의 결핍감은 내 몸을 움츠러들게 한다. 현실의 위기를 극복하기 위해서는 생각 없이 많은 공부와 일을 해야 한다는 사고 자체를 전환시켜야 한다.

자신이 현재 먹고사는 문제 혹은 취직이나, 진학문제로 엄청난 고통을 경험하고 있다면 10년 뒤 자신의 모습부터 떠올려야 한다. 10년 뒤 떠올려진 모습이 무엇인가를 생각했다면 이제 하루 2시간 그 꿈만을 위해 시간을 투자해보자. 미래가 확실해지면 당신은 현실의 고통을 아무것도 아닌 것으로 인식할 수 있는 과감성과 결단력이 생겨난다. 당신이 현재 현실이라는 기분 나쁜 늪에서 헤매고 있다면 꿈을 꿀 수 없는 무질서 상태(entropy)임을 암시한다. 미래가 보이지 않으면 현실은 언제나 무서운 괴물처럼 당신의 발목을 잡고 늘어질 것이다.

꿈을 꾸자. 그리고 그 꿈을 실천에 옮기기 위해 하루 한 장씩 자신의 창조적 생각을 적어보자. 이 작업을 6개월 동안 실천하면 어느덧 당신은 현실이라는 답답함 속에서 벗어나 미래의 꿈을 위해 무언가를 하고 있을 것이다.

긴 터널을 걸어가고 있다고 생각해보자. 걷고 있는 동안 현실이 힘들고 지친다는 것에 집중하면 걷기가 힘들어지고 답답하게 느껴질 것이다. 답답한 터널을 뚫고 나오려면 밝은 미래를 꿈꾸며 터널이 통과되고 난 뒤의 긍정적 나의 모습을 상상해야 한다. 미래의 긍정적 모습을 상상하면 현실의 위협은 사라진다. 물론 현실의 위협이 더욱 강하게 다가오면 미래의 모습을 꿈꾸기가 더욱 힘들어 지겠지만 이와 같은 무질서 상태(entropy)에서 무릎을 꿇어서는 안 된다.

현재가 부정적이면 부정적일수록 긍정적 미래의 꿈을 더욱 선명하게 꾸어야 한다. 그리고 미래의 꿈을 가장 확실하게 꿈꾸는 방법이 바로 글쓰기라는 점을 명심해야 한다.

미래의 꿈을 꾸지 못하고 현실에 발목이 잡혀서 살아가는 사람들은 현재의 부족감을 채우는 데만 급급하다. 마치 쓰레기 더미 속에서 피자쿠폰을 찾는 사람처럼 현실의 부족감을 채우는 일은 무의미하다. 현재가 좀 부족해도 그것을 채우는 데만 신경을 쓰면 당신의 아름다운 미래는 사라지고 현실은 더욱 가난하고 괴로워진다. 거대한 둑이 무너져서 물이 새고 있는데 시멘트로 대충 보강공사만 한다고 방어가 되는 것은 아니다. 성공하고 싶다면 10년 뒤 나의 모습을 꿈꾸고 하루 1시간 관련서적을 읽고 그것을 1시간 동안 글로 남겨야 한다.

실패한 사람들은 하루 2시간 미래를 위해 집중할 시간적 여유가 없다고 하소연한다. 현실의 두려움에 겁먹어서 무언가 현실을 위해 조금 더 열심히 일해야 할 것 같은 생각이 든다면 그 순간이 바로 현실의 노예가 되고 있다는 증거다.

현실을 부정하라는 의미가 아니다. 현실의 문제를 최대한 빨리 끝내고 나머지 시간에 미래를 위한 창조적 꿈을 꾸어야 한다. 창조적 유희를 즐길 준비를 하자. 당신이 지금부터 만나게 될 10년 뒤 사회는 바로 창조적 유희를 즐기는 자들이 사회적 권력을 성취하는 시대이다.

창조적 유희란 결국 꿈을 글로 쓸 수 있는 능력을 지닌 자를 의미한다. 현재 무슨 일을 하고 있건 10년 뒤를 준비하지 않으면 도태된다. 아무 생각 없이 현실에서 근면 성실히 일하면 10년 뒤 20만 원 더 받는 노동자밖에 될 수가 없다. 창조적으로 책을 읽고 창조적으로 글쓰기의 유희를 즐겨야 한다. 이제 정보화시대는 갔다. 무조건적인 지식의 축적이 중요시되던 시대는 가버렸다. 이제 무서운 스토리의 시대가 오고 있다.

창조적 유희를 즐겨야 한다. 지금 창조적 책읽기와 글쓰기를 즐기지 않으면 10년 뒤에도 지금과 똑같이 빨간 날만을 기다리면서 눈치 보는 삶을 살아야 한다는 점을 명심해야 한다.

가족 무기력 증상 극복하기

물질적이고 무질서한 삶을 오랫동안 살다 보면 자아 정체성을 상실하게 된다. 자아 정체성을 상실하면 밖에서의 행동과 집안에서 행동이 서로 다르게 표현된다. 밖에서는 친절한 김 부장이지만 집안에서는 무기력하고 짜증만 내는 부끄러운 아버지가 되는 경우가 많다.

왜 이런 현상이 나타날까.
이러한 현상이 나타나는 이유는 집안이라는 공간을 편안함만을 즐기는 무질서한 공간으로 인식하기 때문이다. 바깥에서 열심히 일하고 있을 때는 집안에 들어가서 아이들 숙제도 봐주고 같이 놀아주고 싶다는 생각이 간절한데 막상 집안에만 들어가면 맥이 풀리면서 무질서 상태에서 그저 텔레비전 리모컨만 돌리게 된다.

집안이라는 공간은 편안함을 제공하는 공간이다. 전 가족구성원들이 편안히 휴식하면서 쉴 수 있는 공간이다. 이 공간 내에서 자유롭고 편안하게 쉬는 것은 본인의 자유 의지다. 하지만 집안이라는 특정한 공간에만 들어오면 무질서해진다면 부정적 습관이 몸에 밴 것이다. 무질서 바이러스(entropy)에 감염된 사람은 가족들에게 퉁명스럽게 대한다. 또한, 작은 일에도 불 같은 화를 내게 된다. 가족구성원들을 하찮게 여기는 이 마음이 바로 무질서한 인간들이 표현하는 엔트로피 자각 증상이다.

겉으로 보기에는 아무 문제 없는 집안이지만 속으로 들어가서 보면 많은 문제점이 내포된 집안이 많다. 무질서 정도가 높은 집안에서는 낯선 사람이 집을 방문하면 아버지는 급격하게 친절해지고, 어머니 역시 수줍음 많은 공손한 여성으로 바뀐다. 아들, 딸들은 방안으로 숨어 버리거나, 그 자리를 회피해 버린다.

집안 식구들끼리 있으면 무질서가 극단적으로 표현된다. 이성적 대화가 이루어지지 않으며 감정적 대화만 오간다. 부정적이고 무질서한 언어가 표현될수록 가족구성원 모두는 더 심각한 무질서한 상황으로 들어가버린다. (mega-entropy)

한번 무질서 상태에 노출되면 아버지는 돈 벌어다 주는 사람, 자식은 짐이 될 뿐이다. 무질서 상태에서는 가족 구성원 간에 상호 신뢰와 믿음이 없으므로 끊임없는 짜증과 분노가 표출되어 진다. 이와 같은 무질서 증상(entropy)이 지속되면 이중적 성격(밖의 행동과 집안 행동이 달라진다.)을 가지게 된다. 집 밖에서는 매우 이성적이며 친절하고, 집안에 들어오면 무기력해지는 증상이 반복된다. 문제는 여기서 끝나는 것이 아니다. 가족 구성원 내에 무질서한 감정표현이 지속되면 될수록 부정적 에너지의 축적으로 이어지게 된다.

엔트로피가 지속되면 먼지가 가득 낀 닦지 않은 자동차 유리처럼 앞이 보이지 않는 무시무시한 무질서 속으로 들어가게 된다. 이 상태가 지속되면 가족 구성원들의 목표는 오직 돈과 아무것도 하지 않고 편안히 있는 무질서한 즐거움을 서로 즐기려는 동물적 삶으로 이어지게 된다. 육체적 편안함 속에 빠지는 공간이 집으로 설정되면 그때부터 진짜 나를 잃어버리게 되고 남들의 시선에서 자신을 인식하는 노예와 같은 삶이 시작된다.

극단적 무질서(mega-entropy) 상황 속에서는 남에게 보여지는 나를 항상 불안하게 관찰하면서 남들 시선 때문에 좋은 차와 좋은 옷을 입고 싶어지게 된다. 그리고 남에게 보여지는 나의 모습을 위해 좋은 대학을 가야 할 것만 같고, 많은 돈을 벌어야 할 것 같은 답답한 종속된 이미지의 삶을 살게 된다.

아버지는 대학 안 가면 거지 된다고 이야기하고 자녀들은 공부를 하기 싫은 노동으로 인식하고 다른 곳에 관심을 두게 된다. 어머니는 무질서한 현실을 벗어나고 싶지만 마음대로 되지 않아서 그 스트레스를 자식과 남편에게 짜증으로 풀게 된다. 정말 슬픈 것은 가족 구성원 전체의 무질서(entropy)는 그 어떤 사람도 고쳐줄 수 없다는 점이다. 무질서한 가족들은 겉으로 보기에는 정말 아무 문제가 없어 보인다. 지극히 정상적이지만 가슴속으로 엄청난 공허감을 느끼고 살아가고 있다면 그 상태가 바로 엔트로피 상태이다.

청소년 시기에 가정 무질서를 경험하면 현실의 작은 것에만 연연하게 된다. 무기력한(매우 엄격하거나, 매우 자유분방함) 집안분위기를 경험한 청소년은 지금 현재 편안한 것만을 추구하게 되고 극단적 감정 표현을 부모에게 서슴없이 자행하게 된다. 이렇게 성장한 청소년은 어른이 되어서도 감정조절이 불가능해지고 가족에게 불쾌한 감정을 무절제하게 표현하게 된다.

가정 내 무질서를 없애려면 우선 가족구성원 모두가 부정적 언어를 사용하지 말아야 한다. 부정적 언어는 무질서 바이러스(entropy)를 불러오는 행위다. 절대로 집안에서 부정적 언어를 사용하지 말아야 한다.

부정적 언어를 사용하고 싶은 간지러움, 남 험담을 하고 싶은 미친 간지러움을 견뎌야 한다. 집안에서 사용하는 한마디의 말이 당신의 미래를 결정한다. 미래는 현재 내가 어떤 언어를 사용하고 있느냐에 따라 달라진다. 분명한 것은 미래는 아직 만들어지지 않았다는 것이다.

당신 집안을 처절하게 망가지게 하고 싶다면 오늘도 내일도 부정적 언어를 사용해서 온갖 무질서 바이러스 에너지를 축적하면 된다. 간단한 습관의 변화가 거대한 성공의 기적을 가져온다. 가화만사성이라고 했다. 우선 집안 내에 무질서를 인식하고 바로 고치는 데 주력해야 한다. 이것을 막지 못하면 성공하는 삶을 살수 없게 된다는 점을 꼭 인식해야 한다.

감동 호르몬을 생성시키자

지금 눈앞에 놓인 과제를 최선을 다해서 수행할 때 우리는 행복해질 수 있다. 내가 가진 모든 에너지를 한곳에 쏟아부을 때 세상을 긍정하게 되고 집중의 즐거움을 만날 수 있게 된다.

행복은 매순간 최선을 다하면서 내면을 채워나가는 과정에서 얻어지는 부산물이다. 내면의 채워짐이 지속적으로 유지되면 자연스럽게 성공으로 이어진다.

같은 노력을 해도 어떤 사람은 성공하고 어떤 사람은 실패한다. 이 두 사람의 차이점은 결국 마음가짐이다. 매순간 최선을 다하려는 마음가짐이 있으면 성공한다. 하지만 세상의 온갖 무질서한 부정적 에너지(entropy)는 지금 이 순간 당신이 최선을 다하지 못하도록 끊임없이 정신세계를 교란시킨다.

부정적 에너지에 노출되면 최선을 다하려고 해도 할 수 없게 된다. 나만 고생하는 느낌이 들게 되고, 현재 하는 일이 하찮게 느껴지게 된다. 이 느낌이 바로 무질서 바이러스의 공격이다. 지금 이 순간 최고의 행복감과 만나기 위해서는 먼저 평생 나를 따라다니는 무질서를 인식해야 한다.

엄청난 부정적 에너지는 쓰나미처럼 우리 뇌를 교란시킨다. 무질서를 대비하지 않으면 바쁘지만 가난한 삶을 살게 되고 일을 열심히 하지만 성과가 나오지 않게 된다.

우리가 흔히 즐겁게 웃거나 신나할 때 우리의 몸에서는 엔드로핀이 나온다고 한다. 엔드로핀이 면역성을 가지고 있고 우리 몸에 좋다는 것은 이미 아는 사실이다. 그런데 그보다 무려 5,000배나 강력한 호르몬이 있다고 한다. 그 이름은 다이도르핀이다. 이것은 우리가 살아가면서 감동을 받았을 때 우리 몸에 생성되는 감동 호르몬이다.

이와 반대로 아드레날린이라는 호르몬은 불쾌하거나 미움 같은 감정이 우리를 사로잡을 때 생성된다. 몸속의 산소를 잡아먹는다고 해서 일명 악마의 호르몬이라고도 한다.

「최윤희의 당신의 인생을 역전시켜라 中에서」

단 몇 분간이라도 부정적 감정이 마음속에 들어오지 못하도록 경계해야 한다. 부정하면 나의 성공 에너지가 분산되고 그 분산된 에너지는 실패라는 거대하고 불쾌한 에너지를 몰고 오게 된다.

실패한 사람들은 충분한 휴식을 취해야 한다고 주장한다. 하지만 휴식이란 상대적 개념이다. 3일 동안 잠만 자도 충분한 휴식을 취했다고 보기 어렵다. 지금 휴식이 부족하다. 라고 느낀다면 결국 일의 행복감을 모른다는 의미와 동일하다. 예를 들어 보자. 새로 사귄 지 며칠 안 된 마음에 드는 이성과 데이트를 한다면 피로감을 느끼지 못할 것이다. 하지만 같은 이성을 10년 이상 만나면 신비감이 떨어져서 권태로움을 느끼게 될 것이다.

일 역시 마찬가지다. 처음 시작하면 일의 재미를 느끼게 된다. 하지만 지속적 관심과 매순간 최선을 다하려는 긍정하는 마음이 없다면 반복되는 일속에서 만나기 싫은 이성을 만나야 하는 괴로움을 느끼게 된다. 가벼운 인생을 사는 사람들은 끊임없이 신선하고 자극적인 일을 찾아서 헤맨다. 멋진 이성을 만나는 것처럼 동물적 끌림이 있는 일만을 찾아다니다 보면 결국 인생은 실패로 끝나게 된다. 일의 진정한 재미를 느끼기 위해서는 지속적으로 긍정하며 꾸준히 순간순간 집중하면서 지식과 경험을 쌓아야 한다. 때로는 힘든 상황이 닥쳐오더라도 긍정하며 또다시 집중하는 일련의 과정이 성공으로 가는 지름길이다.

일에 끊임없이 집중하다 보면 감동의 순간이 다가오게 된다. 감동은 영화 같은 삶이다. 감동은 집요한 노력이 지속적으로 반복될 때 만나게 되는 최고의 아름다운 순간이다. 단순 행복 호르몬-엔돌핀의 5,000배 행복감을 느끼고 싶다면 감동호르몬이 분비되는 그 순간을 위해 최선을 다해 현실에 집중해보자.

감동이란 편안히 누워서 텔레비전을 보고 있을 때 느껴지는 것이 아니다. 끊임없이 역경을 극복하고 노력하다 보면 감동의 순간이 찾아온다. 지금 하는 일을 진실로 사랑한다면 당신은 잠시의 휴식이라도 아까울 것이다. 하지만 매일 출근하기 싫고 어떻게 하면 빨리 퇴근 할 수 있을지 생각하고 있다면 당신 가슴속에는 아드레날린이라는 기분 나쁜 에너지가 넘쳐나고 있다는 증거다.

일을 열심히 하면 가슴 뭉클한 감동의 순간을 만나게 된다.
이 감동은 말로 표현 못 할 경이로움이다. 이 감동은 편안함을 거부하고 끊임없이 자신이 하는 일에 최선을 다할 때 만나게 된다. 이제부터 영화 같은 삶을 시작해보자. 생동감 넘치는 감동을 느낄 수 있도록 자신의 일에 최선의 노력을 다해보자. 황무지에 한 송이 꽃을 피우려는 집요한 노력이 결국 감동으로 이어진다. 역경이나 시련을 피해가려고 하지 말아야 한다. 부정적인 상황이 오면 이불 뒤집어쓰고 벌벌 떨지 말고 집중하면서 당당히 해결해 나가보자.

자신의 일을 사랑하고 전문가가 되려고 노력하는 동안 당신의 삶은 멋진 한 편의 영화가 될 것이다.

최고의 '나'와 만나라

● **인생 승리는 정교함과 꼼꼼함에서 비롯된다.**
우리는 신이 아니다. 어리석은 사람들은 한 가지 일을 하다가 적성이 아니라고 생각하고 늘 다른 일을 찾는다. 그리고 다시 일이 적성에 맞지 않는다며 새로운 일을 찾아 헤매고 다닌다. 결국 어리석은 사람은 끊임없이 엉클어진 실타래만을 만들면서 인생을 살 뿐이다.

현명한 사람들은 실타래가 엉켜 버렸을 때 정교하게 한 올 한 올 풀어나가는 데 집중한다. 이것이 성공한 자와 실패한 자의 차이점이다. 당신이 무슨 일을 하고 있건 상관없이 그 일은 난관에 부딪치게 될 것이며 그 난관 앞에서 그 일을 포기하느냐 안 하느냐가 성공의 포인트라는 점을 명심해야 한다.

무슨 일이라도 난관에 봉착하면 끝까지 정교함과 꼼꼼함을 가지고 집중적으로 그 일을 풀어나가야 한다. 세상 모든 사람들은 힘든 순간이 오면 포기하고 싶어진다. 하지만 성공하는 사람은 어려운 순간이 닥쳐오면 엉켜버린 실타래를 풀듯이 정교하고 꼼꼼하게 일을 처리한다. 기억하라! 결국 인생 승리자는 1% 차이에서 생겨난다. 완벽하게 한 가지 일을 끝낼 수 있다면 당신은 최고의 나를 만나게 된다.

● **작은 것을 버려라.**

당신의 최종 목표는 무엇인가. 오늘 차를 몰고 오다가 우연히 다른 차를 모는 사람과 시비가 붙었다면 당신은 그만큼 당신의 에너지를 분산시켜 버린 것이다. 최고의 나를 만나고 싶다면 쓸모없는 에너지 소모를 최소화해야 한다.

쓸모없는 에너지는 의심, 화, 분노 등이다. 부정적 엔트로피 감정들은 어느 순간 당신의 몸과 마음을 경직되게 만든다. 부정적 감정들과 타협하지 마라. 작은 일에 부정적 감정을 느껴서는 안 된다. 소탐대실이다. 작은 것을 탐하려다 큰 것을 잃는다. 당신의 생활을 최대한 단순화시켜라! 그리고 작은 일을 잊어라 그래야 원대한 목표가 생긴다.

● **30:30:30의 법칙을 기억하자.**

최고의 나는 이미 내 속에 있다. 단지 그 최고의 나를 만나려는 의지가 없었을 뿐이다. 30:30:30의 법칙을 지켜보자. 우선 하루 30분 책을 읽자. 그리고 나머지 30분 읽었던 책과 관련하여 생각을 해보자. 마지막 30분은 이것을 토대로 글을 써보자. 이렇게 6개월만 할 수 있다면 당신은 분명 최고의 나를 만날 수 있다. 이 위대한 법칙은 성공한

2%의 위대한 창조자들이 그토록 말하기 싫어하는 성공의 법칙임을 명심해야 한다.

● **생계 문제가 아닌 가슴이 원하는 것이 무엇인지 생각해 보라.**

당신의 어릴 적 꿈과 당신의 현재 직업은 일치하는가. 그렇다면 당신은 성공한 삶을 살고 있다는 증거다. 하지만 대부분의 사람들은 현재 직업이 어린 시절 원하던 그것과는 사뭇 다를 것이다. 지금도 절대 늦질 않았다. 가슴이 원하는 일을 해야 한다. 가슴이 원하는 일을 하면 결국 성공한다. 리처드 브랜슨 버진 그룹 회장은 일의 재미가 없어질 때 쯤이면 그 사업을 접어야 할 때라고 이야기했다.

당연한 말처럼 들릴지 모르겠지만, 가슴이 원하는 일을 해야 재미있게 일할 수 있고 돈도 벌게 된다. 지금 하고 있는 일이 생계 때문이라면 분명 문제가 있다. 일에 의미를 부여하고 다시 한 번 당신의 직관과 가슴 뜨겁게 상의해보라.

● **지금 현재를 부정하지 말고 무조건 받아들여라.**

지금 현재 당신이 하는 일에 부정하지 말아야 한다. 부정하면서 보낸 시간은 미래 어느 시점에서 반드시 후회하게 된다. 싫어도 좋아도 일단 긍정해야 한다. 긍정할 수 있다면 진정으로 멋진 삶이다. 부정하기 시작하면 부정적인 엔트로피 에너지가 따라온다는 점을 명심해야 한다.

가장 어리석은 사람은 현재 자신이 소속된 조직을 부정하는 사람이다. 시간과 인연은 매우 소중하다. 지금 당신이 소속된 집단이 마음에 들지 않아도 최고의 노력을 다해야 한다. 그 이유는 다름 아닌 후회 없는 삶을 살기 위해서다. 부정하면 진다. 약한 자가 먼저 부정하게 된다. 받아들여야 한다. 그래야 후회 없는 삶을 살게 된다.

자신의 의식을 지배하라

당신의 주인은 누구인가. 당신에게 명령하고 행동을 하게 이끄는 주체는 누구인지 곰곰이 생각해보자. 만약 아침에 늦잠을 자서 회사 출근 시간이 늦어졌다면 몸과 마음은 조급해지기 시작할 것이다. 이 순간부터 당신 행동을 제어하는 주체는 회사에 늦기 싫은 무질서한 강박관념이다.

오늘 업무량이나 공부량이 너무 많아서 걱정과 하기 싫은 마음이 가슴속에 가득하다면 당신을 제어하는 주체는 진짜 나가 아닌 피하고 싶은 소극적이고 무질서한 나일 뿐이다. 누군가를 의심하고 있다면 의심하고자 하는 생각이 나를 제어하고 있는 것이다.

이 모든 것은 결국 나 아닌 다른 나(무질서)가 나를 지배하고 있는 현상이다. 우리는 하루 종일 잡념과 외부적 자극으로 인해 나의 몸과 마음에 진짜 주인 노릇을 하기 힘든 것이 현실이다. 스마트폰을 쓰고 있다면 사실은 스마트폰이 주인이 되어서 나를 제어하고 있는 것이다. 우리는 스마트폰을 활용한다고 생각하지만, 사실은 스마트폰이라는 감옥 속에서 만들어진 규칙을 준수하는 것이다.

진짜 나가 나의 몸과 마음의 주체가 되어야 한다. 나를 인식하지 못하게 하고 나를 현실이라는 장벽 속에 넣어두는 모든 현상은 결국 부정적 감옥 속으로 들어가는 행위다.

의심, 분노, 증오, 원한, 불안, 나만 고생하는 느낌, 열등감, 우월감, 권위 의식은 나의 몸과 마음을 부정적으로 제어하고 나를 고립시킨다. 부정적 에너지가 모이면 반드시 부정적 현상들이 내 눈앞에 현실화된다. 마음속에서 긍정적이고 활기찬 진짜 나가 주도권을 잃고 부정적 작은 나가 활개를 치고 있다면 앞으로 당신은 상당히 우울한 삶을 살아야 할 것이다.

진짜 나는 미래의 꿈과 풍요로움을 이야기하며 매사에 감사하는 긍정적 나의 모습이다. 결국 매 순간 인간의 마음은 조삼모사 한다. 간사하고 손해 보기 싫어하는 속물적 마음을 따라가서는 안 된다. 항상 지금 하는 행동이 부정적 생각의 결과물인지 긍정적 생각의 결과물인지를 인식해야 한다.

부정적 생각이 만들어 낸 명령어에 의해 행동을 하고 있다면 당신에게는 기분 나쁜 일들이 발생하기 시작할 것이다. 예를 들어 남을 시기하는 마음으로 행동하고 있다면 그 행동을 제어하는 주체는 나 아닌 부정적 그 무엇이다.

마음을 가다듬어야 한다. 긍정적 생각과 의식을 나 자신의 중심에 세워야 한다. 이 행동을 기억해야 한다. 한순간이라도 방심하면 부정적 생각들이 느물느물 내 생각 속으로 들어온다. 부정적 생각은 나를 교란시키고 나에게 부정적 행동을 하도록 명령한다.

부정적 무질서가 나의 의식을 점령하고 있을 때 꼭 기억해야 할 3가지가 있다. 결국, 이 방법은 무질서한 부정적 에너지가 나 자신을 제어하는 나쁜 습관을 고치는 좋은 방법이기도 하다.

긍정적인 나를 내 인식의 주체로 만들기 위한 첫 번째 방법은 풍요로움을 연상하는 방법이다. 인간이 부정적 생각에 주도권을 빼앗기는 근본적 이유는 지금 현재 눈앞에 작은 이익을 가지고 싶다는 욕망 때문이다.

그 집착을 버리면 된다. 지금 눈앞에 것만을 생각하면 항상 우울해진다. 그리고 항상 부정적 생각이 내 몸과 마음을 작게 만들어 버린다. 풍요로움을 생각하자. 세상은 넓고 가까운 미래에 풍요로움을 누릴 수 있다고 연상하자.

눈앞에 작은 것에 자꾸 연연하다 보면 결국 부정적 의식이 나를 제어하기 시작한다. 세상은 풍요롭고 가질 수 있을 만큼 충분한 돈과 물질이 있다고 생각하자. 생각은 곧 현실이 된다. 풍요로움을 생각해야 긍정적 자아가 나를 지배하게 되고 그래야 긍정적 현실이 눈앞에 펼쳐지게 된다.

두 번째, 긍정적 나를 내 인식의 주체로 만드는 방법은 감사하기 기법이다. 당신이 처한 현실이 얼마나 괴롭기에 불평·불만 하는가? 현실에 대한 불평·불만을 뿜어대기 시작하면 그 즉시 부정적 자아가 내 몸과 마음을 제어하게 된다. 목숨이 끊어지기 전까지 현실을 부정해서는 안 된다. 기분 나쁜 부정적 자아가 나 자신을 통제하기 시작하면 당신에게는 기분 나쁜 일들이 발생하게 된다.

마음에 드는 애인이 없다고 불평·불만을 하고 싶다면 '마음에 드는 여자 친구가 생길 것이다.'라고 암시하면 된다. 그리고 돈이 없어서 죽을 것 같다면 불평하지 말고 돈을 앞으로 분명히 많이 벌 것이다. 라고 가슴속으로 외치면 된다.

길을 걸을 때도, 운전을 할 때도 가슴속으로 피워 오르는 불평불만의 마음을 제어해야 한다. 시간이 날 때마다 끊임없이 감사하는 문장을 연상해보자. 이 방법은 결국 나를 살리는 방법이다. 모든 현실에 감사의 문장을 만들어보자. 오늘 아침 따스한 밥 한 그릇을 먹을 수 있어서 감사한다. 등등 이런 문장을 지속적으로 연상하면 자신도 모르게 긍정적 자아가 내 몸과 마음의 주도권을 잡게 된다.

감사하는 문장 만들기를 습관화하면 당신에게 멋진 일들이 발생하기 시작할 것이다. 정말 꿈같이 아름다운 일들이 일어나게 될 것이니 걱정하지 말고 실천에 옮겨 보기 바란다.

세 번째, 긍정적 나를 내 인식의 주체로 만드는 방법은 기쁨을 이야기하는 방법이다. 인간은 현재 행복해야 한다. 짧은 인생 스트레스만 쌓아놓고 살면 빨리 죽게 된다. 현재 살아간다는 의미 자체를 기쁨이라고 생각해보자. 정말 행복하지 않은가. 살아있다는 것은 축복이다. 현재를 기뻐하고 또 기뻐해 보자. 기쁨을 만들어 내는 방법은 다양하다.

작은 것 사소한 것에 기뻐해 보자. 이것은 결국 내가 에너지를 확보하는 방법이다. 당신에게 중요한 것은 행복이다. 그러므로 마음에 내키지 않아도 당신이 행복해지기 위해 작은 것에 감탄하고 행복한 척 해보자. 이걸 이해하지 못하면 끊임없는 결핍 속에서 죽어가게 된다. 작은 행복이 쌓으면 결국 긍정적 자아가 내 몸과 마음에 주도권을 잡고 나를 제어하게 된다. 이 점을 꼭 명심하기 실천에 옮겨야 할 것이다.

최고의 나를 만나는 하루 트레이닝 3가지

● 오늘 하루 심심함과 매우 바쁨을 인식하라.

하루 중 가장 경계해야 할 시간이 바로 심심함과 매우 바쁜 시간이다.

심심할 때는 마음속에 긴장감이 녹아서 자연스럽게 아무것도 하기 싫어진다. 그리고 노력 없이 기뻐질 수 있는 것들을 찾게 된다. 맛있는 과자 먹으면서, 텔레비전 보기가 결국 심심할 때 할 수 있는 최고의 보상이다. 심심할 때 자신을 잃어버리게 된다. 심심하다면 우선 나를 인식하고 잡념을 경계해야 한다.

관찰자 입장에서 나의 마음변화를 지켜보자. 빨간색, 노란색, 파란색으로 변화해 나가는 내 마음을 보면서 왜 이토록 마음이 흔들리는지를 관찰해보자. 나를 잃어버리지 않고 나를 찾아가는 것이 진정한 행복이다. 이것을 항시 인식해야 한다.

모든 불행은 나를 제어하는 관찰자가 무너질 때 나타난다. 화를 내면 나를 제어하는 관찰자가 화와 타협한 결과다. 물론 당신이 텔레비전에 몰입하고 있다면 당신은 관찰자 제어기능을 잃고 텔레비전과 타협한 결과임이 틀림없다.

인간에게는 관찰자가 존재한다. 자신을 제어하고 감정의 늪으로 빠지지 않도록 제어하는 위대한 내가 존재한다. 사실 나를 제어하는 관찰자가 무너지면 그 순간부터 자신이 살아가는 것이 아니라 감정 혹은 잡념이라는 괴상한 녀석이 살아가는 것이다. 그러므로 당신은 반드시 자신을 제어하는 관찰자를 잃어버리지 말아야 한다.

오늘 하루 진정한 나를 찾아보자. 그리고 당신 마음을 볼 수 있는 위대한 관찰자를 만드는 연습을 해보자.

● **오늘 하루 6시간 난해한 책을 읽어라.**

오늘 하루 정말 읽기 어려운 고전 책 한 권을 집어 들어서 6시간 동안 쉼 없이 읽어보자. 이것은 일종의 수련방법이다. 모든 공부의 시작은 고전 읽기에서 시작된다. 당신이 하루 6시간 고전 읽기를 체험하면 당신 삶은 분명 그전보다 훌륭해진다.

처음 고전을 읽기 시작하면 10분도 지나지 않아서 "내가 이것을 왜 읽어야 하나?" 라는 회의가 밀려들기 시작한다. 그것을 이겨내고 계속 읽어야 한다. 한국인으로 태어나서 한국어로 된 고전을 읽지 못한다면 이건 정말 자존심의 문제다.

30분이 지나면 집중력이 흐트러지고 죽을 것 같은 고비가 다가온다. 이때가 바로 절대로 할 수 없다고 스스로가 규정지어 놓은 당신의 한계점이다. 이 순간부터 머릿속 온갖 잡념들이 당신을 괴롭게 된다. 책을 놓고 텔레비전을 보라는 유혹을 느끼거나, 이 바보 같은 짓을 왜 하냐는 회의적 목소리가 들려오기 시작한다. 또 나 혼자 고생하는 것 같은 가벼운 기분까지 온갖 잡념들이 당신을 괴롭히게 된다.

사실 여기서 대부분의 사람들은 고전 읽기를 포기한다. 하지만 오늘 하루 참아야 한다. 1시간 읽고 10분 쉬고를 반복하면서 고전 읽기에 도전해보라.

1시간이 지나면 몰입단계로 들어간다. 책 읽기의 즐거움을 확실하게 느껴볼 수 있는 좋은 기회는 결국 나를 이기려는 마음부터 시작된다. 책을 읽으면서 극기하려는 순간 당신을 둘러싼 모든 운명은 비켜나가기 시작한다. 한 번도 경험해보지 못한 지적인 나와의 만남이 바로 6시간을 투자하면 이루어질 수 있다. 모든 공부의 시작은 읽기다. 어느 누구도 부인할 수 없다.

책 읽기는 몸과 마음을 책 읽기에 알맞게 적응시키는 일부터 시작해야 한다. 책을 읽는 연습을 하지 않으면 평생 책을 읽지 못하게 된다. 오늘 하루 6시간 책 읽기를 통해 책 읽기라는 위대한 작업에 나를 맞추어 나가 보자.

- **오늘 하루 2시간 낯선 길을 걸어라.**
마음을 인식하고, 오늘 하루 6시간 글 읽기를 마무리했다면 이제 마지막으로 두 시간을 걸어라. 최고의 나를 만나기 위해서 걸을 때는 우선 행선지나 걸음의 목적의식을 두지 말아야 한다. 그냥 걸어야 한다. 발길이 가는 대로 걸어야 한다.

걸으면서 걸음을 느껴야 한다. 적당한 속도로 걸으면서 자연을 감상하고 살아있음을 느껴보자. 한 걸음 한 걸음. 걸음 자체에 집중하면서 걸어보자. 되도록 아무 생각 안 하는 것이 좋다. 걷다 보면 생각들은 없어진다.

익숙한 길보다는 낯선 길을 걸어보자. 낯선 풍경 낯선 건물들은 나를 깨워준다. 마음속에 쏠림 없는 평정심을 항상 생각하며 걸어보자 내 마음이 그 어떤 곳에도 치우치지 않고 중간을 유지하도록 제어하고 천천히 걸어보자.

오늘 하루를 투자할 수 있다면 완전히 다른 패턴의 삶을 체험해 보자. 이런 체험은 매우 형이상학적 세계로 나를 인도한다. 조선의 선비들은 매일 이와 같은 수련을 했다. 그래서 그들은 좁은 방안에서도 우주를 느낄 수 있었고 천만 명 앞에서도 당당함을 잃지 않았던 것이다.
친구들 만나서 수다 떨고 고급 레스토랑 가서 밥 먹을 시간도 없는데 이런 짓을 왜 하냐고 외면하면 안 된다. 이 방법이 바로 진짜 행복을 찾는 방법이라는 점을 명심해야 한다. 나를 찾아야 한다. 찾지 못하면 늘 불나방처럼 아무 생각 없이 불길 속으로 자신을 던지는 바보 같은 행동만을 반복할 뿐이다.

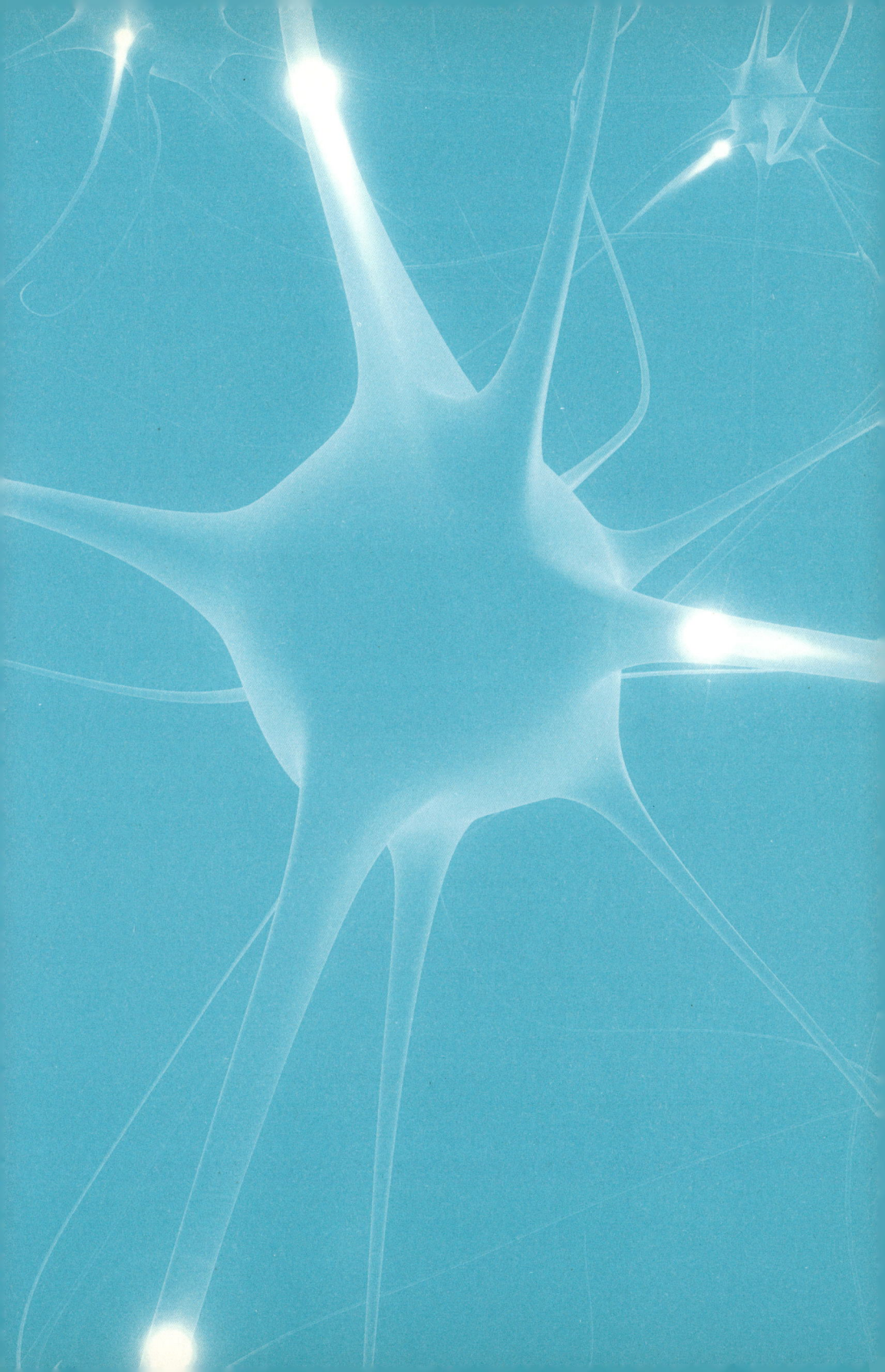

엔트로피 수치 자가 평가표

인간은 머릿속 질서도에 따라 성공과 실패가 결정된다고 해도 과언이 아닙니다. 당신이 무질서 상태라면 부정적 엔트로피상태입니다. 엔트로피상태에서는 일을 해도 성과가 오르지 않으며 공부를 해도 성적이 오르지 않습니다. 본 테스트지는 당신의 무질서도를 측정하는 자료입니다. 편안하고 솔직하게 작성해 보세요.

※ 최근 당신이 경험한 한 달을 기준 (평균을 생각해서 작성해 주세요.)

● 엔트로피 수치 평가표

1. '심심하다'라는 감정을 경험한 적이 있다.
   없다(1)   주 1회(2)   주 3회 이상(3)   주 4회 이상(4)   주 5회 이상(5)

2. 짜증, 분노를 표현한 적이 있다.
   없다(1)   주 1회(2)   주 3회 이상(3)   주 4회 이상(4)   주 5회 이상(5)

3. 쓸데없는 잔고민에 빠져서 시간을 허비한다.
   없다(1)   주 1회(2)   주 3회 이상(3)   주 4회 이상(4)   주 5회 이상(5)

4. 남에 대한 비판, 비평, 불만을 이야기하거나 뒷담화 한 적이 있다.
   없다(1)   주 1회(2)   주 3회 이상(3)   주 4회 이상(4)   주 5회 이상(5)

5. 최근 무의미한 책, TV를 본적이 있거나, 의미 없는 게임, 웹서핑을 해 본 적이 있다.
   주 2시간 이하(1)   주 3시간 이하(2)   주 4시간 이하(3)
   주 5시간 이하(4)   주 5시간 이상(5)

6. 하루 중 집중적으로 한 가지 일에 몰입해서 공부하거나 일하고 있다.
   하루 평균 4시간 이상(1)   하루 평균 3시간 이상(2)
   하루 평균 2시간 이상(3)   하루 평균 1시간 이상(4)
   하루 평균 1시간 이하(5)

7. 기분이 좋았다가 나빴다가 하는 현상을 자주 경험한다.
   하루 2회 이하(1)   하루 3회 이하(2)   하루 4회 이하(3)
   하루 5회 이하(4)   하루 6회 이하(5)

8. 일주일에 30분 이상 땀 흘리며 정기적으로 운동을 한다.
   주 4회 이상(1)   주 3회 이상(2)   주 2회 이상(3)   주 1회 이상(4)   주 0.5회 이상(5)

9. 당신은 현재 처한 환경에 대해 만족합니까?
   만족합니다.(1)   조금 만족합니다.(2)   보통입니다.(3)   불만족합니다.(4)
   아주 불만족스럽습니다.(5)

10. 당신은 일주일에 몇 시간 도움이 되는 독서를 하십니까?
    주 3시간 이상(1)   주 2시간 이상(2)   주 1시간 이상(3)   주 1시간 이하(4)
    읽지 않는다.(5)

11. 당신은 현재 집중적으로 공부나 일을 실행하고 난 뒤에 만족감을 얻고 있습니까?
    주 4회 이상 느낀다.(1)   주 3회 이상 느낀다.(2)   주 2회 이상 느낀다.(3)
    주 1회 이상 느낀다.(4)   느끼지 못한다.(5)

12. 일주일 중 허무한 감정이나 무기력한 감정을 몇 번이나 경험하십니까?
    느끼지 못하거나 2회 정도(1)   주 2회 이상 느낀다(2)   주 3회 이상 느낀다(4)
    주 4회 이상 느낀다.(5)

13. 당신은 신체적, 정신적 콤플렉스 때문에 괴로워합니까?
    아니다.(1)   약간 그런 편이다.(2)   보통이다.(3)   좀 그런 편이다.(4)
    아주 그런 편이다.(5)

14. 당신은 한 가지 일에 몰입해서 일을 처리하십니까?
    매우 그렇다.(1)   약간 그런 편이다.(2)   보통이다.(3)   그렇지 않다.(4)
    매우 그렇지 않다.(5)

15. 당신은 현재 본인의 모습에 만족하십니까?
    매우 그렇다.(1)   약간 그런 편이다.(2)   보통이다(3)   그렇지 않다.(4)
    매우 그렇지 않다.(5)

합산 점수 분석표

75~60점 (mega entropy-매우 무질서한 상태)

자기 자신을 찾을 수 없는 상태이며 주변 상황에 따라 하루에도 몇 번씩 감정적으로 대응하고 있는 상태입니다. 집중력이 매우 떨어진 상태이며 남의 시선을 의식하게 되며, 충동적 행동 혹은 무기력감을 자주 경험하게 됩니다. 이와 같은 상황에 놓여 있다면 우선 모든 것을 잠시 멈추고 하루 1시간 이상 집중할 수 있는 일을 찾아야 하며, 정기적인 유산소운동을 실행에 옮겨야 합니다. 아울러 한 달간 부정어를 금지하고 거짓된 말을 입에 담지 않는 훈련을 해야 합니다. 명심해야 할 것은 10초 뒤 당신의 행동에 책임을 져야 한다는 점입니다.

59 ~ 45점 (entropy-무질서 상태)
공허감과 불안감이 연속적으로 나타나며 집중을 할 수 없는 상태입니다. 전형적인 무질서 상태입니다. 이와 같은 상태에서 행해지는 모든 행위의 결과는 결국 편안함입니다. 무기력하고 잔고민이 증가하게 되며 무슨 일을 해도 작은 고민 때문에 포기하거나 하지 않게 됩니다. 이와 같은 현상을 경험하고 있다면 우선 하루 30분 이상 집중해서 책을 읽어보시고, 정기적인 유산소운동을 실시해 보세요. 그리고 자신을 죽이는 불평, 불만 등 부정적 언어사용 습관을 줄여나가셔야 합니다. 더럽혀진 집을 더욱 어지럽게 하면 상태가 더욱 나빠집니다. 우선 자신을 컨트롤하기 위해 남의 시선을 의식하는 행동을 하지 마시고 늘 자신감 있게 자신을 위해 노력해 보세요.

45 ~ 30점 (무질서와 질서가 교차하는 상태)
평상시 일을 추진하는 데 무리가 없지만 종종 혹은 자주 슬럼프를 경험하게 됩니다. 자신의 일에 최선을 다하다가도 갑자기 무너지게 되는 성향의 소유자입니다. 인간의 진정한 행복은 내면에서부터 출발한다는 점을 명심하시고 늘 인내하고 자신이 하고 있는 일에 집중하려고 노력하세요. 당신이 진정으로 행복해지려면 결국 집중을 해야 합니다. 이 점을 인식하지 못하면 언제나 무질서 상태에 빠질 수 있다는 점을 명심하세요.

29 ~ 15점 (netropy-질서 상태)
당신은 진정으로 행복감을 느끼고 있는 상태입니다. 집중하고 있으며 내면적 충만감을 느끼고 있습니다. 진정한 행복감은 외부로부터 오지 않는다는 점을 인식한 상태이며 자신의 내면을 가꾸는 일을 추진하는 위대한 질서 잡힌 사람입니다. 세상을 살아간다는 것은 꽃밭을 일구는 과정입니다. 하루라도 꽃밭에 물을 주지 않으면 꽃은 시들고 죽습니다. 지금처럼 당당하게 그리고 즐겁게 집중하시면 됩니다.

위대한 네트로피 학습법

1. 많이 읽어야 한다.

　지금 당장 효과가 나타나는 것은 아니지만 읽기보다 무서운 공부법은 단연코 없다. 읽고 또 읽어야 한다. 읽다 보면 독해력이 생기며 독해력이 생기면 당연히 공부를 잘하게 된다. 이것이 공부의 순환논리이다. 이 순환논리 없이 무작정 암기하고 시험치고 좌절하고 다시 암기하기를 반복하면 결국 아무것도 남는 것이 없다. (옛날 조선 선비들은 논어를 5만 번 정도는 읽어야 공부하는 선비라는 소리를 들었다.) 하루 1시간 난해하고 어려운 책에 도전하라. 특히 인문고전을 읽는 것이 거대한 공부 성공의 비밀이다.

2. 집중하면 즐거워지고 행복한 공부를 하게 된다.

　공부는 역시 집중력에서 차이가 난다. 집중은 특별한 사람만 할 수 있는 것이 아니다. 하지만 공부 집중을 누구나 할 수 없는 이유는 집중을 하기 전까지 내 모든 에너지를 한곳으로 모아야 하는데 그 과정이 좀 답답하기 때문에 대부분의 공부하려는 자들이 집중을 포기한다.
　집중을 하지 않고 공부를 하면 공부 주변인이 될 뿐이다. 공부 주변인이 되면 공부가 짜증나고 몸만 상할 뿐이다. 공부는 정말 즐거운 작업이다. 이 즐거운 작업의 중심에는 역시 철저한 집중이 있다. 공부를 못한다고 한탄하지 말고 정말 공부다운 공부를 위해 집중을 시도해 보자.

집중이란 내가 가진 모든 에너지를 한곳에 쏟아 붓는 과정이다. 이 과정에서 인간은 극적인 즐거움을 만날 수 있고 이 맑은 즐거움 때문에 공부를 계속하는 것이다. 마음을 다해서 내 모든 에너지를 30분 동안 공부에 집중해보라. 이 위대한 30분이 결국 공부를 즐길 수 있게 만들어 줄 것이며 당신의 운명을 바꾸어 준다.

3. 공부는 내가 가진 무질서한 습관과의 한판 승부다.

인간은 무질서하다. 그래서 그냥 쉬고 싶고 아무것도 하기 싫어한다. 그 느물느물한 동물적 본성과의 한판 승부가 공부다. 우리는 인간으로 태어났다. 동물과는 확연히 다른 무엇인가 하려는 의지가 있고 그 의지력의 가장 고차원적인 표현이 공부다. 제대로 된 공부는 마음과 몸에 새로운 질서를 부여한다. 공부를 통한 진정한 나의 발견은 결국 나를 진짜 인간으로 탄생하게 한다.

4. 공부를 도구라고 생각하면 공부는 그 순간 노동이 된다.

역설적이지만 대학 가려고 공부하지 말아야 하며, 취업하려고 공부를 해서도 안 된다. 공부가 도구가 되는 순간부터 공부는 두려운 노동으로 전락하게 된다. 공부를 잘하는 모든 사람들은 공부를 즐긴다. 공부를 즐긴다는 것은 공부 그 자체를 좋아한다는 의미다. 공부는 출세의 도구도 아니고 권력을 쥐기 위한 수단도 아니다. 공부가 왜곡되면 사회악만 길러 낼 뿐이다. 공부는 그저 자신을 닦는 좋은 수양법(지극한 즐거움)일 뿐이다. 공부를 도구로 활용하면 반드시 후회한다. 이것이 수천 년 동안 내려오는 성인들의 위대한 경고다.

5. 공부의 마지막은 결국 글쓰기다.

인간이 문자생활을 한 이후 가장 인간을 창조적으로 만든 것은 글쓰기놀이다. 공부를 다시 정의하면 공부는 거대한 저수지에 물채우기 과정이며 그 물 채우기가 끝나면 그 물을 이용해서 언제나 자신이 원하는 물의 용도대로 활용하면 되는 것이다. 글을 읽으면 배경지식이 넓어지고 인간이 지적으로 풍요로워진다. 거기에 덧붙여서 하루 한 시간 글쓰기를 한다면 이성적 칼날을 가지게 된다. 이 놀라운 이성적 칼 한 자루가 있다면 당신은 천만 명 앞에서도 당당해질 수 있다. 결국 궁극의 공부란 많이 읽고, 많이 생각(고민)하고, 많이 쓰는 과정이며 이 과정을 연속적으로 수행할 때 고고한 참 지식인의 삶을 살 수 있다.

6. 공부는 이성적 고민이다.

칸트는 자신의 삶 대부분을 이성적 고민의 시간으로 보냈다.

공부하는 자는 어려운 문제와 한판 승부를 벌려야 한다. 이것이 학문하는 재미고, 학문하는 자의 자존심이다. 1분 30초 고민하고 해결하는 문제는 침팬지가 바나나 껍질 까먹는 것과 동일하다. 이건 공부가 아니다.

진짜 공부를 하자. 어려운 문제에 도전하라. 그리고 생각하고 이성적으로 고민하라. 인간으로 태어나 이런 지적인 고민을 하지 않는다면 그 인생은 아프리카 도마뱀과 다를 바 없다.

엔트로피를 인식했을 때 도움이 되는 명상 훈련법

　이유 없이 현재를 부정하게 되고 괴로워하는 이유는 무엇일까? 삶의 원리를 이해하지 못하고 살다 보면 참으로 많은 사건과 사고 속에 매몰되기 쉬운 것이 우리 삶이다. 살다 보면 머리는 이성적으로 세상과 협조해서 열심히 살아야 한다고 다짐해 보지만 몸은 지치고 힘들 때가 많이 있다.

　몸과 마음이 따로 놀면 정말 괴롭게 힘들어진다. 일반적으로 몸과 마음이 분리되어서 집중이 잘되지 않는 기간을 우리는 슬럼프라고 명명한다.
　인간의 몸은 크게 두 부분으로 나누어진다. 이성을 담당하는 머리와 감성을 담당하는 마음이 그 두 부분이다. 정리하면 결국 인간의 내면은 차가운 이성을 담당하는 뇌 부분과 인간적 희로애락과 따뜻한 정을 느끼고 동기를 부여하는 마음 부분이 따로 존재한다는 의미다.

　머리로는 늘 무언가를 해야 한다고 판단하지만, 몸이 움직여주지 않을 때가 많다. 몸과 마음이 따로 움직일 때는 머리를 탓할 것이 아니라, 우선 마음을 가다듬어야 한다.

　마음을 가다듬는다는 의미는 마음을 편안하게 한다는 의미가 담겨 있다. 사실 우리 뇌는 마음 움직임에 따라 이성적 힘이 극대화되기도 하고 극소화되기도 한다.

자동차로 비유하면 우리 뇌는 엔진이고, 우리 마음은 핸들이다. 핸들을 어느 방향으로 잡느냐에 따라 우리 뇌(엔진)의 이성적 에너지가 추진력을 받고 움직인다.

결론을 말하자면 우선 마음을 잡지 않으면 엔진 시동을 걸 수가 없다는 의미다. 마음을 잡기 위해 우리는 마음잡기 훈련을 해야 한다.

마음이란 아주 연약하고 순수한 대상이기 때문에 나쁜 감정에 노출되기 쉽다. 그래서 잠시만 마음을 방치하면 부러움과 열등감 후회 등등의 부정적 바이러스에 노출된다. 이런 부정적 감정 바이러스를 그대로 내버려두면 우리 마음은 그것을 정상적인 생각으로 받아들이고 부정적 습관을 온몸으로 채워 나가 버린다.

그러므로 언제나 마음을 다잡는 연습을 해야 한다. 마음이 방향을 잃는 순간부터 인간은 핸들 없는 차를 몰고 가는 위험천만한 행위를 반복하게 된다는 점을 명심해야 한다.

마음만 제대로 잡을 수 있다면 마음은 우리에게 생의 기쁨과 평온함 그리고 현재 집중하는 힘을 가져다줄 것이다. 마음의 중심은 심장이다. 모든 장기의 중심이 심장이라고 해도 과언은 아니다. 심장은 제2의 뇌라고 말하는 사람도 있다. 마음을 다잡기 위해 심장이라는 장기와 대화를 시도해 보자.

우선 오른손 손바닥을 심장이 뛰고 있는 왼쪽 가슴 윗부분에 밀착시켜보자. 두 눈을 감고 오른손 손바닥으로 심장이 뛰고 있음을 느껴보자.

심장이 뛰고 있음을 느끼려면 좀 강하게 왼쪽 가슴 부분을 지그시 눌러야 한다.

이 상태에서 이제 내 마음과 대화를 시도해보자. 모든 장기를 움직이는 자율 신경인 심장은 내 마음의 총 지휘자다. 그러므로 심장과의 대화가 곧 마음과의 대화다.

소리 내지 않고 심장과 대화할 수도 있으며 소리를 내서 심장과 대화할 수도 있다.

(심장-마음과의 대화) - 오른 손바닥으로 심장박동을 느끼며

많이 힘들었지?
내가 너(심장)를 외면하면서 살아온 것 같구나.
힘들어하지 마
난 널 사랑하고 너와 늘 함께 할 거야
심장아
우울해하거나 불안, 초조해하지 마라.
모든 것은 잘될 것이고 현재는 모든 것이 너무도 평온하

고 안락하단다.
과거에 힘들었던 너의 마음을 내가 이해한다.
이제 괴롭고 힘들었던 시간들은 가고 행복한 시간들이 왔어.

미래에도 난 너와 함께 늘 평온한 삶을 살고 있을 거야
두려워할 필요 없고 편안히 잘 지내렴

나는 아주 편안하고 난 널 사랑한단다.
우울한 기분이 들 때면 난 널 의지 할 것이고 너와 늘 함께 함을 아주 많이 감사하고 있어

내 삶은 아름답고 행복하단다.
내 마음은 모든 사람을 사랑하고 있으며 나에게 다가오는 모든 고통은 너로 인해 치유 받을 수 있음을 믿게

네가 힘들 때는 내가 함께할 것이고 내가 힘들 때 늘 너를 찾아올 게 사랑한다. 아주 많이 나의 마음이여……

이 마음과의 명상 글을 하루에 여러 번씩 반복하면 상당한 위로와 위안을 얻을 수 있다. 마음과의 대화에는 특별한 형식이 존재하는 것은 아니다. 단지 내 마음과의 대화를 시도하려면 우선 **과거용서-현재 편안함 인정-미래긍정-감사/공감**의 순으로 명상을 시도하면 된다.

우리 심장은 우리가 살아온 만큼 인생의 모든 마음 상처와 위안을 담고 있는 블랙박스다. 이 블랙박스는 관리하기에 따라서 엄청난 마음 치유도 경험할 수 있다. 마음이 답답하다면 하루 1분이라도 마음과의 대화 명상훈련을 시도해 보기 바란다.

이 치유법은 많은 사람들이 활용하고 효과를 본 재미있는 기법이다. 누구든 힘들고 외로울 때 활용하면 효과를 볼 수 있을 것이다.

네트로피 상태로 가는 POINT

⚓ **위대한 책 읽기를 매일 하루 60분씩 1년간 시행하자**

책을 읽지 않으면 당신은 앞으로 10초 뒤 행동에 대해 책임질 수 없게 된다. 책은 당신에게 통찰력과 직관력을 부여한다. 책을 읽지 않고 지내면 당신은 현실의 노예가 된다고 봐도 무방하다. 책을 읽지 않으면 항상 100층 빌딩 옥상 난간을 걸어가는 것과 같은 위험한 상황이 계속 이어진다. 책을 읽으면 당신 머릿속에 질서가 잡힌다. 당신 머릿속에 자리 잡은 부정적 바이러스(엔트로피)를 제거하기 위해 지속적으로 책을 읽어야 한다.

현재 당신이 엔트로피 무질서 상태라면 틀림없이 책 읽기를 싫어하거나, 책을 읽는 시간이 없다고 평계를 댈 것이다. 필자가 아는 한도에서 책을 1,000권 이상 읽은 사람이 부정적 삶을 살아가는 경우는 없었다.

⚓ 엔트로피(무질서)를 인식하자

무질서는 언제나 우리들 곁에 있다. 당신이 밥을 먹을 때도, 샤워를 할 때도 그놈은 항상 우리들 곁에 있다. 마음이 혼란스러워질 때 항상 그 상태가 무질서임을 인식해야 한다. 무질서를 인식하면 벗어나려고 노력을 하게 된다. 이 방법만 정확히 지켜도 상당한 습관의 변화를 만들어 낼 수 있다.

⚓ 화/짜증/분노는 금지

화/짜증/분노 → 부정적 생각/행동 → 엔트로피 수치 증가함

⚓ 감사 노트, 고백 노트, 비전 노트를 준비하라

하루 각 두 문장씩 한 달을 쓰면 네트로피의 기본 틀이 형성된다.

⚓ 집중하고 또 집중하라

인간은 아무것도 하고 있지 않을 때 엔트로피 상태에 진입하게 된다. 엔트로피 상태에 있는 사람은 심심함이나. 분주함이 지속적으로 반복된다. 그리고 의미 없는 만남, 정신적 방황, 단순한 쾌락에 집중하게 된다. 공부를 통한 집중에 주력하라. 인간이 가장 행복할 때는 자신의 모든 에너지를 한곳에 집중해서 나를 잃어버리고 집중하고 있는 상태에 있다. 이 상태가 되면 당신은 궁극적으로 네트로피 상태에 진입하게 되는 것이다.

⚓ 걸어라/웃어라/버려라

걸어라 → 자신의 발걸음을 느끼며 하루 30분을 걷자.

웃어라 → 웃으면 네트로피 상태로의 진입이 빨라진다.

버려라 → 현실적인, 작은 이익을 가지려 하면 결국 큰 가치를 잃게 된다. 쓸데없는 에너지 낭비를 최소화하고 한곳에 집중하라.

⚓ 파레토 법칙을 활용한 시간 관리를 시작하라

파레토라는 사람은 80:20의 법칙을 설파했다. 이 법칙의 핵심은 결국 우리 일상에서 진정으로 의미 있는 것은 전체의 20%라는 것이다.

쉽게 말해서, 당신이 소유하고 있는 옷 중에서 입는 옷은 결국 전체 옷의 20%이라는 뜻이다. 또한 직장에서 정말 일을 열심히 하고 조직을 이끌어가는 사람은 전체 조직원의 20%에 불과하다.

이것을 사람의 시간에 대입해 보면 아주 재미있는 결과가 도출된다. 당신이 하루 종일 엔트로피적 방황을 못 벗어나고 있다면 당신이 진정으로 중요하다고 판단되는 일 20%에 에너지를 집중시켜 보자. 그러면 신기하게도 엔트로피적 방황의 시간들이 서서히 사라지는 것을 느끼게 될 것이다.

⚓ 30년 뒤에 가치 있는 고민을 해라

아직도 아프리카 대륙에서는 3초당 한 명씩 죽어가고 있다. 적어도 그렇게 허무하게 죽어가는 사람들 앞에서 부끄럽지 않은 고민을 해야 한다.

> ⚓ 엔트로피를 벗어나기 위한 몇 가지 구호를 기억하고 매일 수십 번씩 가슴속으로 외쳐라

> 10초 뒤에 할 행동의 결정권은 바로 당신에게 있다.
> - 한지훈
>
> 자의식(내면적 자아)을 통제할수록 인간은 행복해진다.
> - 브라이언 트레이시

엔트로피는 정신적 방황의 상태이다. 그러므로 아무것도 하고 있지 않을 때는 늘 불안과 걱정 혹은 게으름과 무기력감에 시달리게 된다. 자신이 의도하지 않아도 부정적 감정이 새로운 부정적 감정들을 불러오게 되는 상태인 것이다. 엔트로피 상태에서는 중독성이 강한 게임, 텔레비전, 의미 없는 부정적 말들을 지속하게 된다.

오랜 시간 엔트로피적 무질서를 경험하면 극단적인 메가-엔트로피 상태로 진입하게 된다. 메가 엔트로피 상태에서는 가족을 부정하고 자신의 모든 행동의 결과를 남 탓으로 돌리며 의심, 불평, 불만이 난무하는 의미 없는 삶을 살아간다. 그리고 세상을 오직 편법으로 살아갈 방법만을 강구하게 된다.

> ⚓ 한 번에 한 가지 일만 처리하고, 늘 자신이 엔트로피 상태인지를 점검 하라

엔트로피 상태에 있는 사람일수록 감정의 기복이 심하다. 심하게

우울하거나, 극단적으로 기뻐 날뛰는 현상을 반복한다. 그리고 늘 안정감이 없고 무언가에 불안해한다. 이 상태가 엔트로피다.

이 상태를 극복하기 위해 한 번에 한 가지 일만 집중해서 처리하는 습관을 가져야 한다. 엔트로피적 무질서는 거역할 수 없는 에너지 법칙이다. 그러므로 늘 엔트로피 상태를 점검하고 그 상태를 벗어나려는 물리적 노력을 다해야 한다.

전 세계 인구 중에서 80%는 엔트로피 상태에서 죽어간다. 엔트로피를 인식하고 그것을 극복하려는 20%만이 위대한 성공을 이뤘다는 것을 명심하자. 집중하고 또 집중하라. 그리고 늘 자신이 엔트로피 상태인지 아닌지 체크하도록 하자.

도서출판 행복에너지에서는 홈페이지(http://happybook.or.kr) 이벤트 게시판을 통해 독자들이 직접 작성한 "네트로피 2.0"의 후기를 받고 있습니다. 우수한 후기를 올려주신 분들을 선정하여 저희 출판사에서 준비한 소정의 상품을 보내드리오니 많은 참여 부탁드립니다

※ 연락처와 e-mail을 반드시 기재하시기 바랍니다.

함께 보면 좋은 책들

성공한 내모습을 상상하라

정문섭 지음 | 신국판 | 값 15,000원

서울시장을 역임하고 민선 충청북도지사를 재선한 후 아름다운 퇴장을 선택한 이원종 지사, 최초의 민간인 출신 한국거래소 김봉수 이사장, 전 세계 마그넷 시장을 석권한 (주)자화전자 김상면 대표, 초우량 반도체회사를 일군 (주)세미텍 김원용 대표, 암 연구 분야의 세계적 권위자 박재갑 국립암센터 초대원장, 국내 정크아트를 개척한 (주)정크아트 오대호 대표. 끊임없는 노력과 명쾌한 목표의식으로 성공에 이른 여섯 주인공의 치열한 생애를 살펴본다.

대한민국 상위 0.1%의 자식교육

이규성 지음 | 신국판 | 값 15,000원

그간 외부에 드러나지 않았던 명문기업가의 자식교육 비법을 파헤친다. 최고의 자리에 올라 기업을 이끄는 선두리더가 되기 위해 그들은 부모로부터 무엇을 배웠으며, 또 후대의 자식들에게는 어떤 것을 가르치는지를 심층적으로 추적한 이 책은 현재 대한민국을 대표하는 기업 삼성, 현대, LG, SK, 롯데, 한화, 두산, 효성, 코오롱, 대림, 동원, 배상면주가, 샘표식품, 에이스침대, 안철수 연구소의 존경받는 리더들이 어떻게 완성되었는지를 알려준다.

독일 1등 뉴스 타게스샤우

신창섭 지음 | 국판 | 값 15,000원

공영은 다수를 위한 방송이다. 이는 너무나도 당연한 명제이다. 그러나 요즘 우리의 현실은 이 당연한 사실을 망각하고 있다. 공영방송이 외부의 힘에 마구 흔들리느라 자신의 위치를 찾지 못하고 있는 것이다. 세계에서 신뢰받는 독일 1등 뉴스 타게스샤우를 살펴보자. 그리고 그에 못지 않은 우리 공영 방송의 윤리를 회복시키자. 우리는 더 나은 뉴스를 볼 권리가 있다.

함께 보면 좋은 책들

성공을 위한 리허설

김영기 외 20인 공저 지음 | 신국판 | 값 15,000원

보다 완벽한 성공을 위한 예행연습을 돕기 위해 다양한 분야에 종사하는 21인의 전문가가 펜을 들었다. 이 시대의 시니어들을 위한 실속정보, 서민들의 경제적 안정을 위한 노하우, 기업경영시스템의 개선, 자신의 성격에 맞춘 사회성 개선, 인생의 목표설정과 그 실행법 등 각양각색의 노하우로 이루어진 이 한 권의 책은 마치 종합비타민처럼 당신의 성공을 보다 튼튼하고 완벽하게 가다듬을 것이다.

그래도 돈 주는 놈이 낫다

나희 지음 | 신국판 | 값 11,000원

돌이킬 수 없는 실수와 선택, 끝나지 않는 악순환의 반복, 언제든 떠날 수 있는 불확실한 관계. 전자책으로 데뷔한 작가 '나희' 의 첫 출간 소설집!
e-book 시장에서 열렬한 사랑을 받았던 그녀의 소설을 이제 실물 도서로 만난다.

『좋은 책을 만들어드립니다.』

시간이 없거나, 필력에 자신이 없어 출간을 미뤄오신 분들을 위한 작가진의 지원으로 원고 대행 집필도 지원하고 있습니다.

원고의 질적 편집은 물론, 책 제작 그리고 판매 유통까지 확실하게 책임져 드리고 있으니 좋은 원고나 기획이 있으신 분들은 언제든지 행복에너지 출판사의 문을 두드려 주십시오!

작가의 의도 100% 반영!!
축적된 노하우의 다양한 광고 지원!!

| 출간도서종류 : 자서전 · 회고록 · 가족사(칠순 및 팔순 기념 효도서적) · 시 · 수필 · 소설
에세이 · 동화 · 수기 · 칼럼 · 여행기 · 편지글 · 서예집 · 북아트

도서출판 **행복에너지**
행복이 깃드는 도서,
에너지가 넘치는
출판을 지향합니다.
www.happybook.or.kr
☎ 0505-666-5555

초판 2쇄 발행 2012년 6월 5일

지 은 이 한지훈
발 행 인 권선복
편집주간 오성용
디 자 인 엄희주
전 자 책 박소은
마 케 팅 서선교
발 행 처 도서출판 행복에너지
출판등록 제315-2011-000035호
주   소 서울특별시 강서구 화곡동 24-322
전   화 0505-666-5555
팩   스 0303-0799-1560
홈페이지 www.happybook.or.kr
이 메 일 ksb6133@naver.com

값 13,000원
ISBN 978-89-97580-02-6 13000

Copyright ⓒ 한지훈, 2012

* 이 책은 저작권법에 따라 보호받는 저작물이므로 무단전재와 무단복제를 금지하며, 이 책의 내용을 전부 또는 일부를 이용하시려면 반드시 저작권자와 〈도서출판 행복에너지〉의 서면 동의를 받아야 합니다.
* 잘못된 책은 구입하신 곳에서 바꾸어 드립니다.

> 도서출판 행복에너지는 독자 여러분의 아이디어와 원고 투고를 기다립니다. 책으로 만들기를 원하는 콘텐츠가 있으신 분은 이메일이나 홈페이지를 통해 간단한 기획서와 기획의도, 연락처 등을 보내주십시오. 행복에너지의 문은 언제나 활짝 열려 있습니다.